A CORAGEM
DE MUDAR

Willy Pasini e
Donata Francescato

A CORAGEM DE MUDAR

Tradução de Y. A. Figueiredo

Título original
IL CORAGGIO DI CAMBIARE

© Willy Pasini e Donata Francescato

Primeira publicação por Arnoldo
Mondadori Editore S.p.A.,
Milão, em 1999.

Direitos para a língua portuguesa reservados
com exclusividade para o Brasil à
EDITORA ROCCO LTDA.
Av. Presidente Wilson, 231 – 8º andar
20030-021 – Rio de Janeiro, RJ
Tel.: (21) 3525-2000 – Fax: (21) 3525-2001
rocco@rocco.com.br
www.rocco.com.br

Printed in Brazil/Impresso no Brasil

preparação de originais
MARIA ANGELA VILLELA

CIP-Brasil. Catalogação na fonte.
Sindicato Nacional dos Editores de Livros, RJ.

P291c	Pasini, Willy
	A coragem de mudar: buscando soluções para entender seu mundo interior e o que está à sua volta / Willy Pasini e Donata Francescato; tradução Y. A. Figueiredo. – Rio de Janeiro: Rocco, 2011.
	Tradução de: Il coraggio di cambiare ISBN 978-85-325-2594-9
	1. Mudança (Psicologia). I. Francescato, Donatela, 1944-. II. Título.

10-3400	CDD-158.1
	CDU-159.947.3

Sumário

Introdução / 7

PRIMEIRA PARTE
MUDAR POR DENTRO

I   A vontade de mudar / 21
II   As prisões interiores / 39
III   As mudanças súbitas / 67
IV   Hábitos bons e maus / 95
V   A necessidade de mudar / 106
VI   As mudanças em terapia / 118

SEGUNDA PARTE
MUDAR POR FORA

VII   O trabalho: da obrigação à criatividade / 151
VIII   O dinheiro: nem deus nem demônio: aliado / 175
IX   A escola: do ensino ao aprendizado / 200
X   A saúde: da doença ao bem-estar / 225

20 ideias para o século XXI / 249
Notas / 265
Agradecimentos / 271

Introdução

Este fim de milênio se caracteriza pelo crescimento frenético de duas tendências contrapostas e consistentes: de um lado, os inovadores, de outro, os tradicionalistas.

Os primeiros exaltam a globalização e se sentem cidadãos do mundo, felizes de se comunicar, por meio da internet e de telefones celulares, com outros indivíduos, seus semelhantes, em qualquer canto da Terra. Assistem aos mesmos filmes, ouvem a mesma música, apaixonam-se pelos mesmos grandes eventos esportivos, ornam-se com as mesmas tatuagens. Esses entusiastas da globalização estão por toda parte. Segundo relatou ao Willy o antropólogo Frank Marmier, que por um longo tempo interessou-se pelo Iêmen, naquele país muçulmano e integralista as mocinhas também falam ao celular, encostado no véu; muitas delas até mesmo viram um filme *cult* como *Titanic*, proibido oficialmente pelo regime.

Para essas pessoas, a palavra "mudança" tem uma conotação bastante positiva, associada aos conceitos de novidade, melhoramento, renovação.

Os renovadores são otimistas: vivem no presente, pensando no futuro, para o qual olham com confiança, convencidos de que sempre haverá novas oportunidades. Afirmam que, nas sociedades mais avançadas, não existem indivíduos presos ao destino determinado pela sorte, como acontece nas tradicionais, e que podem, ao contrário, projetar a própria vida. A verdadeira liberdade oferecida neste fim de século é, portanto, a abertura de uma multiplicidade de novos horizontes. Hoje é possível, de fato, mudar de nacionalidade, religião, trabalho, parceiro, orientação sexual, residência ou, até mesmo, de aspecto físico (com a cirurgia plástica), de sexo (com longos tratamentos hormonais e intervenções cirúrgicas), e de personalidade (com psicoterapias e psicotrópicos "cosméticos" capazes de modificar o humor, como, por exemplo, o Prozac). Alguns estão convencidos de que as mulheres serão as protagonistas das mudanças. Faith Popcorn, célebre futuróloga norte-americana, fala de "Eva+olução" e prediz um novo século, inspirado no pensamento feminino. E as mulheres que abraçam o novo são cada vez mais numerosas.

É o caso de Maria Pia, trinta anos, de Palermo, que durante o inverno dedica-se a uma atividade temporária numa agência de viagens, e passa os meses de verão trabalhando num veleiro. É separada, tem uma filha de quatro anos e o seu atual companheiro é um comandante holandês de pequena embarcação, originário da Indonésia. Ela acha emocionante viver numa época de contínuas mudanças. Contando a sua história, ressalta como se tornou possível, hoje, projetar uma existência desvinculada de condicionamentos de raça, sexo, nacionalidade e classe social, até há pouco tempo considerados imprescindíveis. Se até há poucas décadas a nossa identidade era estabelecida pelo contexto de proveniência, hoje o caminho decidido com base nas escolhas cotidianas parece demasiadamente longo. Maria Pia, por exemplo, declara que a mãe gostaria de viajar, mas os pais a impediram de ir para a América, apesar de ter ganhado uma bolsa de estudos, porque nos anos 1950 isso não era considerado "adequado" a uma moça de bem. Portanto, ela se considera muito afortunada por viver nesse período histórico, e pensa até em deixar a Itália, país, a seu modo de ver, conservador e culturalmente hostil às mudanças.

Essas mesmas mudanças e oportunidades de escolha, que tanto fascínio exercem sobre os inovadores, provocam desconforto, medo e recusa, no entanto, aos tradicionalistas, que entendem a aldeia global como um perigoso impulso à homogeneização, que se traduz numa perda das raízes, atribuindo particular valor a tudo o que é "local", do dialeto à tradição culinária (como defende, há anos, a Academia Italiana da Cozinha). Frente às sociedades internacionais que oferecem os mesmos produtos em todos os países, os tradicionalistas colocam a redescoberta dos antigos ofícios artesanais que criam objetos e serviços que atendem aos anseios do homem. No campo político, esse comportamento se exprime na escolha de se confiar em figuras como os prefeitos e administradores locais, com os quais é possível estabelecer um relacionamento pessoal e um diálogo baseados na experiência compartilhada da vida cotidiana. Essa tendência leva a reivindicar a autonomia de microrregiões que tenham em comum uma cultura, um território, e às vezes uma língua, como os bascos, na Espanha. Às vezes, a busca de uma identidade regional é tão exasperada que conduz à "invenção" de culturas, como no caso da *Padânia* (região da bacia do Pó): o movimento da liga de cidadãos redescobre, de fato, velhos símbolos e ritos, mas, em face da ocorrência, não hesita em criar símbolos novos (bandeira, hino, fardas verdes e similares). Enfim, contrariamente aos inovadores, que se sentem cidadãos do mundo e veem com entusiasmo a possibilidade de se transferir (e assim, mudar de cidade ou de país), os tradicionalistas redescobrem os prazeres da permanência e, frente à sociedade multirracial, reivindicam a separação e a diferença entre os vários grupos étnicos.

Em suma, se os inovadores se projetam para o futuro, os tradicionalistas olham para o passado, com nostalgia e para buscar nele inspiração. Associam ao termo "mudança" significados negativos, como risco e incerteza.

Paolo, um jornalista romano de 55 anos; casado há vinte e cinco, com um filho que frequenta a universidade, pertence a essa segunda categoria. Sustenta que se vivia melhor nos anos da sua infância: segundo ele, nos primórdios do pós-guerra as pessoas eram mais solidárias, cheias de ideais e alegria de viver. É verdade, a globalização, a revolução informática e os meios de transporte cada vez mais velozes e econômicos aumentaram as possibilidades de comunicação, mas, na verdade, se está mais só: "A quantidade de informações é cada vez maior, mas se entende cada vez menos." O modo de fazer política e jornalismo, diz Paolo, mudou para pior: "Perseguem-se dinheiro e fama, com o intuito de surpresa e diversão, ninguém se apaixona realmente por nada, nem mesmo crê em mais nada. Os meus colegas mais jovens são uma cambada de cínicos, preocupados somente em fazer carreira." O futuro lhe parece negro: "Seremos cada vez mais numerosos, num planeta cada vez mais poluído; o ódio e a violência aumentarão, a solidão e a miséria moral e cultural se espalharão por toda parte." Por isso, Paolo tem um projeto de se aposentar o mais cedo possível, deixando para trás o tráfego e as tensões da vida da metrópole, para transferir-se para um lugarejo dos avós, em Abruzzo, onde gostaria de ser assessor de bens culturais, redescobrindo as tradições e as festas campestres, que tanta alegria lhe deram quando criança.

E você, lendo essas páginas, identifica-se com o grupo dos inovadores ou com o dos tradicionalistas? Parece-se mais com Maria Pia ou com Paolo? Quando pensa no futuro, sente-se amedrontado ou confiante? Com qualquer das categorias que se identifique, uma coisa é certa: o posicionamento individual depende de um conjunto de variáveis ligadas aos territórios internos e externos da mudança, que analisaremos neste livro.

Os campos da mudança

Nos últimos trinta anos, assistimos a mudanças de amplitude e alcance extraordinários, também – e talvez, acima de tudo – no que concerne à nossa vida relacional.

O campo dos afetos tem assumido novas configurações, pelo menos "fora" de nós. O ano de 1968 revolucionou e democratizou as relações pais-filhos. O movimento feminista mudou o modo de viver do casal. A invenção da pílula e das técnicas de fecundação artificial tornou possível escolher se, quando e como procriar. A longevidade média prolongou-se em uma década, de forma que hoje há muito mais idosos e, como consequência, transformou-se a relação entre as gerações. O fenômeno cada vez mais amplo da imigração, por outro lado, tornou possível o amor e o casamento entre pessoas de nações e etnias diferentes.

Quem teve oportunidade de ler as nossas obras anteriores sabe que analisamos frequentemente tais transformações.[1] Neste livro, o primeiro que escrevemos juntos, dedicamos um capítulo específico às mudanças no modo de ser da sexualidade e o relacionamento do casal: são temas que se podem encontrar mencionados sutilmente nas histórias e nos casos clínicos, dos quais as páginas seguintes são ricas. Em vez disso, preferimos especificar quatro âmbitos (os do trabalho, do dinheiro, da saúde e da escola), no interior dos quais se verificaram e estão se verificando profundas transformações, que oferecem novas oportunidade a quem as saiba colher.

Você é capaz de mudar?

Se mudança e transformação são o código do mundo que nos cerca, no entanto, nem sempre queremos mudar. Quando estamos felizes, desejamos que o relógio pare, que nada mude: queremos "parar o tempo", imobilizar o instante fugidio. Apenas pensamos em mudança quando estamos mal (necessidade), sonhamos com alguma coisa melhor (desejo) ou tememos uma piora (medo).

Mas, deixando de lado o sentimento que nos anima, os estilos de mudança é que diferem. Há quem entenda que tem o controle da própria vida, para a qual projeta, planeja, acredita poder agir sobre os eventos: em suma, que tem um *empowerment* elevado. Na margem oposta, estão os fatalistas, aqueles que, em último caso, acreditam no infortúnio ou na sorte, convencidos, no fundo, de não poder modificar o destino.

Existem ainda situações limite: o desejo de ser o artífice da própria vida pode transformar-se num delírio de onipotência, na necessidade obsessiva e frenética de controlar tudo e todos; enquanto uma atitude excessivamente passiva pode tornar as pessoas irresponsáveis, incapazes de agir, resignados e, em última análise, paralisados na imobilidade.

A posição de cada um de nós depende, em grande parte, da história familiar, das mudanças que afetaram a vida dos nossos genitores, da autoestima e da confiança em si mesmos. Também é muito importante o contexto em que vivemos, que pode determinar muitas das nossas reações ao enfrentar o novo.

A incerteza no futuro, de resto, nasce junto com o homem. A tecnologia, as leis e as religiões, e um conjunto de símbolos, heróis, rituais e valores, fornecem toda uma série de instrumentos, às vezes irracionais, frequentemente inconscientes, para encarar o medo do amanhã. Para algumas culturas – como a norte-americana – a independência e a liberdade constituem, desde sempre, valores positivos que conduziram ao mito dos heróis solitários, lançados a galope em direção ao extinto faroeste, inquietos e sempre empenhados em novas aventuras. Tal contexto social e cultural encoraja comportamentos orientados a considerar o dinamismo dos indivíduos e da nação como suprema virtude.

Ao contrário, pensamos em um herói europeu, como o protagonista de *Le braci* (Os braços), um inesperado bestseller dos últimos anos.[2] Escrito na década de 1930 por um intelectual húngaro, fala de um nobre que se recolhe ao seu castelo, entre tapetes, quadros e vestígios de um mundo desaparecido, e durante quarenta anos não sai do seu exílio voluntário. Está esperando um amigo, o seu amigo mais querido que, suspeita ele, traiu-o com a mulher, morta há trinta e cinco anos... Prisioneiro do passado, o herói para o tempo e se imobiliza na espera.

Heróis à parte, é possível especificar alguns estilos típicos, nas comparações de mudanças. Que caracterizam tanto as pessoas como as culturas de vários países. Aqui vão alguns.

Os nostálgicos: enquanto posso, não mudo

São aqueles que frente às novidades têm uma reação imediata de recusa, medo ou desprezo. Tentam ignorar ou negar as mutações, e continuam as suas vidas o máximo possível dentro dos velhos trilhos, esperando que nenhuma revolução os atinja, nas fortalezas familiares, profissionais ou políticas, nas quais estão protegidos. Esse grupo compreende os fiéis a um partido, a um sindicato ou mesmo uma empresa: estão convencidos de que o seu posto de trabalho, frequentemente em órgãos públicos, permanecerá – apesar de tudo – intocável. Mesmo em família, procuram manter a distinção dos papéis entre mulher e marido, e a autoridade dos pais sobre os filhos.

Ainda há os nostálgicos "setoriais", que se limitam a rejeitar a mudança em certos âmbitos. Trata-se de quem recusa uma tecnologia nova sem sequer ter experimentado usá-la (o computador, por exemplo), ou renuncia a uma promoção, para não ter de deixar o seu ambiente de trabalho ou a sua cidade. Cada um de nós pode identificar uma ou duas áreas em que prefere se comportar como nostálgico. Mas se a recusa de mudança surge como norma de vida, isso pode se tornar perigoso. Mesmo porque o nostálgico se retrai, amedrontado e raivoso, frente a um mundo em contínua evolução.

As sociedades tradicionalistas são orientadas para o passado, e, com frequência, o impõem com violência: como aconteceu no Afeganistão, onde os talibãs decretaram a volta a uma cultura islâmica totalitária, recusando às mulheres o direito de trabalhar, de sair sozinhas, até de mostrar o rosto descoberto. Aquelas que não vestem a burca – um véu que as cobre inteiramente, da cabeça aos pés – arriscam a vida.

Os "leopardos": tudo muda, mas não para mim

Assim dizia o protagonista do bom romance de Tomasi di Lampedusa: se querem que tudo permaneça como está, é preciso que mude.[3] E também os modernos "leopardos", ainda que obrigados, podem se adequar às transformações, mas dentro de si não as aprovam e nutrem intimamente a esperança de voltar ao que eram. Na vida de casal, por exemplo, o "leopardo" jura à sua parceira que está disposto a assumir uma parte das tarefas domésticas, ou a tomar conta das crianças; depois, com um pretexto qualquer, procurará restabelecer a velha rotina.

Um território fácil, onde abundam os "leopardos", é a política. Nos ministérios de Roma, toda vez que Willy insistia para que se aprovasse a lei sobre educação sexual, ouvia responder: "passou tanta água sob as pontes do Tigre sem que nada tenha mudado, este projeto também passará, ou será abandonado."

Os catastróficos: não nos resta senão chorar

Poderemos rebatizá-los como "os especialistas do negativo": a cada mudança em curso, há pessoas que se divertem em descobrir todas as possíveis consequências nefastas. Amedrontados com o futuro da novidade, encontram terreno propício para incrementar os temores individuais e coletivos, preconizando desventuras e decadência. Assim, a liberação da mulher levou à destruição da família e ao crescimento de uma geração de jovens frágeis, egoístas, sem empenho. A evolução tecnológica, longe de ser positiva, trará como consequência a perda de milhões de postos de trabalho, acabando por reduzir à miséria também a classe média. Mas o grande prato para os fazedores de catástrofe é o início dos anos 2000: versadíssimos em todas as lendas metropolitanas e nas mais desastrosas profecias, de Nostradamus ao *"bug* do milênio", estão convencidos do iminente fim do mundo.

Os prisioneiros dos velhos esquemas: olho, mas não vejo

O problema deles é olhar com velhos "óculos" a realidade que muda: ou seja, usando lentes ofuscadas por parâmetros ou indicadores já em desuso. Uma distorção mental que podemos também definir como *cultural gap*. Que os induz a interpretar aquilo que acontece em torno deles segundo esquemas e referências culturais já superados: pode ser que não lamentem aquilo que foi, como fazem os nostálgicos, porém criticam e julgam, a partir do momento em que não conseguem "ler" a realidade, adotando um ponto de vista diferente.

Os surfistas da mudança: sempre na crista da onda

Os camaleões da mudança vivem como os surfistas da Califórnia, seguindo sempre a última onda. E estão, portanto, atualizadíssimos sobre as novas modas, compram todos as bugigangas tecnológicas tão logo surjam no mercado, mudam continuamente de trabalho, parceiro, hábitos, ideias políticas... Esse também é um modo de reagir às mudanças maciças da nossa sociedade: abraçando-as sem observações críticas.

Na aparência, os camaleões se dão melhor em culturas como a americana, onde mudar de casa e trabalho é considerado normal. Ao contrário, para quem não consegue cavalgar a onda, a América do Norte pode ser um país impiedoso. De fato, o estresse provocado pelas contínuas mudanças familiares, laborais e habitacionais induz muitos a viverem em situação de isolamento afetivo, forçados a confiar apenas em si mesmos, fora de "redes" protetoras.

Se a liberdade absoluta de se realizar como indivíduo pode ser convidativa e constituir uma oportunidade positiva para quem consegue alcançá-la, muitos, porém, descobrem que são perdedores nessa corrida. E então pode ser que se voltem a outros prazeres consoladores: compras desenfreadas (com o possível endividamento consequente), a comida, o álcool, a droga.

Para os poucos surfistas que conseguem se manter na crista da onda, há momentos de embriaguez eufórica, mas acompanhar seguidamente as mudanças leva à solidão e à insegurança.

Os provadores: a mudança em pequenas doses

São os verdadeiros mediadores entre tradição e inovação. Não recusam as mudanças, como os nostálgicos, não as negam, como os "leopardos", não as receiam, como os criadores de catástrofes, não as interpretam de maneira errada, como os prisioneiros de velhos esquemas. E também não as adotam sem críticas, como os camaleões. Procuram, isso sim, encontrar critérios flexíveis para entendê-las, interpretá-las, identificar-lhes os lados positivos e negativos, criar pontos de encontro entre o passado e a expectativa de futuro. São pessoas impelidas por forte curiosidade, o que as torna dispostas a enfrentar o novo. Mas se movem com cautela, provando o futuro em pequenas doses.

E pensando numa cultura que, mais do que outras, encoraja a experimentação, nos vem à mente a cultura escandinava. De fato, Suécia, Noruega e Finlândia têm mais de trinta por cento de mulheres no parlamento, têm implantado as reformas sociais antes de outros países europeus, têm introduzido gradualmente a educação sexual nas escolas, reconhecem, no plano jurídico, as uniões entre homossexuais. Além disso, são os inventores do moderno *welfare system*, e não têm mostrado qualquer hesitação quando se trata de modificá-lo.

Os exploradores: sem limites

Eles adoram os espaços virgens e estão sempre à caça de territórios inexplorados; querem chegar primeiro a terras desconhecidas, experimentar uma nova tecnologia, enfrentar o risco, a aventura, o desconhecido. O que os atrai é fugir da rotina cotidiana para viver uma emoção forte. Alguns se atiram sempre ao limite de sua capacidade. Como Andrea, homem de trinta anos, aficionado de esportes radicais. Lançou-se de uma das pontes mais altas dos Estados Unidos, mergulhou de penhasco, saltou de asa-delta, atravessou desertos; não só para explorar novas paisagens, mas também para se pôr à prova. A morte de John Kennedy perturbou-o um pouco. Recentemente, ele também pilotou um pequeno avião; a visibilidade era muito baixa e, ao escurecer, não conseguiu distinguir o céu da terra. Acalmou-se durante algumas semanas. Mas a vontade de arriscar-se em outras empresas, de ultrapassar limites nunca vencidos, é muito forte, e logo partirá para uma outra aventura.

Os inovadores: a caça, de novo

Podem-se identificar dois tipos: antes de tudo, os criativos, que inventam produtos e serviços. Habitualmente, essas pessoas são movidas pelo desejo de exprimir a sua vocação artística, ou de resolver um problema. São inovadoras, não tanto porque amam o novo, mas porque os seus interesses científicos ou artísticos as levam a experimentar soluções inéditas. Para essas pessoas, portanto, a mudança é parte intrínseca do processo criativo.

O segundo tipo de inovadores é representado por aquelas pessoas que têm a primazia de sustentar uma descoberta científica, uma expressão artística de vanguarda, ou de adotar uma nova moda. Não inventam as mudanças, mas as alimentam e as amam: fazem-se paladinos e protetores da nova criação de outrem. Isso também acontece no âmbito profissional: pensemos, por exemplo, nos *top managers* que assumem somente para comandar fusões, aquisições, ou gerir reestruturações empresariais. Quando as metas são atingidas, demitem-se e aceitam novo encargo em uma outra empresa. O mundo da moda também tem necessidade desses "caçadores" do novo, capazes de entender previamente quais serão as novas tendências. Nos últimos anos, na verdade, nasceu uma nova profissão: pessoas munidas de "antenas" são admitidas para "observar" o que acontece entre os mais jovens, para captar os seus fermentos e a criatividade, intuindo, assim, em que direção irá a moda no ano seguinte. Até mesmo se apossando de alguma ideia das ruas.

Em direção ao futuro

Cada um carrega dentro de si desejos não expressos, insatisfações, ou simplesmente curiosidades que favorecem ou se constituem em obstáculos para a nossa vida. Alguns de nós, por isso, são previdentes de catástrofes quanto ao posicionamento político, mas inovadores e criativos no uso do tempo livre; ou "leopardos" nos relacionamentos afetivos, mas exploradores no trabalho. É importante, portanto, entender as nossas posições em relação à mudança nos vários âmbitos, talvez fazendo antes uma análise, sozinhos, para depois confrontá-la e discuti-la com um parceiro ou amigo.

Além das nossas propensões pessoais à mudança, estamos também condicionados ao ambiente cultural em que vivemos, que pode favorecer ou criar obstáculos às mudanças em determinados setores. Por isso, para satisfazer o desejo de novidades, torna-se importante saber identificar as oportunidades oferecidas pelos diversos contextos.

Para mudar de modo duradouro e satisfatório, é preciso, portanto, sabê-lo fazer *por dentro* e *por fora*, criando um círculo virtuoso, no qual os dois tipos de mudança se alimentem reciprocamente. Por isso, falaremos de *mudar por dentro* e *mudar por fora*.

Na primeira parte do livro, vamos nos ocupar da mudança interna: veremos como a disposição à mudança depende da personalidade, da história familiar, da maior tendência ao otimismo ou ao pessimismo de cada indivíduo. Mas analisaremos, também, o quanto o medo de mudar depende das "prisões interiores" e do peso do passado. Veremos o quanto os hábitos nos influenciam, como é possível nos adequarmos às mudanças súbitas, e como algumas pessoas têm necessidade impulsiva e compulsiva de mudar, provavelmente para não mudar inteiramente.

Na segunda parte, dedicada, por sua vez, às mudanças externas, analisaremos como o mundo que nos cerca pode favorecer ou inibir o novo. Conhecer as oportunidades e os perigos das principais transformações sociais em curso atualmente, entender por que está mudando a distribuição da riqueza, como está evoluindo o mercado de trabalho, em que direção vai a escola e quais são os novos caminhos do bem-estar, nos permitirá encetar os nossos esforços individuais e coletivos direcionados à nossa meta: viver melhor. Um futuro melhor: foi com essa esperança que destilamos as nossas conclusões, vinte ideias – utópicas, mas não muito – para o próximo milênio.

Primeira parte
MUDAR POR DENTRO

1
A vontade de mudar

Mattia Pascal é um preguiçoso bibliotecário enredado num casamento infeliz e num trabalho que não lhe agrada. No trem que o leva para casa, lê no noticiário que ele está sendo dado por morto, e decide aproveitar-se da inesperada liberdade. Raspa a barba e corta os cabelos, compra roupas diferentes, inventa um passado para si e vai viver em Roma, sob o nome de Adriano Meis. Na nova vida que se iniciou, não por escolha, mas por um estranho acaso – como acontece frequentemente na vida real – o "Fui Mattia Pascal" (é este o título do famoso romance de Luigi Pirandello a que aludimos) passa de um estado de euforia a um de desorientação, e a um completo deslocamento ambiental.[1]

Mattia – ou melhor, Adriano – vive, de fato, um novo presente, mas tão logo se enamora da dona da casa, descobre que não pode viver sem o passado que teve de renegar para mudar de identidade. Não pode ter amigos, receber cartas, abrir conta em banco, denunciar um furto e muito menos se casar. É livre, mas não pode fazer nada. Nem mesmo morrer de novo. Em virtude disso, Adriano acaba por se "suicidar" e reinventar Mattia Pascal. Mas nesse meio-tempo passaram-se dois anos. A mulher casou-se com o seu melhor amigo, e ele continua a achá-la linda e espirituosa, como era no início do casamento deles... Isso serve como testemunho de que as mudanças não são apenas interiores, mas também interativas, ou seja, dependem também dos relacionamentos com as pessoas que nos são próximas. Assim como também nós podemos influir no ambiente que nos cerca, e em medida muito maior do quanto acreditamos.

À parte a ironia da mulher abandonada que se torna mais bonita do que antes – e que bem corresponde à visão pessimista do grande escritor italiano –, o que nos ensina a história de Mattia Pascal, a propósito da mudança? Que é um evento fascinante, mas sempre pronto a escapar, a escorregar entre as mãos, revelando subitamente uma face inesperada: exatamente como uma pessoa 'de duas caras', que às vezes mostra a sua face oculta. E se, para continuar vivendo, precisamos pensar que haverá uma reviravolta, uma novidade, somos nós mesmos, frequentemente, que criamos as condições que nos prendem à repetição de velhos hábitos.

O conhecido antropólogo Marc Augé[2] evidenciou bem os aspectos ilusórios da mudança, que surgem frequentemente como um dos traços fundamentais da sociedade contemporânea. De fato, o estudioso olha o mundo que nos cerca por uma perspectiva extremamente crítica: a *mass media*, a televisão por satélite, as tecnologias sofisticadas que nos enchem a casa de imagens e informações, nos dão apenas a ilusão de uma comunicação planetária. Pensemos, por exemplo, na televisão, que parece um veículo privilegiado de multiplicidade e transformação e, em vez disso, falta-lhe a característica fundamental da verdadeira comunicação, baseada, como é, na total passividade de quem olha. Ou na crescente difusão do turismo exótico, já praticado em massa, que em vez de se constituir numa verdadeira experiência de viagem, a única capaz de nos tocar profundamente, se reduz a breves evasões (nada mais do que uma confirmação do folheto turístico). E no entanto, frente a essa falsa globalização, que é, na verdade, uma mudança para não mudar, desenvolvem-se também tendências alternativas: a valorização da cozinha regional, do dialeto, de tradições quase desaparecidas, todas elas tentativas de combater a violência representada pelo "achatamento cultural", que usa jeans e *fast food* onde quer que seja.

Mudanças verdadeiras e falsas, portanto. Enganosas ou reais. Também na vida a dois, além de na sociedade: por exemplo, a evolução de um dos parceiros, que obriga o casal a renegociar as regras do jogo conjugal. Ou as mudanças em separado e mal realizadas, fundadas numa promessa ou numa ilusão ("eu salvarei você", "eu mudarei você"...). E ainda as mudanças que vêm do exterior e aquelas que, em vez disso, nascem da interioridade, da profundeza de cada um. Quantas vezes, frente aos casais mais tradicionais, perguntamos a nós mesmos em que medida o modo de viver deles depende de se conformar a uma norma instituída socialmente, e que por isso provenha do exterior ou, pior, do posicionamento individual rígido ou, de algum modo, pouco flexível. Provavelmente, a resposta certa é que as regras do jogo cotidiano são o resultado de um contínuo pingue-pongue entre mudanças interiores. Podemos entender isso melhor com a história de Letizia e do seu casamento.

Letizia tem 37 anos e é promotora financeira. Divorciada, casou-se novamente há sete anos e tem duas filhas lindas. Veio pedir-nos ajuda, queixando-se de uma diminuição da libido, que já dura mais de um ano, fenômeno que a deixa desconcertada, porque a sua vida sexual e o seu desejo sempre foram perfeitamente normais, tanto com Adriano, o companheiro atual, quanto com o ex-marido. Por trás da aparência de mulher eficiente, dinâmica e segura de si, Letizia, na verdade, mascara a depressão causada por uma insatisfação conjugal que ela não quer admitir: idealizou o marido, e o ama profundamente. Da mesma idade da mulher, Adriano é um engenheiro de sucesso; ganha muito bem, mas é o poder, e não o dinheiro, o que o atrai realmente. Corre freneticamente de uma reunião para outra, e parece mais relaxado no relacionamento com os homens, ao passo que o universo feminino não o deixa à vontade. Está contente de ter uma mulher bonita e admirada, que se ocupa das filhas e da casa, que o acompanha às festas, aos jantares, e com a qual faz amor com regularidade. Para muitas mulheres, seria o companheiro ideal, mas Adriano não está realmente interessado no erotismo nem no mundo feminino. O seu verdadeiro amor são os negócios e a fotografia, duas paixões que o levam a fazer longas viagens a lugares distantes, nas quais procura envolver a mulher.

Um segundo colóquio com Letizia permite descobrir que, malgrado continue a negar, ela se sente sozinha: esse matrimônio lhe causa um vazio afetivo. O primeiro marido era um narciso muito competitivo, que a deixou de repente, assim que ela começou a ganhar mais do que ele. Quando ela conheceu Adriano, jurou a si mesma que faria de tudo para que o casamento funcionasse. Empenhou-se sem economizar, criando as duas filhas e assistindo o marido nos seus desejos, mas agora a balança afetiva já não está equilibrada. Letizia deu-se conta de que não recebe, em troca da sua dedicação, suficiente compensação sentimental, e o "reservatório" começa a se esvaziar. Por esse motivo, vem manifestando uma queda de desejo em relação ao marido que, no entanto, é cego e surdo aos seus pedidos, mesmo os mais modestos. Por exemplo: Adriano aumentou de peso, ganhou um pouco de barriga, e isso "repele" Letizia, principalmente na cama; e embora lhe tenha pedido várias vezes para emagrecer, para cuidar melhor do próprio aspecto, ele nunca faz dieta. Ela gostaria que o marido dedicasse pelo menos meio dia por semana às filhas, ainda pequenas, e uma noite, a ela. Nessas ocasiões, entretanto, o marido mantém o celular sempre ligado, de modo a ser localizável para qualquer emergência profissional, com o resultado de que, mesmo nesses espaços "reservados", ele mostra estar ausente. Letizia começa a reconhecer o egocentrismo, ainda que involuntário, do seu companheiro, e se pergunta o que fazer.

Podem-se imaginar diferentes estratégias:

– *Mudar por fora (ou as regras do casal).* – Letizia deve apostar na sua força contratual, porque o marido tem a tendência de tratar dos encargos familiares como se fossem profissionais, e não mudará de atitude se não for forçado a isso. A certeza de que a mulher, embora se lamentando, não o deixará, impede de pôr em prática uma mudança real. Esse comportamento é típico de muitos administradores hiperativos, que só diante do risco de um infarto aceitam, finalmente, pensar na qualidade da própria vida.

Mudar por dentro. – Provavelmente, Letizia – como tantas mulheres de homens brilhantes, mas egocêntricos – deverá redimensionar as suas expectativas, visto que é impossível pedir a um narciso reciprocidade ou compreensão para o nosso ponto de vista.

Depois da realização inicial, que cumpriu o ideal básico, a segunda fase desse casamento consistirá, por isso, em criar um "ideal adaptado", no qual Letizia procurará tirar o melhor do seu marido, desenvolvendo, ao mesmo tempo, uma alegria de viver autônoma, criando espaços só para si. A escolha de uma relativa independência pode provocar o desmoronamento do mito romântico, e, de fato, a primeira reação de Letizia foi: "Mas então, para que se casar, se fazem as melhores coisas separados?" No entanto, na avaliação da própria felicidade conjugal, será preciso procurar o equilíbrio exato entre autonomia e participação, e rever periodicamente essa balança; somente desse modo conseguirá evitar que a insatisfação se exprima silenciosamente através do corpo e da sensualidade.

Esse casal, mais inexperiente do que doente, e precisando fazer ajustes entre as exigências interiores e a realidade externa, constitui um bom exemplo da evolução normal de uma relação. Mesmo assim, estamos na presença de um ponto crucial: as pessoas têm a tendência, em geral, de esperar que as viradas venham de eventos internos, ou – pior ainda – de exigir dos outros, e por isso, do parceiro, as mudanças consideradas necessárias à conquista de uma possível felicidade. Em outras palavras, sob uma perspectiva psicológica, o que alimenta a esperança cotidiana de melhora é, quase sempre, a *projeção*, isto é, a contínua espera de que aconteça alguma coisa *fora* de nós. É essa a razão pela qual – se estamos felizes, mas, também, tocados pela alegria – temos a tendência de atribuir a causa disso a alguma coisa externa, ou dependente do parceiro. Muito mais rara é a atitude de introspecção, o que permite verificar o quanto estamos dispostos a uma transformação. Na verdade, para que a mudança represente uma verdadeira virada, é necessária uma disposição cada vez mais renovada para aceitar os eventos da vida, junto com a disposição de olhá-los com novos olhos, sem procurar inseri-los nos esquemas habituais.

Leitor apaixonado de Salgari, desde rapaz Willy era fascinado pelo personagem de Yanez, um português, fiel amigo de Sandokan. Yanez, um aventureiro que não recua diante de nada, enamora-se de uma dançarina indiana, a bailarina Surama. Depois de casado com ela, descobre que a sua amada é, na verdade, filha de um marajá, morto a traição, depois de atraído a uma cilada pelo irmão sanguinário. A descoberta da identidade secreta de Surama torna possível a Yanez uma mudança interior: a partir daquele momento, a sua necessidade de aventura, o seu amor pelo risco são postos a serviço da justiça e do restabelecimento dos direitos da mulher. Eis, assim, um coquetel formado: uma grande energia e a grande disposição pessoal à mudança, unidas à possibilidade de transformá-la num instrumento para encarar os eventos inesperados que a vida sempre nos reserva.

Assim, no filme *cult Uma linda mulher*, Richard Gere e Julia Roberts levam à cena a fábula de uma moderna Gata Borralheira, que de prostituta se transforma em senhora de bem.[3] Tal mudança, socialmente pouco realística, verifica-se porque a heroína consegue viver com grande espontaneidade, tanto no papel de garota de programa como no de noiva de um rico homem de negócios. Será justamente ela que lhe vai permitir abandonar os bairros malafamados de Hollywood.

Oito passos para a mudança

Portanto, disponibilidade e flexibilidade. Mas quais são os passos certos a cumprir, para mudar de modo positivo? Identificamos oito deles.

1) Risco ou recurso?

Cada um de nós, por educação, personalidade, atitude profunda, pode viver a mudança como um risco ou como um recurso (pelo menos, como uma oportunidade). Para determinar uma atitude de abertura, é fundamental a presença de experiências positivas vividas no passado, antes, até, da primeira infância. No próximo capítulo, dedicado às "prisões interiores", mostraremos como a herança traumática se opõe, frequentemente, à mudança, pelo menos nos pacientes que pedem a ajuda de um psicólogo ou de um psiquiatra. Ao mesmo tempo, é na nossa infância que firma as suas raízes aquela confiança de base que permite considerar toda transformação no seu sentido evolutivo, e não como um perigo mortal.

Podemos entender isso melhor com a história de Alessandra, que viveu uma infância difícil, marcada pela separação e o posterior divórcio dos seus pais quando ela tinha apenas quatro anos. Isso significou, antes de tudo, frequentes movimentações, porque a mãe, cantora por profissão, mudava bastante de cidade por razões de trabalho. Alessandra ficou em dificuldade, faltando-lhe os pontos de referência que criam a confiança de base e a convicção de que, em caso de necessidade, é possível sempre refugiar-se em um lugar seguro (a "caverna"). Ao contrário, sentindo-se sempre como uma jangada em mar tempestuoso, ela compensou a sua insegurança fundamental com aquilo que Imre Hermann chamou de "a síndrome do agarramento": o filhote de macaco, angustiado, agarra-se ao corpo da mãe, que representa, para ele, uma estabilidade momentânea e, ao mesmo tempo, uma âncora que, não obstante, lhe impedirá de alçar voo para a autonomia.[4] Assim, Alessandra cresceu com o terror da novidade, incapacitada de ousar, tanto nos afetos como no trabalho.

Por isso, não é apenas a falta de uma relação de amor tranquilizadora que provoca sofrimento, mas também a presença de comportamentos instáveis, atípicos, imprevisíveis. E não esqueçamos das estruturas familiares, que oferecem estímulos no momento errado e no lugar errado, aquelas que apresentam a síndrome chamada por Paul-Claude Récamier de "incestualidade".[5] Situações que podem induzir tanto ao medo da novidade quanto, ao contrário, à necessidade impulsiva de mudar para viver emoções fortes. Veremos isso melhor mais à frente.

Mas, mesmo prescindindo das experiências vividas no passado, uma atitude positiva para a mudança apresenta duas características fundamentais. Primeiro, a disposição ao risco. Segundo, a capacidade de superar as emoções negativas: o medo, o sentimento de culpa e a vergonha.

Como exemplo interessante de disposição ao risco, podemos recordar a história de Claudio Risé: jornalista de sucesso, há vinte anos abandonou o seu trabalho, cansado da escravidão da onisciência requerida pela sua profissão. Orientou-se, então, para a psicanálise de inspiração junguiana, e hoje, além de conhecido terapeuta e escritor, dirige uma interessante coleção de ensaios para a Editora Red. Na vida de Willy, verificou-se também caso análogo: pronto para se tornar um renomado ginecologista numa clínica particular de Milão, depois de uma curta experiência de trabalho, optou pelo exercício da psicanálise na Suíça. É certo que essa virada aconteceu porque lhe foi oferecida uma oportunidade concreta, mas a sua disposição em acolhê-la foi tão decisiva quanto ela.

Uma disposição talvez mais para masculina, porque em geral as mulheres percebem a mudança como um risco, antes de um recurso, e se retraem frente à possibilidade de reescrever a própria vida, incapazes de superar o medo, o sentimento de culpa, a vergonha. Talvez porque, como sugere a americana Mary Valentis, tenham experimentado, durante séculos, um condicionamento fortíssimo: o imperativo em ser gentis e submissas, justamente para evitar que enfrentassem o nó principal, o confronto de poder com o homem.[6]

Hoje, as coisas vão mudando lentamente, tanto no âmbito psicológico como no social. E talvez uma carga mais forte para o novo possa vir da raiva: que, por certo, pode se revelar paralisante, assim como o medo, o sentimento de culpa e a vergonha, e agir como freio, porque dá às mulheres a sensação de ser cativas. Mas, como sublinha Willy, há momentos em que é necessário dar voz à "Thelma" que existe dentro de nós.[7] Não por uma fuga de resultados incertos, mas para que o sentimento de raiva seja o estímulo para enfrentar a injustiça, e se torne o alimento para os componentes positivos da decisão vencedora.

2) Descubra o seu modelo: nômade ou estável?

Retomando as teorias do psicanalista Michael Balint, cada um de nós é fundamentalmente "ocnófilo" ou "filobático" isto é, um amante da caverna ou um aventuroso caçador. E é importante que se conheça a própria tendência, para verificar se está apto a favorecê-la.

É claro que a mudança sorrirá mais para quem for nômade, explorador da alma ou de terras desconhecidas; para as pessoas convencidas de que "o belo está lá fora", e de que, na vida, é preciso aventurar-se em territórios sempre novos, se pretende obter, pelo menos, um retalho de felicidade. É a curiosidade pelo novo que impele à ação um dos personagens preferidos da infância de Willy, ou seja, Tom Sawyer, simpático travesso, sempre disposto a pequenas transgressões.

Muitas pessoas são nômades por natureza. A elas, Antonio D'Orrico dedicou um livro, entrevistando seguradores transformados em capitães de barcos, e redatores renascidos vendedores de vinho.[8]
E certamente as mudanças em curso no mundo do trabalho ajudam os *freelancers* internacionais e os novos vagabundos do mundo profissional: pessoas na casa dos trinta anos que mudam com facilidade de pátria e ofício e se colocam agilmente, graças também ao computador, como contou a jornalista Ariana Dagnino num livro-dossiê que se intitula exatamente *Os novos nômades*.[9] A própria autora, de resto, vive e trabalha entre Itália e África do Sul.

Vale como forte testemunho do desejo difundido de mudança o sucesso de uma agência de Milão especializada em "fugas", que ajudava quem queria mudar de vida a procurar um novo trabalho, ou a investir numa nova atividade, em geral nos Mares do Sul. Mas o piemontês Mariano Aprile não teve necessidade disso, para dizer a verdade: foi o protagonista de um caso da crônica que repercutiu ruidosamente, desaparecendo no nada há seis anos, fingindo-se de morto num naufrágio. Comerciante de som e apaixonado por vela, o seu barco afundou nas proximidades da Córsega, mas o corpo nunca foi encontrado. Os pais mandaram colocar uma lápide no seu túmulo, mas Aprile, sem que ninguém soubesse, inclusive a mulher, estava nos trópicos, esperando entrar em caixa os milhões provenientes das dezessete apólices de seguro de vida que fizera. Até que foi reconhecido por acaso, numa ilha da Malásia, e denunciado por fraude. Mas o falso náufrago nunca voltou à Itália. Agora, "navega" em outros mares, os da internet; tem um site pessoal, pelo qual lançou um apelo: quem quer publicar a sua história? Ninguém sabe onde ele se encontra, mas o nome que ele escolheu para se comunicar em rede diz tudo: "Setemares".[10]

Uma história incrível de vocação ao nomadismo. Mas é uma exceção. A maior parte dos italianos, ao contrário, acaba por se contentar com a evasão temporária oferecida pelas férias exóticas. Ou realizando uma fuga ainda mais efêmera da família, pelo turismo do sexo. Nem todos têm a inteligência e a energia do capitão Nemo, o grande pioneiro da aventura, criado pela pena de Julio Verne.

3) Descubra o seu destino: lento ou veloz?

Cada um de nós, quando deseja dar uma virada na própria vida, põe em prática estratégias que tendem a se repetir com regularidade. Os objetivos podem ser diferentes, mas o caminho empreendido é sempre o mesmo. Assim, pode-se falar de "estilos" diferentes em perseguir a mudança.

Podemos entender isso melhor com a história de Carlo e Simona. Ambos na casa dos trinta anos, conheceram-se há seis meses, e a relação deles poderia desenvolver-se positivamente, se conseguissem encontrar um ponto de encontro em seus modos divergentes de entender a mudança. Ambos são infelizes em seus casamentos, mas adotam um estilo diferente para separar-se dos respectivos cônjuges. Enquanto Carlo é gradual e prudente, Simona é impulsiva e animada pela urgência. Ele é calmo e frio, e adotou um ritmo tranquilo de se aproximar do objetivo, enquanto ela oscila entre arrancadas de velocista dos cem metros rasos e longas pausas para se recuperar da desilusão de não ter conseguido os seus propósitos. Assim, quem vencerá, o fundista Carlo ou a *sprinter* Simona? No momento, eles estão se combatendo a golpes de críticas recíprocas: ela o acusa de ser um pusilânime, e ele a acusa de contrabandear a sua agressividade para espontaneidade. Afortunadamente, ambos sabem parar antes que o conflito se transforme num racha insanável, e estão aprendendo progressivamente que a diferença de estilo entre eles poderia se transformar numa complementaridade útil.

Michele, por outro lado, em cinquenta anos mudou de ofício e de mulher quatro vezes, e sempre de repente, com uma dinâmica completamente imprevisível para a parceira. É um homem complicado e extremamente sensível; define-se como um "descascado vivo", um urso que foi filhote infeliz. Isso o transformou num homem intolerante e frustrado, que não consegue fugir à necessidade premente de satisfazer as suas necessidades tão logo elas se apresentam. Para ele, tudo deve acontecer num tempo curtíssimo. Ele tem a sorte de ser inteligente e de ter alcançado uma relativa tranquilidade econômica, e aproveita essa situação para praticar e impor as suas viradas bruscas, tanto no amor quanto no trabalho, sem se preocupar com as reações ou a dor que possam provocar. Divórcios e demissões que lhe provocam um alívio transitório e, ainda assim, o afastam, ao menos um pouco, de uma infelicidade vivida subjetivamente como insuportável. Revelou-se inútil aconselhar-lhe uma atitude de mais reflexão: a única ajuda realmente válida em casos como esse poderia resultar de um longo trabalho analítico, posto que se trata de comportamentos profundamente enraizados na personalidade.

A mesma posição encontra-se, por exemplo, nos indivíduos hiperativos e predispostos ao infarto. Essas pessoas reagem com irritação aos conselhos de "reduzir", mesmo porque o seu estilo de vida é um obstáculo insuperável para a possibilidade de adotar um ritmo diferente, menos atropelador. Assim como não se podem propor meias medidas aos alcoólicos e aos fumantes que querem parar: a virada deve ser brusca e limpa, sem compromissos. Só assim, de fato, as pessoas que vivem segundo a regra do "tudo branco ou tudo preto" conseguem mudar, colocando uma tampa, desse modo, sobre o "vulcão" dos seus impulsos, sem deixar aberta a menor fresta.

4) Coragem ou medo?

Algumas pessoas – cujo protótipo poderia ser o grande poeta Giacomo Leopardi – teriam vontade de mudar de estilo de vida; são travados, porém, pelo medo de traduzir em atos e fatos concretos as suas esperanças, que se tornam, por isso, apenas sonhos fantasiosos. Em 1968 eram muitos, também na Itália, os jovens hippies "sem teto nem lei" e, principalmente, sem inibições sexuais, que afirmavam ser o ponto de partida para mudar de vida. Naquele tempo, a meta predileta era a Índia, que se alcançava, quem sabe, percorrendo o caminho da droga. No entanto, só uma pequena parte de quem falava e sonhava em ir lá conseguiu fazê-lo de verdade, os demais se renderam frente à impossibilidade concreta de agir.

Mas há também quem prefira sempre modificar os seus próprios hábitos, viver mudando de horário, de língua, de casa: são os enviados especiais dos jornais, às vezes aos países em guerra; são os comerciantes, os empresários, continuamente viajando em busca de novas oportunidades de negócios. Um desejo de ir "alhures", que nunca é isento de riscos: Arthur Rimbaud, um dos "poetas malditos", também fugiu de casa, adolescente, seguindo o sonho de escrever, para depois acabar por traficar armas na Abissínia e morrer de sífilis em Marselha. O mito da evasão é, portanto, bonito, mas perigoso, e sempre comporta um preço. É, porém, possível pelo menos procurar um equilíbrio entre os desejos, as palavras e a ação. Pode-se sonhar sem falar, falar em vez de fazer, mas também agir, se necessário, sem se esconder atrás das palavras, em uma verbosidade carregada de medos ou no refinado pessimismo do gênio de Recanati.

5) Por que mudar

Nos limites do possível, toda vez que se escolhe imprimir uma virada à própria vida sentimental, profissional ou social, é importante entender por que, de onde nasce o desejo de novidade, mesmo que frequentemente a motivação consciente seja apenas parcial e fragmentada. A atitude para a mudança é induzida principalmente por fatores situados no *passado*. O gosto pelo risco, o medo paralisante, o sentimento de culpa e a necessidade de agir são aspectos do caráter de cada indivíduo, forjado no curso da evolução pessoal. É necessário acrescentar, porém, que a decisão de imprimir uma virada à própria vida pode também ser induzida pelo *futuro*. Em outros termos, ter uma esperança, iniciar um projeto, criar um objetivo para o qual endereçar as próprias energias podem se tornar fatores de mudança, na medida em que ativam novos recursos. Quantas pessoas vivem aborrecidas no cotidiano, sem ver nele dificuldade, mas falta de colorido, porque sem perspectivas de futuro? No entanto, o delinear-se de um namoro ou de um novo projeto de trabalho pode ter um efeito estimulante, repondo em movimento as energias necessárias a uma mudança.

Isso é válido, principalmente, no que diz respeito à esfera dos sentimentos. Muitos têm o hábito de se servir da novidade no campo amoroso como se se tratasse de um antidepressivo genérico. Da rica senhora que passa de um flerte a outro, de uma folga a outra, ao marido também enfadado, que procura evasão em aventuras sexuais mercenárias, as mudanças permanecem fantasiosas, se ativadas como uma alternativa ao tédio, ou na tentativa de preencher uma vida percebida como sem sentido.

6) Mudar por quem?

Uma paixão arrasadora que nos esquentou o coração, uma viagem a um país distante que nos deixa perturbados e diferentes, um luto que nos marca profundamente, o nascimento de um filho: cada um de nós poderia listar aquelas únicas e profundas experiências de vida que modificaram a sua relação com o mundo. Os psicanalistas continuam a repetir – sem muito sucesso – que é necessário estar sempre pronto, uma vez que o acontecimento externo não é senão o *cabide* no qual "pendurar" uma mudança interior que se estava preparando e já estava madura. Outros terapeutas – de orientação comportamental – sustentam, no entanto, que o estímulo proveniente da realidade externa, em particular se carregado de energias emotivas, tenha um poder revolucionário bem superior ao de um cabide.

Mas qualquer que seja a opinião mais acertada, podemos nos perguntar como isso se traduz em amor. Principalmente no âmbito sentimental, algumas pessoas mudam não para si, mas para *o outro*. Parece que nesse campo as mulheres são mais resolutas do que os homens; assim, como afirma em várias ocasiões o sociólogo Francesco Alberoni,[11] a capacidade delas de amar – ou de se dar conta de que não amam mais – as impele, sem muita incerteza, a viradas radicais. As mulheres, em suma, não hesitam a, por amor, reverter a própria vida; estão prontas, também, para ir embora, se a paixão já se apagou, ou se encontram um homem capaz de as fazer sentir-se novamente vivas. O macho, ao contrário, é mais relutante à mudança, prefere ser amado por aquilo que é, sem ter de modificar os próprios hábitos; e, além do mais, está principalmente predisposto àquela que Willy chama de "a síndrome do arquipélago", isto é, a coexistência de histórias paralelas.

A psicologia ensina que existem personalidades *introvertidas* (que nós chamamos de "a prevalência obsessiva"), dependentes de um mundo interior muito forte, e para as quais a mudança se verifica, principalmente, em seguida às mutações das suas próprias convicções profundas. As suas novidades têm a tendência de assemelhar-se todas entre si. Passam, por exemplo, de um esporte para outro, ou de um amor para outro, mas com modalidades imutáveis. Pode-se afirmar que, num certo sentido, são "blindadas" contra a revolução que provém de fora. Outras, entretanto, apresentam personalidades mais *extrovertidas* (que nós chamamos de "a prevalência histérica", sem conotações negativas), abertas à influência do mundo externo, a ponto de, às vezes, tocar a sugestionabilidade. Nem sempre conseguem mudar de modo autêntico, porquanto ficam como fascinadas e hipnotizadas pelas pessoas que encontram. Então – recorrendo a uma metáfora alimentar –, é melhor ser uma nêspera, com o caroço duro e a polpa macia, do que uma noz, com a casca dura, mas o miolo tenro. No primeiro caso, pode-se sofrer influência da mudança que vem do exterior, sem que isso afete o núcleo da personalidade. Ao contrário, no caso do modelo "noz", está sempre de tocaia o risco da brecha que deixa exposto um interior indefeso, ou vice-versa, a couraça totalmente impenetrável.

A disposição de se deixar influenciar pelas mudanças do exterior, além disso, depende, geralmente, da idade. Nas pessoas adultas, donas de uma autonomia e de um equilíbrio pessoal e que, por isso, têm firmemente fixados os seus valores e as suas prioridades, as mudanças são prevalentemente ditadas pela configuração interior. Ao contrário, as crianças e os idosos são às vezes mais facilmente condicionados pelo mundo externo. A criança é um ser ainda modelável, no qual o impacto das experiências familiares e escolares é mais forte do que os impulsos pessoais. O discurso para as pessoas idosas é mais complexo, pois, conscientes da fragilidade característica da idade avançada, têm tendência a reações rígidas e refratárias a mudanças. Podemos, porém, recordar o que dizia René Spitz, um mestre da psicanálise que Willy encontrou quando ainda era um jovem médico. Por ocasião de um congresso em Amsterdam, Spitz, que na época tinha 75 anos, conheceu uma quarentona que, fascinada pelos seus escritos e pela sua personalidade, permaneceu ao lado dele durante todo o funcionamento do evento. E o célebre psicanalista explicara, com a sua quente sabedoria, que, com o avanço da idade e a diminuição das energias pessoais, aumenta a necessidade de alcançar as alheias. A outra pessoa – objeto de amor ou de interesse –, torna-se, então, o novo reservatório d'água, capaz de fazer reflorir uma velha planta, já incapaz de se alimentar sozinha.

7) Quais estratégias?

Piercarlo, amigo de Willy, tem uma necessidade doentia de ordem, que o impele a compilar extensas listas daquilo que deve fazer, menos irritar-se depois por não conseguir cumprir todas as tarefas que se atribuiu. Essa necessidade de controle racional o leva a cometer erros aparentemente inexplicáveis. Durante uma viagem, por exemplo, tirou da carteira o novo cartão de crédito e, depois de ter lido atentamente as instruções, cortou o antigo em quatro pedaços, de modo que não pudesse ser utilizado por outros. A excessiva necessidade de controle, porém, o fez cometer um erro grosseiro: preparando-se para pagar a conta do hotel, percebeu que tinha destruído o cartão novo, em vez do vencido. Ficou muito enraivecido consigo mesmo, e isso desferiu um golpe adicional à sua já diminuta autoestima, que o obriga a fazer apontamentos continuamente, por não confiar na memória.

Esse é um exemplo clássico daquilo que os especialistas em comunicação estratégica, e em particular Milton Erickson,[12] chamam de "trabalhar com a parte esquerda do cérebro". Ao contrário, para tarefas desse gênero é muito mais útil servir-se do hemisfério direito que, pondo em ação estratégias inconscientes ou pré-conscientes, permite à outra parte funcionar com a criatividade que constitui o seu traço típico. Há mais de dez anos, no seu livro *Psicogolf*,[13] Willy já tinha explicado como é disparado um mecanismo análogo, quando se está frente a uma tacada por executar, em especial se for particularmente difícil. A estratégia típica do cérebro esquerdo seria: "*Devo* fazer 120 metros para ultrapassar a água." Essa posição pode ser ulteriormente complicada pela segunda injunção, isto é: "*Quero* executar uma bela tacada, para ter uma boa pontuação final." A aliança desses dois "matadores" originados do hemisfério esquerdo (*devo* e *quero*) é capaz de arruinar completamente o divertimento esportivo; o golfista se irrita cada vez mais, a menos que possa descobrir – talvez quando já não haja mais qualquer possibilidade de vitória – que pode jogar a mesma tacada sem *dever* e sem *querer*. Porque substituir o *devo* e o *quero* pelo *posso* é uma boa estratégia, aplicável também no campo que nos interessa neste livro, ou seja, o da mudança.

Françoise Kourilsky-Belliard, expert em comunicação empresarial, chama o hemisfério direito de "o especialista na resolução de problemas".[14] Edward De Bono, por sua vez, enfatiza o pensamento lateral criativo, relativamente ao pensamento vertical lógico-dedutivo. E é justamente ao primeiro que deveria voltar-se também o amigo Piercarlo, quando a sua parte consciente predomina e o tiraniza sem piedade. Milton Erickson inventou, na verdade, técnicas particulares destinadas a "saturar" e confundir a parte esquerda do cérebro, até colocá-la fora de uso. Com esse objetivo, serve-se de expressões pseudológicas e intencionalmente complexas, que têm a função de provocar *tilt* no hemisfério esquerdo, de modo que o direito assuma finalmente a liderança que lhe compete.

Falaremos mais em detalhe das estratégias da mudança, no capítulo sexto. Por ora, limitamo-nos a sublinhar o fato de que a flexibilidade interior nos predispõe a fazer com que os eventos se concretizem, coisa que paradoxalmente os faz justamente acontecer.

8) Evasão ou procura?

Mudar tudo. Soltar as amarras e partir rumo aos Mares do Sul da vida, seguindo o indestrutível mito de um "algures" que levou Gauguin a deixar o Ocidente pelo Taiti, e pintar nas suas telas o sonho de um novo horizonte. Mas às vezes basta ir até poucos quilômetros de casa, como faz a protagonista de um bonito romance feminino, *Por puro acaso*, da americana Anne Tyler.[15] Delia é uma quarentona, casada, com filhos adolescentes: em suma, uma vida normal. Mas uma manhã de verão, na praia, decide dar ouvidos à sua inquietude, e vai embora. Com tênis de ginástica nos pés e sacola de praia. E vai, sem olhar para trás, compra uma passagem até a cidade mais próxima, ali procura um trabalho e constrói uma nova identidade. Do zero. Não para seguir um amor, nem para fugir de uma família destrutiva e sufocante: é uma mulher como tantas outras, que, como tantas outras, nunca disse "isso eu não consigo mais", mas que, um belo dia, decide dar ouvidos à sua vontade de fuga. Um sonho que, para os homens, é mais fácil de realizar, mas que as mulheres, quase sempre, fecham numa gaveta... Mesmo assim, numa pesquisa recente, 32,7 por cento dos entrevistados declararam experimentar o desejo autêntico de modificar radicalmente toda a sua existência.[16] Para muitos, essa aspiração assume a forma de uma *evasão*, enquanto para outros configura-se uma verdadeira *procura* afirmativa. Em todo caso, quando se quer evitar que essa esperança se transforme numa ilusão de fuga e se torne, em vez disso, uma autêntica procura ou até a descoberta de um novo mundo, (porque, senão, é apenas a assim chamada "síndrome de Cristóvão Colombo, ou de Marco Pólo"), é importante que cada um de nós conheça a si mesmo e a sua própria disposição à mudança.

Permanece sempre válida, portanto, a sábia exortação dos antigos gregos: *conhece a ti mesmo*. Existem pessoas que decidirão experimentar dedicar-se a outro trabalho, ou se aposentar, somente se tiverem o apoio de um parceiro ou de uma família estável. Outros contam que o sucesso profissional e econômico lhe deu a segurança suficiente para ousar mudanças sentimentais, apesar de percebidas como muito arriscadas. Outros, ainda, confessam em vez disso que, se não tivessem decidido por um corte radical, teriam permanecido para sempre numa posição de bloqueados, numa situação sem saída. Enfim, ainda há quem tenha dito a Willy, com ar crítico, que, no fundo, pudera ir ao exterior bancando o "imigrante de luxo", porque tinha a retaguarda coberta. Na Suíça, essa atitude é particularmente forte e serve para justificar o medo da mudança, sentida pela maior parte da população como um risco, antes de um recurso.

Qualquer que seja o caminho certo, e sem nenhum juízo prévio, esperamos que esse livro ajude o leitor a entender melhor quais são as suas motivações e as energias disponíveis. E, acima de tudo, a reconhecer honestamente, consigo mesmo, os limites entre os quais a mudança será um sonho realizado e feliz, e não um pesadelo.

II

As prisões interiores

Rinaldo e Valentina são um casal de adolescentes. Estão juntos há apenas três meses, quando Valentina descobre que está grávida. Rinaldo não sabe como se comportar, principalmente porque é marcado por uma história particular: pode considerar-se um "sobrevivente" do aborto. De fato, a mãe, que engravidou aos quarenta anos, decidira interromper a gravidez. Já havia marcado a data da intervenção, mas o marido a procurou e obrigou a sair do hospital: assim nasceu Rinaldo.

A história de Valentina também é atormentada. Quando tinha oito anos, foi provavelmente molestada pelo pai. Provavelmente, pois ela não se lembra: foi a irmã mais velha que assistiu aos abusos e lhe contou. É difícil dizer se foram fatos realmente acontecidos ou fantasias mitômanas, mas, em todo caso, Valentina sentiu-se como que mutilada. E sempre teve certeza de que não poderia engravidar, como se as carícias impróprias do pai lhe tivessem provocado uma maldição ou uma lesão física. Com o mesmo "pensamento mágico", agora está convencida de que não pode abortar, até porque, como Rinaldo, sente-se marcada pelo destino. No seu caso, foi a mãe que, ao engravidar, decidiu levar adiante a gravidez, enquanto o pai insistia para que a mulher abortasse.

Tanto Rinaldo quanto Valentina, portanto, são o resultado de projetos de interrupção não concluídos. Mais surpreendente ainda, em ambos os casos, é o contexto comunicativo transparente, pelo qual os filhos têm conhecimento dos detalhes mais íntimos a respeito da vida dos pais. Uma transparência recíproca, tanto é verdade que no curso de três dias todos os membros de ambas as famílias sabem que a menina está grávida, e cada um quer dar a sua opinião. Valentina afirma que não pode *imaginar* ter um filho, nem abortar; Rinaldo, por sua vez, continua dizendo que, no fundo, a decisão cabe a ela. Depois de três encontros do assistente social com as famílias dos dois jovens – necessários não só para fazê-los participar como também para limitar-lhes o poder de decisão – a gravidez foi levada adiante.

Em geral, quando se está na presença de um evento traumático como um divórcio, de uma gravidez não-desejada ou de molestamento sexual, procura-se inseri-lo no contexto familiar, de modo que ele assuma um significado completo, ligado à experiência de conjunto de quem é o protagonista. Nesse caso, no entanto, devemos fazer exatamente o contrário, uma vez que a interferência maciça dos vividos familiares de Valentina e Rinaldo os impediu de compreender, no seu sentido exato, a envergadura de um acontecimento como a gravidez. E é o quanto procuraremos fazer, com uma psicoterapia de acompanhamento, rápida, ajudando-os a se tornar protagonistas de uma escolha que, ainda que precoce, não deve ser interpretada como uma marca do destino.

Essa vicissitude é um bom exemplo de como a história de cada um de nós pode, às vezes, constituir a base para um bom êxito pessoal, mas em outros casos representa uma pesada bola de ferro no pé, capaz de condicionar toda a vida. O título do capítulo, de fato, fala de "prisões interiores": esse será o fio condutor, porque muitos aspectos do comportamento, a incapacidade de mudar, como também a coragem de imprimir uma virada à própria vida, parece às vezes o resultado de uma implacável predestinação.

É o caso de Eugenia, 30 anos, que engravidou por engano, mas agora decidiu levar a gravidez adiante. Casou-se muito jovem e já tem uma filha de oito anos; depois do divórcio, iniciou uma relação com José, um espanhol, na Itália por motivo de trabalho.

No entanto, a família dele (é casado e tem filhos) continua vivendo na Espanha. O homem quer terminantemente que Eugenia aborte, enquanto ela tende a "usar" a gravidez para mantê-lo ligado a si, na esperança de que decida separar-se definitivamente da mulher.

Acompanhamos Eugenia durante a gravidez, que se revelou um momento particularmente difícil, pois ela esteve sozinha. José escolheu não se divorciar; em vez disso, deixou o trabalho na Itália, não quer reconhecer o filho que está por nascer, e voltou precipitadamente para a Espanha.

Durante as seções de preparação para o parto (já está no sétimo mês), Eugenia nos revela que não só está sem companheiro, mas também sem trabalho. Deixou para trás uma família destruída, na qual agora é obrigada a se refugiar, porque não tem alternativas melhores. Mas o que aconteceu no passado de Eugenia? O pai, que ficou viúvo, a confiara a um casal amigo, sem filhos, com o qual também ele passou a conviver. Entre os seis e os doze anos, Eugenia sofreu abusos do amigo do pai, ao qual queria muito bem e que exercia sobre ela uma espécie de "pedofilia afetuosa", dando-lhe afeto em troca de atenção sexual. Não sabemos se o pai conhecia o fato ou se – pior ainda – tomava parte nessa situação mórbida, quem sabe, uma relação com a mulher do amigo. É só uma suposição. O fato é que, vinte anos depois, os três continuam a viver juntos.

Eugenia casou-se com dezenove anos para sair de casa, mas agora, não tendo onde ficar, voltou para junto deles. Está aterrorizada pela ideia de que a filha, Hortênsia, de oito anos, sofra os mesmos molestamentos que lhe marcaram a infância, e intensifica os mecanismos de controle. Recentemente, revelou ao pai os abusos que sofreu, mas ele os minimizou, afirmando que "passado é passado". Nem Eugenia quer denunciar o acontecido, com medo de que a situação, já difícil, se complique ainda mais.

Como se comportar, quando se encontra diante de um passado tão doloroso e intrincado, principalmente num momento delicado como é uma gravidez? Antes de tudo, decidimos ajudar

Eugenia a chegar serenamente ao parto, porque essa é, atualmente, a coisa mais importante.

Nesse meio-tempo, uma verificação permitiu estabelecer que não persiste a obrigação legal de denúncia pelos abusos sexuais no passado. E, por conseguinte, decidimos não tomar esse procedimento. Essa escolha não é ditada pelo medo, nem pode ser considerada negligência terapêutica; num caso do gênero, de fato, o procedimento legal não faria senão agravar posteriormente uma situação já crítica. Em vez disso, temos ajudado Eugenia a conseguir, no velho apartamento onde mora a família de origem, um espaço o mais circunscrito e privado possível, onde possa viver com a filha recém-nascida, Hortênsia, que tem necessidade de ser protegida.

Estamos, portanto, na presença de uma *repetição implacável* dos eventos antigos: Eugenia, quando pequena, confiada a outros, e vítima de abusos sexuais, encontra-se vivendo no mesmo contexto familiar com uma filha, que tem a mesma idade da menina molestada que pertence ao seu passado. É como se estivesse para tornar a entrar na velha prisão, quase como se estivesse gravada no seu destino uma *predestinação imutável* que impede qualquer mudança. Mas nós esperamos que a crise deflagrada por essa gravidez a ajude a imaginar um futuro diferente.

Muito dependentes

Há quem pense de modo nostálgico e romântico que a vida passe através do cordão umbilical. E que a simbiose entre o filho que ainda deve nascer e a mãe é o paradigma perfeito de uma relação de amor. Mas muitas mães esquecem que o cordão umbilical é cortado ao nascer. Como muitos filhos – acrescentamos – que, uma vez adultos, mantêm essa fortíssima ligação ou, até mesmo, a elegem como modelo da relação de casal. O cordão umbilical, entretanto, não é, a priori, o arquétipo de uma intensa ligação positiva. E isso por três razões:

a) Trata-se de uma relação *unilateral*, em que falta reciprocidade. Uma relação adulta, ao contrário, deve ser, sempre que possível, recíproca. E o intercâmbio de tipo circular, não linear.

b) O cordão umbilical não é um *túnel do amor* que leva somente vida, mas também um canal de trocas que se podem revelar perigosas ou tóxicas. E como existem patologias obstétricas nas quais o cordão se enrosca no pescoço da criança, assim a comunicação íntima simbolizada por essa ligação pode ser portadora de *Tanatos,* não apenas de *Eros*: de morte, além de amor. Seria preciso, por isso, "pensar" nessa relação como uma espécie de membrana porosa, que deixa passar, mas que, ao mesmo tempo, filtra e separa.

c) O cordão umbilical não é símbolo de troca, mas de *dependência*. A relação mãe–filho deve também evoluir, depois do nascimento, para uma intimidade diferente, mais autônoma com relação à simbiose imposta no ventre materno. Lembramos que "intimidade" significa compartilhar alguma coisa fundamental com uma pessoa importante. É estabelecida, assim, entre dois indivíduos que, embora mantendo a própria autonomia, tornam comum alguma coisa significativa para ambos. A intimidade é um estado dinâmico, diferente da independência, mas também do individualismo. Isso nos ensina que, na nossa vida afetiva, é importante superar a ligação simbólica, embora sem renegar o passado.

A dependência exagerada que descrevemos aparece claramente na carta que Willy recebeu de uma moça de 22 anos. Alessandra – esse é o nome dela – conta que, embora vivendo fora de casa para frequentar a universidade, nunca conseguiu cortar o cordão umbilical que a liga aos pais. Tem poucos amigos, porque se sente sempre "deslocada", acha que não está à altura, e isso constitui um obstáculo, seja para a sua vida afetiva, seja para a sexual. De fato, Alessandra é virgem e tem muito medo da "primeira vez". É uma moça inteligente, que nunca criou problemas, e tem um ótimo currículo escolar, mas atrás dessa aparência tranquila se esconde uma grande fragilidade, a capacidade, justamente, de desenvolver uma verdadeira autonomia da família de origem, principalmente da mãe. Na relação com os pais, revive o relacionamento criança-adulto, que lhe permite viver num mundo conhecido e seguro, mas no relacionamento adulto-adulto, a criança que existe nela se retrai, amedrontada. Certamente, uma psicoterapia breve poderá servir-lhe de ajuda, mas antes deveria deixar para trás, definitivamente, aquela parte de si que não consegue crescer. Poderia experimentar, por exemplo, mudar de horizonte, talvez ficando alguns meses no exterior para estudar melhor uma língua estrangeira ou aprofundar os seus interesses universitários. Mas, acima de tudo, é importante que experimente um período de "rodagem sentimental" com alguém da sua idade. Mesmo porque, não é fatal que os primeiros passos do namoro devam conduzir automaticamente ao sexo, como ela, teme.

O problema de Patrizia, que tem apenas alguns anos mais do que Alessandra, não é, porém, o de inibição. Patrizia tem trinta anos e já viveu histórias de amor importantes. Mas por dentro sente-se ainda uma menina, e essa sua excessiva dependência, marcadamente do parceiro, impede-a de agir livremente como gostaria. E a limita, numa situação de sofrimento.

Patrizia vive há cinco anos com um homem que tem medo do casamento. Ele tem quarenta anos e se chama Conrado, vem de uma família abastada e conduz, com os pais, um sólido estabelecimento de eletrodomésticos. À parte o trabalho, adora esportes e os amigos, com os quais passa a maior parte dos fins de semana, deixando-a sozinha em casa. No início da relação entre eles, Patrizia tinha um apartamento seu, mas depois Conrado pediu-lhe para transferir-se para o dele, e impôs as "suas" regras de convivência. Ansiosa e frágil, ela se sentiu sufocar e teve até crises de taquicardia. Depois de ter consultado vários médicos, entre eles um cardiologista, dirigiu-se finalmente a um psiquiatra, que a ajudou a superar as dificuldades mais graves e as fobias. Lamentavelmente, por não ousar opor-se a Conrado com palavras, Patrizia começou a negar com o corpo: de fato, desenvolveu um vaginismo, ou seja, a contração involuntária dos músculos vaginais, que impede relações sexuais completas, e que tem levado o casal a uma castidade forçada.

Para complicar ainda mais a situação, houve, posteriormente, o difícil relacionamento com a família do companheiro, porquanto o apartamento onde eles vivem pertence aos pais dele, que exercem tal controle que impede Patrizia de efetuar alterações, ainda que pequenas. Como se não bastasse, a mãe de Conrado tem as chaves da casa e não hesita em se servir dela, entrando quando bem entende.

Frente ao risco de a perder, Conrado mudou de atitude, e agora é mais gentil e afetuoso, declarando-se disposto a se casar com ela. Mas Patrizia não tinha encenado um drama, como estratégia para chegar ao casamento, sofria de verdade. E agora não sabe o que fazer. Uma parte dela pensa nos trinta anos que já tem, que Conrado é um bom partido e que ela deveria decidir-se a aceitar o casamento, há tanto desejado. Por outro lado, porém, nos últimos meses Patrizia encontrou outro homem, Fausto, da idade dela, que tocou profundamente as cordas do seu coração e do seu corpo. Tem feito amor com ele, e sem dificuldade, coisa que Conrado ignora. Presa do sentimento de culpa, subtraiu-se a essa nova relação, mas agora Fausto gostaria que ela se decidisse. A essa altura, evidenciam-se dois mecanismos.

a) Existe uma cumplicidade inconsciente entre Conrado e Patrizia: foi por isso que se escolheram. Conrado tinha necessidade de uma mulher débil e gentil, que não pretendesse mais espaço para si, e sobre a qual pudesse exercer domínio. A insegurança de Patrizia, por outro lado, levou-a a procurar um homem de quem pudesse depender. Agora, porém, que começou a crescer e pede para não ser apenas uma menina a ser protegida, mas também uma mulher e uma mãe, encontra-se com a resistência à mudança enraizada do parceiro. Conrado, de fato, está relutante em abandonar um comportamento que finca raízes na riqueza da família de origem. O crescimento da companheira colheu-o de surpresa: frente ao risco de perder a sua "presa", aceitou o casamento, mas não a mudança de regras.

b) Patrizia provocou a revolução, mas é incapaz de ir até o fim. Na verdade, tem o temor evidente da mudança sentimental, embora a solicite. Em vez de esclarecer a situação, evita encontrar com Fausto novamente, acumulando desculpas improváveis. Nesse meio-tempo, graças também a um creme contra a dor vaginal, reaprendeu a fazer amor com Conrado, que demonstra estar mais terno do que antes e estaria disposto a ter um filho: ela, porém, começou a tomar a pílula!

Patrizia continua a sobrepor os eventos e confundi-los, dando quase a impressão de querer ambos os homens. E no entanto, já que não tem nem a capacidade nem a força necessárias para administrar a situação, arrisca-se a ficar sozinha. Recomeça, de fato, a ligar para Fausto, mas apenas com conversas muito vagas. Mas permanece, por inércia, junto a Conrado, com o qual volta a evitar as relações sexuais; e o satisfaz com carícias, pensando no outro homem.

É como se Patrizia nadasse em água rasa, sem saber por onde ir. Mergulhou de uma margem para atingir a outra, mas talvez não desejasse realmente atravessar o rio. A *impossibilidade de mudar*, nela, está mascarada pela *fantasia de mudar*, que não significa *capacidade de mudar*.

Em casos similares, o terapeuta precisa ter muita paciência: deve evitar tomar decisões em lugar da pessoa em dificuldade, ou de forçá-la a escolher, finalmente, uma das alternativas. Mas também seria errado deixar que Patrizia se torture na incerteza, enquanto os anos passam. Por isso, será essencial mostrar-lhe os aspectos negativos da dependência e as vantagens de um projeto autônomo visando o futuro, encorajando-a a querer ser, pelo menos em parte, protagonista das suas próprias decisões.

Se a mulher é uma mamãe

A dependência não é uma característica exclusivamente feminina, pode também condicionar pesadamente a identidade viril, uma vez que impede de superar a síndrome da adolescência, "de Peter Pan", chegando, às vezes, a influir na vida sentimental adulta. É o caso de Renzo.

Ele tem trinta e três anos e é educador em uma comunidade para a recuperação de dependentes de tóxico. Também teve problemas com drogas, aos vinte anos, mas os superou definitivamente. Teofila, sua mulher, nasceu na África. Saiu do Togo, seu país, porque – afirma ela – os homens negros tratam as mulheres como se fossem objetos. A sua relação com Renzo é a terceira com um branco que se revela falimentar. Conheceu antes um homem débil e entrou rapidamente em conflito com a sogra, que vivia com eles e praticamente a expulsou de casa. Depois, apaixonou-se por um agricultor da região de Bolzano, que a obrigava a trabalhar duro, no campo, tratando-a de modo mais ou menos análogo aos homens que ela conhecera na África. Por isso, deixou-o, encontrou um trabalho como secretária e se ligou a Renzo: outro parceiro frágil. Apesar do desejo de um companheiro forte, capaz de a proteger, Teofila continua a oscilar entre homens tiranos que a maltratam e homens frágeis, dos quais se deve ocupar mais do que queria.

Renzo é simpático, mas evanescente, como acontece frequentemente a quem passa pela experiência com drogas e não consegue construir para si uma personalidade forte. O seu casamento dura dois anos, mas com oito meses renunciou a toda atividade sexual. Tudo começou quando Teofila voltou à África, de férias, para rever a família. Naquela ocasião, Renzo foi "cortejado" por uma educadora da comunidade em que trabalha; recusou as investidas da mulher, mas foi tomado pelo pânico, a ponto de deixar de trabalhar e se entregar à bebida. Esse episódio mostra bem a sua fragilidade.

Os pais dele se divorciaram quando ele tinha onze anos. O pai, frequentemente ausente de casa, sempre proclamou o seu desprezo pelas mulheres, sustentando que elas devem ser usadas, e só. A mãe, que idolatrava o filho, superprotegeu-o, e o chamava de seu "principezinho". Renzo confidencia – pelos menos, foi o que a irmã lhe contou – que a mãe, quando ele ainda era recém-nascido, lambia-o, quando o limpava, dizendo que assim se comportam as leoas com os filhotes, para que cresçam melhor! Será verdade, ou um caso de mitomania familiar? Seja como for, o ponto é que a sua identidade não se pode desenvolver de modo autônomo, permanecendo ambígua e acanhada, pela relação simbiótica com a mãe.

Além disso, Renzo é incapaz de administrar uma agressividade sadia para se defender. Por exemplo, quando o pai criticou a sua decisão de se casar com uma mulher de cor, Renzo ficou nervoso e, para se desafogar, desferiu um soco contra uma janela, ferindo a mão gravemente. Parece, então, que a mãe se tenha aproveitado desse acidente ocorrido com o filho adorado para ajudá-lo a despir-se e tomar banho, pelo menos enquanto estivesse com a mão engessada.

A esta altura, está claro que Renzo foi atraído por Teofila, que o acode como uma mãe africana. Porém, o preço a pagar é a sexualidade que, de fato perdeu gradualmente o próprio significado, correndo até mesmo o risco de assumir conotações incestuosas. A relação entre Renzo e Teofila é frágil, pois ambos são prisioneiros do passado e de expectativas inconscientes, projetadas na vida a dois. Ao mesmo tempo, no caso deles, o casal representa um sólido pretexto, e por isso pareceu oportuno defendê-la das excessivas interferências externas. Renzo parece mais inseguro do que a mulher, e não obstante, foram orientados para uma terapia a dois, que servirá não tanto para melhorar a comunicação conjugal quanto, principalmente, para reforçar a identidade viril de Renzo.

A síndrome das meias-irmãs da Cinderela

Lamentavelmente, os mecanismo de dependência do passado, que aprisionam toda a energia necessária para modificar o presente e projetar o futuro, são infinitos. Para entendê-los melhor, podemos reportar-nos ao arquétipo de uma fábula apreciadíssima, a da Cinderela.

A história é conhecida de todos. Cinderela nasceu do primeiro casamento do pai que, enviuvando, torna a se casar. À morte dele, a madrasta e as duas meias-irmãs se unem para humilhar a mocinha e mantê-la em separado. Mas, com a ajuda da fada madrinha, Cinderela, que é pura de espírito, seduz o príncipe e o desposa, depois dele a ter encontrado, servindo-se do sapato mágico testado de pé em pé.

A história apresenta dois lados: um, luminoso, outro, obscuro. O lado luminoso é, antes de tudo, o sonho infantil de encontrar o príncipe encantado. Para este último, podemos também traçar, se bem que menos explícito, o desejo correspondente, de encontrar um menina de espírito puro, capaz de lhe restituir a alegria de viver. É o que lhe falta, pois dispõe de todas as enfadonhas magnificências da vida da corte. O final feliz da fábula encarna, então, o sonho de milhões de pessoas de ganhar na loteria do coração. E não só isso. Confirma que a paixão, nesse caso, é verdadeiramente fulminante, e requer pelo menos dois ingredientes: uma expectativa elevada que permite idealizar a realidade, colorindo-a de rosa (ou, melhor dizendo, azul!), e o obstáculo que todo grande amor, na mais clássica tradição romântica, deve superar, para poder, finalmente, realizar-se.

O lado obscuro da fábula da Cinderela, por outro lado, é representado pela aliança maléfica entre a madrasta e as duas filhas. Mas por que são tão antipáticas, e por que o plano delas dá errado? Por, pelo menos, três razões:

a) a madrasta e as meias-irmãs substituem, com a autenticidade dos sentimentos, a fria reivindicação do direito. Elas são de linhagem nobre e por isso somente a elas é concedido laçar o príncipe, enquanto a pobre Cinderela não possui mais do que a pureza de sentimentos. E no entanto, ainda na realidade, o fracasso de muitos casais pode ser imputado a escolhas feitas unicamente com base na classe social ou no interesse econômico.

b) Esse trio infernal, na raivosa busca do marido-investimento, acaba por deformar a realidade, negando a evidência do seu escasso poder de sedução. Além disso, a inveja cega as mulheres, tornando-as projetivas a ponto de atribuir a Cinderela todas as qualidades negativas que fariam dela uma candidata inviável.

Frente ao sucesso alheio, as pessoas seguras de si experimentam um sentimento de admiração; os inseguros, ao contrário, são roídos pela inveja, emoção inconfessável, que se exprime sob forma de maldade e maledicência.

c) O ponto principal, porém, é que as meias-irmãs são fortemente dependentes da mãe, de quem herdaram a ambição e o péssimo caráter. Tornaram-se adultas no corpo, mas não na alma, e agem como duas gêmeas sem personalidade. Mãe e filhas são três, portanto, mas constituem uma só entidade, amalgamadas e prisioneiras, como são, dos mesmos sentimentos negativos. Essa dependência, que as faz infantis, transforma-as num péssimo modelo de identificação para as mulheres de hoje. Quando se fala mal (injustamente) das sogras, pensa-se, tradicionalmente, na mãe dele, obsessivamente ciumenta do filho que se casa. Mas a outra sogra (a mãe dela) se esquece de que às vezes mantém um laço doentio de dependência com a filha. Poderíamos quase chamar isso de síndrome das meias-irmãs de Cinderela: uma figura materna sufocante que impede qualquer evolução positiva... No caso da Cinderela, a aspirante (e falida) sogra do príncipe queria de fato continuar a viver por reflexo, obrigando as filhas a realizar as suas ambições. É o mesmo mecanismo que impele as mães de aspirantes a atrizes ou *top models* a submeter as meninas adolescentes (frequentemente ainda crianças) a uma série extenuante de concursos de beleza ou testes de televisão. Como na fábula da Cinderela, no entanto, as pobres meninas dificilmente serão felizes, acabando, ao contrário, por ser antipáticas como as "meias-irmãs".

Ávidos de amor

No passado de cada um de nós, podem ter acontecido eventos capazes de condicionar de forma mais ou menos forte a liberdade interior. Em alguns casos, as personalidades dependentes foram amadas de forma obsessiva e protetora e tratadas infantilmente, e isso lhes reduziu a capacidade de desenvolver uma personalidade autônoma. Às vezes, ao contrário, a história familiar é ponteada de vazios, de carências afetivas e separações. Não se trata somente das situações-limite verificadas no caso das crianças romenas abandonadas em massa nos orfanatos. Pode tratar-se, também, de que a mãe esteja deprimida e, por isso, incapaz de transmitir calor e afeto. Ou de uma mulher cuidando de uma carreira, que dispõe de pouco tempo para passar com o filho. Além disso, o abandono pode ser consequência de um conflito ou de um divórcio precoce entre os pais. Em todos esses casos, e sem querer subestimar o papel do pai (de que falaremos depois), pode acontecer que os filhos, quando chegarem à idade adulta, continuem alimentando a convicção de terem sido vítimas de uma injustiça, e de não terem recebido bastante afeto. Podem, então, desenvolver-se reações do tipo depressivo, quando a pessoa não se considera "digna" de ser amada. Ou o sentimento de não ter recebido o bastante provoca raiva e desejo de vingança, que são derramados, mais ou menos conscientemente, nas relações sentimentais. Encontramo-nos, então, na presença de personalidades difíceis, complicadas, frias, que têm mais sucesso no trabalho do que no amor ou no relacionamento com os filhos. É o caso de Luciana.

Tem 35 anos e pede ajuda, queixando-se de estresse e insônia, causados pelo comportamento do marido, Massimo, que – dito por ela – protege exageradamente Hilaria, a filha de sete anos nascida do primeiro casamento. Massimo tem 38 anos e se sente muito responsável pela menina, porque a sua primeira mulher manifestou problemas psiquiátricos logo depois do parto, acabando por se suicidar. Sempre se ocupou sozinho de Hilaria, até que encontrou – e desposou – a "sargento" atual, dominadora e de aspecto viril. Luciana tem uma atitude antipática, e durante o encontro procura impor o seu ponto de vista tanto ao marido quanto ao terapeuta. Em casa, tem até mesmo acontecido de ela agredir Massimo, porque não a apoia o suficiente, e, ao contrário, toma a defesa da filha. A pequena Hilaria, de resto, ainda não digeriu o luto da perda da mãe, aliás, tenta assumir-lhe o papel, "substituindo-a" ao lado do pai. Essa postura provocou um sério conflito com a nova mulher, que entrou há pouco, para fazer parte da família.

Em suma, parecia a clássica situação da "madrasta cruel". Mas bastou dizer a Luciana, mascarada pela agressividade, que se percebia o seu desespero e o seu sofrimento, para que ela se acalmasse como por encanto e começasse a contar uma difícil história de família. A mãe dela estava frequentemente ausente por causa do trabalho, e ela, que exibia uma atitude exageradamente sensual e rebelde, acabou vítima do molestamento sexual de um tio. Repetindo a irmã, saiu de casa aos quinze anos e viveu a adolescência com um homem muito mais velho do que ela. Ainda assim, ela tem desse período uma lembrança positiva, ao contrário das posteriores e sucessivas experiências sentimentais... Então, a irmã começou a se drogar e morreu de overdose. Um enésimo trauma para Luciana. Assim, quando encontrou Massimo, procurou encher os buracos afetivos do passado. Porém, se o marido não satisfaz a sua avidez emotiva, ela se irrita a ponto de se tornar violenta, pegando a tapas tanto ele quanto a menina.

O passado de Luciana tornou-a uma deficiente emotiva: se quem está à sua frente (o marido, os amigos, o terapeuta) não assume uma atitude afetuosa e acolhedora, não é capaz de tolerar a frustração pelo que ela sente como uma recusa. Nesse momento, não suporta perder o lugar conquistado junto ao marido, que vive como insidiado pela pequena Hilaria. Luciana recomeça a sua ladainha dizendo que, para Massimo, existem primeiro os amigos, depois a filha e, por último, ela. Será a verdade, ou será a sua avidez insatisfeita? É certo que existe um evidente conluio, quanto mais ela grita, mais ele escapa para o bar, e quanto mais ele vai para o bar, mais ela grita. Mas por enquanto é urgente proteger a pequena Hilaria dessa atmosfera nociva, avisando os assistentes sociais e, se a situação se agravar, também o Juizado de Menores.

Enamorados de si mesmos

Estamos cercados de narcisos: é por isso que, num livro anterior, Willy lhes consagrou um capítulo inteiro, mostrando como o narcisismo está ligado ao sentimento de autoestima e de valores pessoais e pode, em diversos graus, condicionar o desenvolvimento da personalidade.[1] Mas também, como os narcisistas são, lamentavelmente, impermeáveis à mudança.

Narcisos e agressivos

Em alguns casos, a personalidade narcisista constrói para si uma espécie de couraça externa (o falso Si), que serve para mascarar uma notável fragilidade interior. Frequentemente, são homens que a vida tornou fundamentalmente egocêntricos, pouco dispostos a se ocupar dos problemas e do sofrimento alheio. Estão interessados exclusivamente em si mesmos, renunciando, assim, a uma felicidade compartilhada. Escravos das aparências, armam o leque, como os pavões: precisam exibir e se exibir. Muitas dessas pessoas são inteligentes e brilhantes, e se escudam em tais qualidades para esconder as suas dificuldades relacionais. Escolhem, em geral, profissões notórias (advogados, arquitetos), e não raramente antepõem a carreira ao amor. Chegam até mesmo a se servir dos afetos para satisfazer as suas inevitáveis ambições. Habitualmente, homens desse gênero têm relações sentimentais com mulheres que apresentam características complementares: pouco seguras de si e fascinadas pelo "brilho" dos seus companheiros. E tudo corre bem, pelo menos enquanto o sofrimento da parceira não se transforma de tal modo que imponha mudanças, positivas para a vítima e difíceis de suportar para os narcisos. Que são, justamente por sua natureza, intolerantes com as feridas ditas "narcisistas".

É o caso de Giuseppe e Vittoria. Ela tem 45 anos e está se separando de um marido traidor. Ele, 48 anos, companheiro em frequentes viagens de trabalho, passou por uma série de aventuras breves e sem futuro, até que se apaixonou por uma moça muito mais jovem. Procurou firmar um compromisso com a mulher, que, dessa vez, eximiu-se ao papel de pilar da família, e pediu a separação. Giuseppe, então, com um gesto magnânimo, aceitou todas as condições impostas pela companheira, incluindo a custódia dos filhos.

O desenvolvimento da história de cada um deles mostrou, nela, a disposição à mudança e, nele, ao contrário, a impossibilidade de mudar. De fato, Giuseppe entrou em crise, porque, depois da separação, a sua jovem amante está em dúvida se fica com ele ou com o noivo, um rapaz da idade dela. Além disso, Guiseppe foi obrigado a encerrar a sua sociedade e atualmente está sem trabalho. Nessa situação de tensão elevada, acusou queimações no estômago, e uma radiografia revelou sinais de úlcera. Em vista dessa inesperada fragilidade, não só no plano profissional como em matéria de saúde, a jovem amante tornou-se imediatamente mais prudente. Giuseppe era um homem forte apenas na aparência: quando a mulher o deixou, começou a se "apoiar" na nova namorada que, na verdade, o escolhera porque procurava a proteção de um homem maduro e sólido. Agora, está desiludida e recuando. Giuseppe, então, procura o apoio da ex-mulher, mas Vittoria, que por sorte está melhor, não se comove mais. Aceita, no máximo, oferecer um pouco de assistência prática, em nome dos anos em que viveram juntos.

O fato é que Giuseppe é prisioneiro da sua própria couraça exterior, e o seu frágil narcisismo o impede de mudar. Aliás, a situação agravou-se rápida e dramaticamente, porque ele ficou sem trabalho, com problema de saúde e sozinho: no fim, a amante o deixou, depois de ter avaliado em bases reais o "péssimo negócio" representado por um homem mais velho, doente e desocupado. Agora, Giuseppe sonha em emigrar para São Domingos, abrir um restaurante e começar vida nova. Na verdade, a sua fragilidade narcisista é o exemplo típico da impossibilidade de "virar", que frequentemente se esconde atrás das pessoas aparentemente seguras de si, à vontade em todas as situações e desenvoltas no campo sentimental.

Vittoria, ao contrário, depois de se ter livrado das peias da sabotagem materna pela psicoterapia (entendeu, de fato, que, para ela, o casal representava o prolongamento de uma relação patológica com a mãe), tirou de cima de si também aquele marido que a sugava, e agora se sente finalmente livre. Aceitou o convite para jantar de um amigo de velha data, que lhe revelou que sempre foi apaixonado por ela. E iniciou com ele uma história de puro sexo. Abandonando o papel de "homem da casa", ao qual era obrigada, Vittoria pôde recuperar a sua feminilidade e utilizá-la com mais leveza. Para usar as suas próprias palavras, já sente ter permissão para mudar: pode, finalmente, abandonar os restos mortais dos velhos hábitos e renascer para uma nova personalidade. Sente-se mais livre para pensar positivamente, escutar os seus próprios desejos, e não apenas absorver os deveres de mulher e de mãe. Pode-se afirmar que a evolução de Vittoria é o exemplo típico de uma psicoterapia de êxito efetivo, isto é, que não se limita à eliminação dos sintomas, mas dá ao indivíduo maior liberdade interior.

Enrico é outro caso em que a segurança e a determinação são apenas "fachada". Tem 45 anos e é diretor de banco, e até agora tem preferido uma existência de "mulherengo", sustentado por um físico imponente e por um notável sucesso esportivo e profissional. Depois de uma longa série de aventuras, agora pensa que tenha chegado o momento de pôr a cabeça no lugar. Há um ano, ligou-se a Giuditta, que tem vinte anos menos do que ele e de quem foi o primeiro homem. Enrico era amigo da família, conheceu-a quando ainda era adolescente, e ela passou de uma grande admiração a uma adoração total. De fato, Giuditta está profundamente apaixonada e, se soubesse que ele a trai, o desespero a dominaria. Enrico também é muito ligado a ela, mas a vê apenas nos fins de semana, pois ela vive em outra cidade, onde está terminando os estudos universitários. Essa relação – mantida escondida dos pais de Giuditta – ficou, nesse meio tempo, enriquecida de um novo segredo. Enrico – que há algum tempo renunciara ao seu papel de sedutor – encontrou Ana, uma moça de vinte e sete anos; defendeu-a, numa discoteca, de um noivo briguento, que lhe dera um bofetão, no curso da enésima briga. Enrico interveio para protegê-la e Ana passou a imaginá-lo como uma espécie de "Zorro, reparador de erros", e se apaixonou. Ele não sabe o que fazer, mesmo porque as Festas de Natal se aproximam. Já tinha programado uma viagem com Giuditta; mas se partir, não pode ver Ana, aliás, terá de lhe revelar que é comprometido...

Para satisfazer o seu narcisismo, Enrico passou a fazer parte de uma corrente numerosa: a dos homens com vida dupla, ou, pelo menos, com amores paralelos. Pessoas obrigadas, pelas festas, a acrobacias impossíveis, porquanto ninguém possui o dom da ubiquidade. Quando os participantes do triângulo se conhecem, às vezes podem encontrar-se em compromissos civis. Mas quando as histórias paralelas são secretas, interpõem-se coincidências difíceis de administrar. Ao ponto de, para algumas pessoas, o bendito Natal transformar-se numa verdadeira maldição.

Narcisos e perdedores

Existem homens para os quais a repetição de falências sentimentais e sexuais não é senão a enésima confirmação das convicções de pertencer à categoria dos perdedores. Diferentemente da categoria precedente, para a qual o narcisismo se traduz em comportamentos agressivos (ainda que apenas de fachada), neste caso ele é débil, e parece ter-se fixado naqueles poucos centímetros cúbicos do corpo masculino que o distinguem do feminino... Homens assim têm uma frágil identidade viril, duvidando da sua própria capacidade, e manifestando aquilo que Freud chamou – com uma intuição genial – de "uma má solução do complexo de Édipo". Ainda que frequentemente a questão crucial seja representada não tanto pela relação edipiana com a mãe, quanto pela competição irresoluta com a figura paterna. O pai exerce apenas uma função "castradora" e punitiva, sem representar nunca um guia, no caminho para a futura identidade viril do filho.

Antonello é o exemplo típico do que acabamos de falar. Tem 32 anos, é simpático, inteligente e tem um trabalho bonito: compõe música. Mas a sua ansiedade lhe torna a vida impossível. Chega ao nosso encontro com meia hora de atraso, depois de ter errado o endereço, e explica que isso lhe acontece com bastante frequência, principalmente com as moças. Fala de si de modo vivaz e desordenado, descrevendo-se como um criativo que não consegue inserir-se no tempo e nos modos considerados "normais" pela sociedade, a tal ponto que decidiu trabalhar e viver sozinho. Assim, quando tem uma inspiração, pode-se permitir levantar-se às três horas da madrugada para compor, dormindo, possivelmente, todo o dia seguinte. Essa relativa anarquia criativa torna difícil, porém, a sua vida de relação, e é justamente nesse campo que Antonello se sente um fracassado, e vem pedir ajuda.

Teve a primeira namorada aos 17 anos. A emoção o fez enrubescer e gaguejar, a ponto de ela achar engraçado. A primeira mulher com quem fez amor, aos 23 anos, deixou-o, não tendo conseguido conviver com o seu caótico uso do tempo. Desiludida e enraivecida, primeiro criticou-o, depois o traiu para provocá-lo e, por fim, foi-se embora.

Antonello, já marcado por uma frágil autoestima, fechou-se em si mesmo e só depois de alguns anos teve coragem de voltar a se aproximar do mundo feminino. Lamentavelmente, com a companheira atual a situação não melhorou, porque ela manifesta uma sexualidade muito violenta. Sofreu um abuso sexual aos treze anos e desde então, em vez de estabelecer uma relação de intimidade e ternura com o parceiro, excita-se somente experimentando raiva e ódio. Quando tem vontade de fazer amor, salta em cima dele, lhe diz a alta voz o que ele deve fazer, e atinge rapidamente um orgasmo muito intenso, a que Antonello assiste aterrorizado, porque diante dessa fúria, não só tem ejaculação precoce, como desliza para a impotência.

Esse rapaz, dotado de uma sensibilidade fora do comum, deu-se conta, sozinho, de que parte dos seus problemas nasce de uma identidade viril frágil, e que, com toda probabilidade, a terapia deverá ser inicialmente orientada ao fortalecimento da sua segurança e, só numa segunda etapa, à sintomatologia sexual. De fato, tem uma relação conflitante com um pai tirano, personalidade muito conhecida na cidade onde vive, que nunca o orientou no caminho que conduz à formação da identidade viril, e reservou somente para si mesmo o papel de patriarca. Antonello tem evitado o conflito de identidade, desenvolvendo a sensibilidade e a ternura, que são características prevalentemente femininas. Agora, porém, sente de forma aguda o problema causado pela sua falta de agressividade, porque tem acontecido de atrair invariavelmente mulheres que têm dificuldade com os homens ou com a autoridade.

O que fazer em casos como esse, quando o problema inicial parece ser de cunho sexual, mas se revela, depois, uma dificuldade que compromete toda a pessoa? O primeiro passo consiste em explicar a Antonello que é inútil controlar alguns centímetros cúbicos do corpo, se todo o resto vive qualquer tensão emotiva de modo explosivo e anárquico. Não sabe o que é horário, vive o tempo social (*Chronos*) como um obstáculo que se opõe ao seu tempo afetivo e criativo (*Kairos*). À espera de dar início à psicoterapia, prescrevemos, por isso, uma aproximação corporal, uma vez que aí se concentram todas as dificuldades. As técnicas corporais e de relaxamento deveriam permitir-lhe conter a ânsia explosiva que o habita, e que danificou até mesmo a sua vida sexual.

Renato, como Antonello, vive pedindo ajuda, devido a um distúrbio sexual que esconde, porém, um problema mais geral, de identidade masculina. Renato tem 29 anos, a mesma idade da sua companheira, Liliana. Estão juntos há dois anos e entraram em crise desde que decidiram conviver. Moram em cidades diferentes, ainda que muito próximas, e se veem habitualmente durante o fim de semana: assim, gostariam de experimentar um período de convivência, antes de se casar. Liliana é quem mais hesita, porque Renato, embora dono de uma boa intimidade afetiva, é um homem que manifesta pouca libido. Trata-se de um casal em que os papéis estão invertidos, seja do ponto de vista do comportamento como das exigências sexuais. Liliana, formada com ótimas notas, é empreendedora, ótima no trabalho, tem garra e desejo de ter sucesso, tanto na vida profissional quanto na pessoal. Renato é mais linfático, mais lento, um pouco efeminado. É um ótimo comerciante, mas não é formado, coisa que a companheira tem tendência a criticar, uma vez que gostaria de ser casada com o "primeiro da classe".

Renato carrega nas costas uma família problemática. Os seus pais se divorciaram quando ele tinha apenas quatro anos. A mãe, algum tempo depois, passou a conviver com um homem muito mais jovem do que ela, um amigo do irmão mais velho de Renato. Além do embaraço criado por tal situação, os filhos praticamente não viram mais o pai, que foi trabalhar além-mar, e com o qual passaram a ter contatos esporádicos. Em outras palavras, faltou a Renato uma figura masculina positiva, com a qual se identificar. Em vez disso, o jovem namorado da mãe despertou nele antigos conflitos edipianos.

A primeira experiência sentimental remonta aos 18 anos; a sua namorada era muito maternal, tranquilizante, e o fez descobrir o sexo. Mas, com o passar do tempo, cansada do papel de "samaritana", deixou-o. Agora, Renato hesita em se empenhar numa relação com Liliana, porque tem medo de que ela ocupe muito espaço. De fato, ele está ainda, no momento, numa fase da vida em que busca realização pessoal, junto aos seus interesses e ao seu trabalho. Adora jogar tênis e participa de uma companhia teatral, junto com outros amigos, e por nada no mundo renunciaria a essas paixões, mesmo que lhe tomem também os fins de semana, única ocasião para estar com Liliana. Na verdade, Renato ainda não está pronto para imaginar a sua intimidade dividida com uma mulher, porque tem uma atitude própria da adolescência e uma identidade viril ainda não estabilizada. Mas Liliana, aos 29 anos, tem as ideias claras: quer uma família. Enquanto isso, com a mesma idade, Renato parece apenas um "velho" adolescente, ainda em busca daquilo que fará quando crescer.

Nesse caso, seria inútil uma terapia de casal, como eles pedem. É mais oportuno propor a Renato uma psicoterapia individual, de preferência com um terapeuta masculino, voltada a acelerar o processo de identificação viril, que lhe permitirá, ao mesmo tempo, resolver as dificuldades sexuais residuais. Na verdade, Renato não é um Peter Pan, que tenha escolhido permanecer menino; mas o seu tempo de crescimento é mais lento do que Liliana esperava e almejava. A capacidade de administrar esse estágio evolutivo diferente é que irá decidir o futuro deles e a relação do casal.

Rígidos, obsessivos, doentes de "controle"

A descrição das "prisões interiores", que dependem das neuroses infantis, poderia facilmente ocupar o livro inteiro! Justamente por isso, limitamo-nos a alguns casos emblemáticos. E, depois de ter descrito as personalidades dependentes, ávidas e narcisas, concluiremos falando de outro tipo de neurose, tradicionalmente chamada de "obsessiva". Nesse caso, a personalidade se desenvolve em direção oposta à dependência, orientando-se para a autonomia e o controle das emoções, além das relações com outros. Trata-se de mulheres e homens meticulosos, comedidos, em geral frios e reservados, pouco inclinados a ousar, que habitualmente veem as paixões e sentimentos como perigos. Preferem confiar na inteligência e na vontade, que permitem dominar melhor as situações. Infelizmente, esse mecanismo, frequentemente reconhecido como sinal de predomínio sobre os instintos, pode tornar-se um estilo de vida excessivamente rígido. A necessidade de controle acaba por se tornar um prazer em si, como no caso de quem adora organizar, não para viver melhor, mas porque lhe agrada organizar. É colocada uma capa muito pesada sobre o vulcão da alma, a ponto de as emoções não poderem mais fluir livremente.

Enquanto as personalidades dependentes permanecem crianças ou, pelo menos, infantis, as personalidades obsessivas sofrem do problema oposto, isto é, tornam-se adultas prematuramente. Estudantes-modelo, recém-formados, administradores novíssimos: frequentemente, já "envelhecidos" aos 25 anos e, certamente, mais confiáveis do que criativos, não sabem transmitir ao motor de sua existência a energia cinética necessária para conseguir mudar. Alguns deles entram em crise no plano psicossomático ou sexual, justamente porque o excesso de controle intelectual acaba por penalizar o corpo e, assim, o eros.

Emanuela, 32 anos, muito inteligente e antissocial, numa primeira aproximação nos dá um ótimo exemplo das dificuldades em mudar realmente, ainda que o deseje profundamente. Emanuela, que vem a nós se queixando de uma dor de cabeça crônica e de anorgasmia, exerce, na verdade, um excesso de controle mental sobre o próprio corpo. Nessa gestão cerebral da vida, inclui-se a relação estável e até muito previsível com o marido, alto funcionário de um ministério. Ele, 42 anos, um tipo esportivo e confiável, faz amor com frequência, mas de maneira extremamente estereotipada. E a mulher, confirmando essa relativa insensibilidade do cônjuge, afirma que, em dez anos, não se lembra que ele tenha deixado de atingir o orgasmo alguma vez...

Emanuela vive todas as relações humanas e experiências existenciais em termos de vitórias ou derrotas. O nascimento do primeiro filho provocou as primeiras fendas no seu sistema de controle racional. O recém-nascido tinha fome em horários que não correspondiam aos previstos, e ela sentiu essa defasagem como uma derrota, agravada pelo fato de que não tinha leite bastante. Agora, então, não entende por que não consegue engravidar novamente, como havia programado.

Superando a antipatia que essa mulher inspira em quem dela se aproxima (o marido é adorado pelos amigos, enquanto ela é considerada uma inconveniente, porque usa da sua inteligência para encontrar, sempre, o ponto fraco das pessoas), tentamos uma aproximação psicológica dos seus distúrbios. Emanuela assemelha-se – usando, aqui, uma metáfora – a um fruto, cuja casca serve para proteger a polpa dos raios do sol. Chegou à conclusão de que, para atingir a satisfação sexual plena – um dos problemas que a levaram a pedir ajuda –, precisa, antes, desenvolver as suas potencialidades físicas e mentais. E começou a se dedicar a exercícios de expressão corporal e à yoga.

Nesse meio-tempo, prosseguimos com as sessões de psicoterapia. Ela conta sobre um pai honesto mas não particularmente brilhante, e de um universo declinado no feminino. A mãe, ao mesmo tempo tola e beata, estava continuamente em guerra com uma governanta prepotente e com a irmã. Emanuela adotou um comportamento desconfiado, depois de ter se dado conta de que o pai, muito bondoso, era submisso às mulheres da casa. Essa atitude persiste na vida adulta e torna difícil até mesmo a aproximação física com os outros. Por exemplo, Emanuela não gosta de ir ao cabeleireiro, porque considera o toque nos seus cabelos uma intrusão na sua intimidade.

O trabalho de psicoterapia, estendido durante vários meses, consistiu em fazê-la compreender que é legítimo exercer um controle, mas de maneira seletiva; em outras palavras, que a couraça serve em determinadas situações, e não em outras. Por isso, podia começar a confiar em algumas pessoas, entre as quais o seu terapeuta. Fez aquilo que os psicólogos chamam de experiência "corretiva", verificando que a confiança nem sempre é traída, como acontecera com o pai.

Emanuela, então, compreendeu que é justamente a sua desconfiança em deixar que se aproximem dela que lhe torna difícil atingir o orgasmo junto com o marido. Por isso, está agora explorando novos caminhos para estabelecer uma relação positiva com o seu próprio corpo. Começou, por exemplo, a tomar demorados banhos quentes na banheira, em vez dos rápidos banhos de chuveiro a que se habituara. Provavelmente, no âmbito sexual também deverá passar pela recuperação das suas sensações e fantasias, antes de as poder compartilhar, sem perigo, com o marido.

No caso de Amedeo, o problema é também de rigidez. Ele tem 35 anos e há seis está junto com Beniamina, de 30 anos. São casados há três anos, mas há pelo menos dois anos que ele não sente mais desejo. Tem tido até mesmo dificuldade de ereção, nunca, porém, durante as férias. Qual pode ser a causa dessa falta de interesse sexual num homem jovem, casado de pouco? Eliminadas as possíveis causas físicas ou um eventual estresse profissional, emerge uma personalidade obsessiva e deprimida, com poucos impulsos e um comportamento um tanto "maneiroso". Durante as relações sexuais, Amedeo tende a afastar o pensamento; confessará que gostaria, teoricamente, de explorar tipos variados de eros, mas depois dispara uma censura férrea, que bloqueia todos os impulsos. Num colóquio posterior, emerge também o péssimo relacionamento que Amedeo tem com o pai, com o qual, ainda assim, ele trabalha. Talvez por isso, o erotismo sexual melhora nas férias. Além disso, Amedeo não só renunciou à sexualidade, mas está também retraindo-se da vida social e familiar. Se a mulher não tomar a iniciativa, podem passar meses sem fazer amor.

Beniamina, no entanto, é uma mulher bastante "física". Vem do sul da Itália, e para ela o sexo é muito importante. De um ano para cá, passou ao autoerotismo, mas tem medo de que, com o tempo, acabe por não ter mais desejo pelo marido. É uma mulher equilibrada e normal; talvez o seu erro tenha sido escolher um homem como Amedeo, que parece esconder uma personalidade hipercontrolada. Nesse caso, o conflito com o pai e uma depressão latente são a explicação mais provável para a queda do seu desejo, que agora corre o risco de pôr o casamento em crise.

O controle excessivo é problema também para Ugo, noivo de Francisca há seis anos. Os dois têm a mesma idade, trabalham juntos e convivem há um ano. Vieram para um primeiro colóquio porque não conseguem mais fazer amor. Ugo nunca foi um tipo fogoso, mas agora a sua libido está reduzida a praticamente zero. Francesca acha a situação grave e, acima de tudo, anômala. É uma mulher simpática, normal e tolerante com as exigências do parceiro. Agora, porém, sente que a situação chegou a um ponto crítico, e decidiu lutar para introduzir uma mudança.

Sem um colóquio individual, é difícil avaliar se Ugo é um obsessivo hipercontrolado, ou se tem outros problemas sobre os quais não quer falar como, por exemplo, um autoerotismo do qual se envergonha, ou uma homossexualidade latente. Em todo caso, há pouca ternura nesse casal, poucas brigas, pouca autonomia e pouco erotismo. Um exame grafológico confirma que Ugo tem a escrita muito analítica, com características de tipo obsessivo. É como se tivesse posto toda a força vital na tampa que impede o livre fluir das suas emoções, e não restasse, por isso, outra energia para alimentar o desejo. É difícil dizer qual seja a sua margem de mudança, mas o futuro do casal é incerto. Francesca tem medo de ficar sozinha, mas também está consciente de que a situação atual é inaceitável; e tem vontade de viver, não de se fechar numa relação sem saída. Experimentamos sugerir brincar com a sedução, surpreender Ugo e "inquietá-lo"; mas também olhar em volta de si, estar disponível o mais possível para eventuais novos encontros, e então, decidir conforme a consciência.

Podemos, assim, concluir que, no caso de Ugo, como no de Amedeo, o comportamento obsessivo torna esses homens confiáveis e profissionalmente competentes; mas essa mesma característica os torna parceiros enfadonhos, porque não conhecem o erotismo feminino, nem estão interessados nele.

Pode-se sair das prisões interiores?

Poder-se-ia continuar estudando infinitamente o peso dominante do passado... Os casos mais fáceis de enfrentar são aqueles em que a pessoa está consciente da própria prisão interior; está mal, mas não o bastante para conseguir imprimir uma virada. Trata-se de indivíduos que desejam realmente mudar, mas não conseguem, e por isso estão prontos para pedir ajuda a um especialista, depois de ter procurado, em vão, a solução junto a um parceiro ou na sustentação de uma amizade.

É o caso de Mimma, que escreveu ao Willy uma carta de trinta longas páginas, na qual narra o enorme sofrimento de ter vivido numa família onde tudo é programado e organizado por um pai que ainda hoje lhe condiciona a existência. Já fez trinta anos; queria um homem e filhos, mas não suporta a ideia de ser a metade de um casal, de pertencer a alguém. Mimma tem necessidade de se sentir única, e isso é a consequência clara de que a família não respeitou as suas exigências de autonomia e independência. A atitude hostil, principalmente no período pré-menstrual, é na verdade um modo de evitar contatos próximos; acaba, desse modo, fazendo-se criticar e detestar pelos outros, quase como se odiasse a si mesma. Mimma dirige todo o ressentimento contra ela própria, mas ainda não consegue dirigi-lo ao pai. Em casa, sufoca-se, e, por outro lado, não consegue imaginar-se casada, ou dividindo os espaços com um companheiro, porque compartilhamento é, para ela, sinônimo de sujeição.

A essa altura, porém, Mimma deve deixar de dizer que sofre por culpa dos outros, do contrário acabará por se comportar exatamente como o pai que, de resto, detesta e critica. Deve procurar, em vez disso, começar por si mesma, perguntando-se: *o que posso fazer para mudar a minha história?* O aspecto realmente dramático de certo tipo de educação está justamente na convicção de não poder agir nem viver de modo diferente do que lhe foi ensinado. Mais que um condicionamento, uma verdadeira lavagem cerebral.

Em ouros casos, porém, quem está bloqueado pelo passado não tem consciência de sua prisão interior. Assim, é o olhar externo, dos amigos, às vezes dos familiares, o mais lúcido: como é possível apaixonar-se pela pessoa errada? Como foi possível não enxergar que a história tinha terminado antes mesmo de começar? De novo, então, será útil a aproximação psicanalítica, para mostrar como, às vezes, há uma implacável predestinação que pode estar correta somente mediante uma intervenção terapêutica. Isso porque os *life events*, os eventos da vida que poderiam deflagrar a mudança, são neutralizados e sufocados no nascedouro.

Como acontece com Luigi, 50 anos, várias vezes divorciado (foi casado três vezes), apologista convicto das virtudes do amor mercenário que, ao seu modo de ver, permite-lhe ter mulheres lindas sem ter que passar pelo incômodo das preliminares e do empenho sentimental. É um homem compulsivamente atento à sua própria pessoa, refinado, elegante até o maneirismo. Concede-se vários luxos, mas, lamentavelmente, é avaro com os outros. Usa abundantemente perfumes e loção de barba, tanto que alguns conhecidos fizeram comentários maliciosos acerca das suas reais tendências... Por ocasião de uma noitada num restaurante administrado por gays, em que havia música ao vivo, as mulheres do grupo queriam dançar, mas ele subtraiu-se, indiferente. Quando, porém, o disk jockey tocou uma canção de Michael Jackson, Luigi levantou-se prontamente e se pôs a dançar, movendo inequivocamente os quadris... Meio como Kevin Kline, protagonista do divertido *In & Out*,[2] no qual interpreta um amável professor de província americana, eterno e relutante noivo, que somente diante do altar compreende que não quer se casar, porque é gay. E o primeiro sinal, a primeira dúvida, lhe surge justamente por não ter sabido resistir a uma música de discoteca... Com Luigi, não aconteceu assim. Depois de três minutos, a lasca de loucura tão habilmente escondida foi de novo recolhida ao interior da couraça, e ele voltou a ser o costumeiro tipo melindroso e arrogante, incapaz de estabelecer verdadeiras relações sentimentais. Continuará a procurar convencer o mundo da sua beata solidão, pois está mil quilômetros distante de entender que as tendências homossexuais, removidas e não aceitas, condicionam a sua vida de relações. E constituem – sem que ele saiba – a sua verdadeira prisão interior.

III

As mudanças súbitas

No capítulo anterior, mostramos como as mudanças são dificultadas por resistências que se originam na nossa história, no nosso espírito, nas nossas neuroses. Em outros termos, no passado. Neste capítulo, vamo-nos ocupar do presente, de acontecimentos que não escolhemos, que investem sobre nós independentemente da nossa vontade; e que podem provocar reações catastróficas, mas às vezes também salutares mudanças de rota.

Vejamos um exemplo banal. A todos nós acontece de nos depararmos com um acidente, ou com trabalhos em andamento nas ruas, que nos obrigam a alterar o itinerário costumeiro. Ou, talvez, a ter de pegar um ônibus, ou seguir a pé, em vez de usar o carro. Os contratempos podem provocar irritação, ou simplesmente desagrado, porque interferem nos nossos hábitos. Mas também há quem saiba aproveitar-se de tais situações inesperadas, para explorar uma nova realidade. Que não seja mais do que o prazer de um passeio, uma loja descoberta por acaso, um simpático bar onde parar para tomar um café, ou, ainda, um percurso alternativo mais cômodo e fluido. Em outras palavras, mesmo quando as mudanças não são fruto de uma escolha, mas consequência de uma situação imprevista, as reações podem ser diametralmente opostas: do desespero, por um evento considerado insuportável, até a liberação de novas energias, causada pela abertura de possibilidades inéditas.

Em qualquer caso, reagir é difícil. Que se trate da brusca decisão do parceiro de nos deixar, ou de um evento gradual, como a redução do padrão de vida, a mudança súbita é chocante, porque se configura como um atentado à nossa liberdade. E, habitualmente, a fim de que se transforme em um fato positivo, é necessário que se conclua um processo de perda que, por sua vez, provoca o fenômeno psicológico do *rebound* ou "ricochete". Como escreveu André Haynal no seu livro sobre a depressão, o desespero leva, em si, a esperança.[1] Sem subestimar o impacto negativo dessas experiências, observamos, agora mais de perto, a cara nem sempre agradável que a mudança pode assumir na esfera social, afetiva, corporal e puramente erótica.

Mudanças sociais: viver sem "s"

Numa sociedade em que o desemprego está aumentando e o posto de trabalho fixo é uma miragem, os sofrimentos causados pela mudança rápida de destino profissional são cada vez mais comuns. Aqueles que são obrigados a deixar a cidade de origem e a família para fazer carreira passam frequentemente por um conflito lacerante, que pode chegar a influir na saúde psicossomática. Mais devastador ainda é o fenômeno da falta de emprego que, se é dramático para os jovens que buscam o primeiro trabalho, o é em medida ainda maior para quem se vê privado bruscamente do seu trabalho e vive a perda do posto como uma castração simbólica. Nem todos podem se vangloriar da inventiva dos trabalhadores ingleses beneficiários do sistema previdenciário, do filme *cult Full Monty* que, em seguida ao fechamento da mineradora da qual eram empregados, improvisam-se em *strippers*...[2]

A aposentadoria e, principalmente, o período imediatamente anterior a ela também provocam frequentemente reações catastróficas, em particular quando chegam inesperadamente. Um anestesista, colega de Willy, exercia a sua profissão de forma privada em uma organização hospitalar à qual pagava vinte por cento dos seus ganhos. Quando lhe foi pedido para aumentar essa soma para trinta por cento, ele recusou e, ao vencer o contrato, a organização não o renovou mais. Ele agora se encontra numa situação difícil, já que não tinha previsto essa eventualidade. Ao contrário, aqueles que consideram a mudança e organizam o seu tempo livre futuro descobrem que a aposentadoria pode revelar-se um novo começo.

O empobrecimento também pode constituir um grande problema, principalmente num mundo que considera o sucesso econômico um pilar da identidade social. Qualquer que seja a causa (uma pré-aposentadoria, a decisão de criar um negócio próprio que não dá os resultados esperados, um movimento de consultas ou de serviços em clara diminuição), a queda do padrão de vida pode revelar-se muito difícil de enfrentar. Para as pessoas equilibradas, dotadas de um mundo interior vivaz, a riqueza da esfera emotiva e intelectual compensa o empobrecimento econômico, o que permite encará-lo sem maiores dificuldades. Para outros, no entanto, ter menos dinheiro significa ter de renunciar à satisfação de necessidades materiais, considerada imprescindível para a sua qualidade de vida.

Frequentemente, a queda do padrão de vida leva consigo um empobrecimento da vida social, causando um sofrimento psicológico que pode assumir as características de uma verdadeira depressão. Isso aconteceu com Paolo, que tem 52 anos e há cinco lamenta uma ausência total de desejo. Quando Flavia, sua companheira, o conheceu, Paolo era dono de uma sexualidade vivaz e exuberante. Por isso, agora ela está desiludida e preocupada. Só fazem amor se é ela que toma a iniciativa. Nos últimos três anos, ela engordou bem uns vinte quilos, mas isso parece mais consequência do que causa do comportamento do parceiro. De fato, Flavia, insatisfeita com a sua vida sexual, voltou-se – em busca de compensação – para os doces e o chocolate. E ele? Tem uma amante, talvez? Não. Na verdade, não existe nenhuma outra mulher na sua vida. Aliás, ele tem bem poucas paixões alternativas, a não ser a das cartas.

Emerge do colóquio com Paolo uma evidente insatisfação existencial. Há dez anos, a empresa de que era proprietário sofreu sérias dificuldades econômicas, e a decisão do banco de não conceder uma prorrogação do crédito levou a sociedade à falência. Desde então Paolo depende economicamente da companheira, e não trabalha. Joga cartas, porém, pelo menos três vezes por semana, por sinal com notável sucesso, pois a sua inteligência matemática lhe permite, principalmente no bridge, vencer com muita frequência e ganhar somas relevantes.

O fato é que Paolo sofre de uma depressão mascarada, que se manifesta na ausência de desejo. Passou a ter de fazer frente a uma situação difícil, mas superável; no entanto, permanece imobilizado, sem encontrar a saída. E agora espera o tempo passar, na mais total apatia. Não tem vontade de pensar em um novo projeto profissional, e o caráter esquivo o impede de encontrar um trabalho independente. É como se vivesse em *stand-by*: diz a si mesmo que está pronto para partir e explorar novos horizontes, mas nunca parte.

Nesse caso, é útil tentar uma terapia farmacológica (tipo Prozac), que o ajudaria a reencontrar o impulso vital; em seguida, porém, será necessária uma psicoterapia breve, pois Paolo tem necessidade de aprender a utilizar positivamente as energias reencontradas. Do contrário, continuará sendo um deprimido que não tem qualquer intenção real de mudar: na verdade, ele veio ao primeiro colóquio não por espontânea vontade, mas forçado pela companheira. E ela, por sua vez, tem um problema: o terror de permanecer sozinha.

Tudo parece claro, portanto: Flavia, a fim de não o perder, sustenta-o, e Paolo lhe faz as vezes de cavalheiro-servente. E no entanto é justamente a relativa estabilidade econômica que o impede de atingir o nível de desespero suficiente para forçá-lo a tentar uma verdadeira mudança. Nesse sistema de cumplicidade recíproca, de conluio que garante a sobrevivência, mas não a felicidade, existe apenas um grande ausente: o desejo de Paolo. É esse o sinal de alarme que indica que a relação deles deve encontrar um novo equilíbrio. Compreender por que o desejo diminui, de resto, é, para qualquer casal (não só para Paolo e Flavia) a base da qual partir para revisar periodicamente as regras do jogo a dois.

Enfim, algumas situações em que a mudança se impõe estão ligadas ao fenômeno da *emigração*. Quem sabe a respeito disso são os italianos que, durante séculos, impelidos pela miséria, foram tentar a sorte no exterior: na Europa do Norte, nos Estados Unidos, na América Latina. Isso representou verdadeiros revolvimentos na vida pessoal e social.

Foi o que aconteceu com Alina, hoje com 46 anos, filha de italianos emigrados para a Bélgica, onde o pai trabalhou em mina durante longos anos. A mãe dela, incapaz de se adaptar a essa transferência obrigatória, discriminada e doente de saudade pela sua Ligúria, arrastou Alina em contínuo ir e vir entre a Bélgica e a Itália. Criou-se, assim, entre mãe e filha, uma estranha relação, uma vez que a filha amadureceu a convicção de ter de proteger a mãe do triste destino que a obrigava a viver na Bélgica, um país frio e chuvoso, com o marido que passava mais tempo na mina e no bar do que em casa. Era Alina que tinha de "providenciar" o sol da Ligúria que tanto fazia falta à mãe, mesmo que isso lhe consumisse a energia que deveria dedicar a si mesma.

Mas o exemplo mais dramático é mais recente: referimo-nos ao que aconteceu em Kosovo. Vilarejos inteiros esvaziados, violências e homicídios, famílias enxotadas de suas casas e obrigadas a fugir, só porque pertenciam à etnia "errada". Esse êxodo, em sua tragédia, não pode deixar de provocar também mudanças culturais que assumem, às vezes, o aspecto de revoluções propriamente ditas. Podemos ver isso no consultório familiar, onde chega o pedido de ajuda de dois adolescentes.

Abasi tem 14 anos. Há um ano a sua família fugiu de Kosovo e ela começou a frequentar a escola média na Itália. Agora, porém, não comparece mais às aulas, desde que chegou também o noivo escolhido para ela pelos pais. Ainda que na cultura albanesa a virgindade seja muito importante, Abasi e o seu rapaz, talvez até como reação à falta de ambientação e ao sofrimento, provocados pela emigração forçada, já têm relações sexuais. Em vez de ir à escola, passam todo o dia juntos e fazem amor até quatro vezes por dia. Os pais, naturalmente, ignoram tudo: a situação foi posteriormente agravada pelo fato de os dois jovens não usarem qualquer proteção, de forma que o comportamento deles, além de ser uma expressão de incontída angústia, comporta o risco de provocar violenta reação da família.

A chegada maciça de refugiados de Kosovo reconduziu ao auge uma prática já quase desaparecida na Itália, ou seja, a "reconstrução" artificial da virgindade, mediante intervenção ginecológica; isso, nos casos em que seja necessário salvar a honra do clã e tornar possíveis as núpcias. É o caso de Maiz, 16 anos: depois de ter feito amor com ela, o seu namorado italiano a deixou, e depois saiu espalhando que tinham ido para a cama juntos. Maiz está preocupada porque a sua família quer estar segura da virgindade da moça, e pretende, na verdade, obter um certificado médico. O ginecologista do serviço de consultório social adotou um comportamento pouco claro: não disse nada, de fato, aos pais, mas se recusa a assinar tal certificado. Tivemos, por isso, de intervir. Os médicos assumem frequentemente uma posição correta, do ponto de vista legal e sanitário, mas não levam em conta o contexto cultural: e Maiz arrisca a vida, pois na tradição da sua gente a virgindade não é uma questão privada, mas uma riqueza comum, um bem do clã e, como tal, é respeitada. A moça que não é mais virgem não encontrará marido, com grave dano para a família inteira. Depois de ter discutido e explicado a situação, uma ginecologista declarou-se disposta a "devolver" a virgindade a Maiz, praticando uma pequena intervenção com anestesia local: a reconstituição artificial do hímen. A essa altura, foi possível redigir o surreal "certificado de virgindade", que a família já reclamava em tons ameaçadores.

Existem outras situações fortemente condicionadas pelas tradições do país de proveniência, como o caso das mulheres somalis que pedem para ser novamente infibuladas depois de um parto, situações essas em que é legítimo procurar-se recusar condescender a tais práticas, justamente consideradas bárbaras pela cultura ocidental. A infibulação – considerada "normal" em muitos países africanos – é de fato uma verdadeira mutilação: consiste na extirpação do clitóris e na costura grosseira dos grandes lábios da vagina. Além do elevadíssimo risco de infecção, essa intervenção impede as mulheres de sentir prazer, aliás, torna dolorosas as relações sexuais.

Mas para uma intervenção menor, como aquela pedida por Maiz, acreditamos que, no momento, seja mais útil ajudá-la a se reintegrar na sua cultura, na expectativa de que alguns costumes quase medievais – que na Europa já esquecemos – sejam abandonados, no curso da progressiva ocidentalização.

Mudanças afetivas: administrar o novo, aceitar a perda

Os casamentos combinados pelas famílias têm suprido numerosas obras-primas da literatura romântica de material narrativo, mas por sorte hoje são raríssimos. Porém, há outras situações da vida afetiva em que se suporta involuntariamente um abandono – por um divórcio ou uma viuvez – ou nas quais se é obrigado a avaliar uma decisão alheia, não compartilhada; ou, ainda, quando se encontra tendo de enfrentar um evento inesperado, como uma gravidez não desejada. Vejamos em algumas histórias como essas situações podem causar grandes sofrimentos, ou representar, ao contrário, o movimento de "ricochete", para uma mudança fecunda.

Amantes secretos e segredos de família

Willy recebeu uma carta muito tocante, escrita por uma mulher na casa dos trinta anos que se assina Elena, que conta nunca ter estado tão infeliz na sua vida. O marido – que tem 32 anos – confessou-lhe, entre lágrimas, sentir atração pelos homens, mesmo amando-a profundamente. Elena confirma que, com efeito, eles têm uma ótima relação, afetuosa e cúmplice, e sempre fazem amor com paixão. Ele, porém, de vez em quando se apaixona por alguém. No início, Elena pensou que se tratava de outras mulheres, mas em seguida entendeu que eram homens. E agora ele afirma saber, desde sempre, que é gay; que se casou porque a amava e sonhava com uma vida "normal", mas agora admite o engano. Entre as coisas que nos têm sido ditas, aflorou também um velho episódio de molestamentos sexuais por parte de um menino mais velho, que aconteceu quando ele tinha oito anos. Agora, Elena não sabe o que fazer: conta que continuam a "falar a respeito", a se beijar e chorar. Mas não conseguem encontrar uma saída. Devem deixar-se, ele para finalmente poder viver a vida que nunca ousou, e ela, para desaprender a amá-lo? Ainda assim, a ideia lhe parte o coração.

Frequentemente, a revelação súbita de tendências homossexuais, longamente reprimidas e negadas, é o sinal da falta de defesas racionais e do emergir da natureza mais profunda, fixada nos primeiros anos de vida. Mas outras vezes, e com a mesma frequência, a identidade permanece ambígua, como se macho e fêmea coexistissem. Isso é, talvez, aquilo que acontece ao marido de Elena, que efetivamente não tem tido mais problemas em fazer amor com a mulher. Agora, no entanto, se ele deseja realmente proteger a sua relação conjugal, até mesmo do ponto de vista erótico, deverá pôr em ação estratégias muito concretas, para evitar lugares e ocasiões de "tentação". Entendamo-nos: em muitos casos, a homossexualidade é uma clara orientação, uma livre escolha. Mas para o marido de Elena parece ser uma paixão atraente e perigosa, como o álcool ou o jogo de azar. Alguns, depois de ter experimentado, renunciam, outros estão convencidos de que seja o único verdadeiro modo de viver.

Uma psicoterapia individual certamente servirá a ambos: a ele, para compreender qual é a escolha certa; a ela, para conseguir aceitar e administrar essa mudança inesperada, que tumultuou o seu casamento.

Há um segredo nunca revelado também na história de Clelia e Leo. Ela tem cinquenta anos e se casou com Leo há dois, depois de uma convivência de dez anos. Trabalham juntos, na farmácia de propriedade dele. Antes de conhecer Leo, Clelia esteve na

África e na América Latina como funcionária da Cruz Vermelha. Ficou viúva de um colombiano, do qual teve dois filhos, um homem e uma mulher, hoje com 27 e 21 anos, respectivamente. Há dois meses, Clelia, lendo por acaso um velho diário da filha, descobriu que Leo abusara dela. Nunca suspeitara disso e, com raiva, queimou o diário, apagando, assim, as provas. Em seguida, houve uma difícil reunião de família, durante a qual o marido não pôde negar o acontecido, mas minimizou-o, enquanto a moça não quis acusar o padrasto, não por medo, mas porque – como descobriremos depois – está em conflito com a mãe. O filho, que trabalha na farmácia com Leo, na verdade tomou a defesa do homem. E agora, Leo pediu o divórcio!

Clelia está numa situação terrível. Sente-se traída tanto pelo marido quanto pela filha, que nunca confiou nela. Como se não bastasse, ficou sem trabalho, porque não pode, por certo, voltar à farmácia, e corre o risco de ficar em dificuldades econômicas. Está deprimida, confusa e profundamente ferida: não compreende por que foi mantida alheia a um evento injusto, que descobriu por acaso, e pelo qual parece a única a querer justiça. Além disso, confunde, do ponto de vista legal, o procedimento por abuso sexual contra menores (na época, a filha tinha 16 anos, mas agora é maior, e cabe a ela denunciar o padrasto), e sobre o divórcio.

Assim, como primeira coisa a fazer, foi aconselhado a Clelia um bom advogado, que verificará a possibilidade de denunciar o marido e defenderá os seus interesses econômicos durante a separação. Em seguida, alguns colóquios psicológicos a ajudarão a enfrentar e compreender melhor o que está acontecendo. O marido, na verdade, a quer muito bem, não obstante o pedido de divórcio e também o episódio dos molestamentos, que ele tende a considerar como alguma coisa que não diz respeito ao casamento deles. Pode ser que, de fato, Leo tenha sido condicionado por atitudes provocadoras assumidas inconscientemente pela moça, que, com isso, tencionava rebelar-se ou se pôr em conflito aberto com a mãe, procurando a cumplicidade do padrasto.

De resto, como defende a psicóloga Vera Slepoj,[3] a família não está sempre ligada ao amor, mas, às vezes, a segredos tenazes, se não, até mesmo por compromissos sórdidos. Infelizmente, o caso de Clelia está longe de ser uma exceção. E é sempre difícil escolher o modo certo de intervir, posto que, por um lado, se tem a tentação de arvorar-se em paladino da justiça, mas por outro, é necessário levar em conta o fato de que relações humanas são frequentemente complexas e tortuosas. Antes de agir, portanto, é preciso compreender os mecanismos e os equilíbrios mais recônditos. Até porque Clelia tem cinquenta anos e a perspectiva de permanecer sozinha e sem trabalho a assusta mais do que a eventualidade de aceitar um compromisso.

Tommaso e Giovanna, porém, chegam juntos à terapia. São um casal de quarentões, ambos gentis e acomodados, cinzentos como as suas roupas. Lamentam uma diminuição progressiva do desejo, que se iniciou quando Tommaso encontrou outra mulher que pôs a ligação deles em crise. Giovanna, além do mais, não se recusa a fazer amor com Tommaso, mesmo não compreendendo como é que ele continua a procurá-la, tendo uma amante.

Giovanna cresceu numa família de agricultores, com um pai rude e uma mãe submissa. É a mais nova de cinco irmãs; nasceu inesperadamente, dez anos depois das outras, era a clássica "boa menina" que nunca deu problemas. Mas o controle excessivo e a rígida educação mascaram ou bloqueiam nela qualquer forma de espontaneidade.

Tommaso, por sua vez, é o filho único de um casal muito unido, e Giovanna foi a sua primeira mulher. Depois, há dez anos, teve uma aventura, mas o seu casamento resistiu a essa primeira infidelidade. Ambos são funcionários da comuna, no pequeno vilarejo onde vivem; possuem dois grandes cães e uma casa, adquirida graças a um financiamento considerável. Nessa vida monótona, bem organizada e sem filhos, pergunta-se como foi feito para se "infiltrar" uma segunda mulher... Descobriremos, então, que Tommaso não tomou nenhuma iniciativa, que foi ela que o seduziu, e agora está decidida a "capturá-lo". Ele já tem arrumada parte das suas roupas no apartamento da amante, mas volta frequentemente à sua casa com o pretexto de levar os cães a passear.

Tommaso e Giovanna formam um casal simbiótico: são quase "agarrados", e talvez seja por isso que não tiveram filhos. Essa intimidade sufocante impediu-os de desenvolver criatividade e energia positiva; a sua vida juntos tornou-se cada vez menos emocionante, até escorregar para a rotina mais banal.

Ultimamente, porém, demonstrando uma garra da qual ninguém tinha suspeitado, Giovanna resolveu reagir a essa súbita imposição. Deu um ultimato a Tommaso e, face à hesitação dele, decidiu pela separação e consultou um advogado. Confirmando o fato de que as pessoas aparentemente mais frágeis às vezes são, na realidade, as mais fortes.

Também para Andrea, a mudança chegou como um raio em céu calmo: o abandono. Ele conta que a "sua" Rosa foi embora depois de dois anos felizes, e ele não se conforma. O apartamento ainda está cheio de recordações, do gatinho de pelúcia ao relógio com a inscrição gravada: "O meu coração bate só por ti". Andrea não tem paz, e espera, com o seu silêncio, levar Rosa a refletir e voltar.

A separação é um evento provido de forte carga emotiva, que trazemos desde o berço, porque entrar na vida significa também sair, e se separar do ventre materno. E nas fases seguintes do crescimento, cada passo adiante significa também renunciar a uma parte de si, mesmo se isso comporte, obviamente, muito sofrimento.

No que toca a Andrea, a primeira coisa da qual se deve dar conta é que, provavelmente, Rosa foi-se embora não porque ele tenha cometido algum erro, mas porque a sua evolução pessoal foi mais rápida, ou ela pegou outros caminhos. Ou simplesmente porque se tenha, talvez, apaixonado por outro. Coisa que é um direito dela, mesmo se quem é abandonado custe a admitir. A pessoa amada leva consigo também os sentimentos e desejos que tinham ficado ocultos nela; por esse motivo, quem fica sozinho torna-se triste e passa a viver de recordações, ou experimenta raiva e imagina vinganças.

Nesse caso, o testemunho cheio de nostalgia mostra que Andrea ainda está muito apaixonado. Porém, é preciso aceitar a realidade do abandono, mesmo se leva consigo um sentimento de vazio e de injustiça. E rezar o réquiem pela felicidade insípida e desfalecida. Talvez Rosa volte, mas, em todo caso, "é preciso saber perder", aceitar a separação, porque faz parte da vida, libera energias e permite retomar a iniciativa, pelo menos com a mente, à espera que cicatrize a ferida do coração.

O luto, a recordação e a separação

O desaparecimento de uma pessoa querida é uma separação. Irreversível, porém. Dramática e definitiva, sem a esperança de um possível retorno. Uma mudança súbita que pode pulverizar a vida de quem fica.

É difícil dar conselhos, mas às vezes pode-se pelo menos ajudar a aceitar o que aconteceu. Como no caso de Gustavo, 63 anos, que pede ajuda por causa de uma profunda depressão. Conta que desde que ficou viúvo, cinco anos atrás, a vida não tem mais sentido para ele. Fechou-se na sua dor, imobilizado na recordação. Aliás, em memória da companheira, construiu uma espécie de "santuário". O quarto de dormir do casal foi transformado num tipo de mausoléu, e tem uma vela sempre acesa, fotografias da sua vida em comum e os objetos estimados pela mulher. Gustavo agora dorme em outro quarto do apartamento. Tem continuado a trabalhar pelo sentido do dever, mas se recusa a ver os amigos, pois tentam demovê-lo desse afastamento mórbido. Nada o consola, nem mesmo uma paixão intelectual, como poderia ser o amor pela música ou pelos bons livros.

Ao longo do tempo, essa dependência obsessiva do passado tem queimado as suas energias psíquicas; Gustavo não tem mais projetos, e entrou em profunda depressão. Em terapia, temos de trabalhar com ele no tema de "separação", assim como foi analisado por Judith Viorst,[4] e fazê-lo aceitar a ideia de que a mulher ficaria feliz se ele decidisse voltar a viver. E é só com essa condição de que ele não lhe trai a memória, mas responde a um possível desejo da companheira, que Gustavo tenha decidido sair do isolamento e reabrir o seu coração.

São muitas as pessoas que permanecem fiéis à lembrança da pessoa amada, passando o resto da vida como que "hibernando", porque não conseguem administrar o luto e a perda. É um filme de Holywood – *Ghost* – que aponta, de modo comovente as próprias, etapas necessárias à separação.[5] Demi Moore, depois de ter perdido o noivo num acidente, entra em contato com o espírito dele por meio de uma médium (Whoopi Goldberg) e, lentamente, aprende a "deixá-lo ir", para recomeçar a viver.

Mas às vezes um luto pode levar até a evoluções inesperadamente positivas. Aconteceu com Mary Higgins Clark, a famosa autora americana de suspense. Tendo enviuvado aos 35 anos, com cinco filhos para sustentar, depois do choque inicial decidiu experimentar vender algum conto. Para se distrair com a disciplina da escrita, mas também para ganhar o sustento. Assim nasceram os seus primeiros *thrillers*. Hoje, tem setenta anos, é bilionária e está no terceiro casamento.

Às vezes, enfim, a viuvez põe fim a uma convivência, a uma cumplicidade que tinha estabilizado o casal, mas bloqueado a energia de cada parceiro. Aconteceu com Alberto, 52 anos, casado com Anna, da mesma idade. Estão juntos há 25 anos, quando descobrem que ela tem um tumor no útero: em pouco tempo, a doença se agrava e Anna morre. Alberto parece inconsolável e sente muito a sua falta, até porque os dois trabalhavam no mesmo campo: ela era especialista em hematologia, ele, um cirurgião especializado em transplantes. Depois de alguns meses, talvez para se consolar da solidão, ele aceita a companhia, primeiro amigável, depois sexual, de uma enfermeira do departamento em que trabalha. Isso suscita a irritação da maioria dos seus amigos, que concordam em considerar precoce a aventura, uma espécie de profanação da lembrança da mulher. Criticam a nova mulher, dizendo que ela age movida pelo interesse, mas na verdade Alberto refloresce. Muda o modo de se vestir, corta os cabelos, compra um carro novo, concede-se alguns fins de semana livres, enquanto antes tinha o hábito de os dedicar inteiramente ao trabalho. Em suma, antes de ser um *coup de vieux*, um "barril de velhice", acontece a Alberto pegar o que podemos chamar de um "barril de juventude"; os amigos invejosos julgam tudo uma presunção senil, mas ele está objetivamente melhor. A história já dura três anos. Ela, que no início queria um filho, renunciou à ideia, enquanto Alberto considera como que adotado o filho dela, nascido de uma ligação anterior.

Não é, decerto, o caso de afirmar que o primeiro casal era patológico, mas seguramente tinha exaurido um pouco a sua força propulsora, absorvida pela rotina da vida conjugal. As condições para uma separação ou um divórcio nunca se teriam verificado, provavelmente, mas o abandono causado pelo desaparecimento da mulher permitiu a Alberto repor em movimento a máquina da criatividade. A capacidade de enfrentar positivamente uma mudança imposta pelo destino regenerou-o.

A revolução da gravidez

A chegada de um filho é um acontecimento capaz de revolucionar a vida. Mas às vezes a mudança, tão desejada, não se verifica: isso ocorre àqueles dez por cento dos casais italianos que padecem de esterilidade. Então, os parceiros, descobrindo que não são férteis, confrontam-se com uma dolorosa impossibilidade, em alguma coisa que não escolheram. E isso provocará sofrimento e transformações no casal.

Em outros casos, no entanto, a revolução-filho pode ser suportada de forma mais ou menos intensa, porque imposta por uma mulher que deseja um filho para satisfazer a sua vocação maternal, ou – mais cinicamente – forçar um casamento. E enfim, a gravidez pode ser um evento escolhido racionalmente como complemento de um projeto pessoal e conjugal, mas revelar-se causa de mudanças físicas difíceis de administrar.

No caso de Christian, a chegada inesperada de um filho foi, certamente, uma surpresa desagradável: ter um filho não fazia parte, propriamente, dos seus projetos. Christian, que tem quase cinquenta anos, é um homem de ação: primeiro, foi militar na Legião Estrangeira, depois, foi contrarregra em casas noturnas e, enfim, animador de grupos em estâncias turísticas. É um aventureiro, sempre viveu intensa e perigosamente. Muitas mulheres passaram, mas nenhuma ficou: Christian sempre pensou, em seu coração, que criar raízes e formar uma família era uma forma de fraqueza. A última das suas aventuras levou-o à Tailândia, onde comprou um barco de pesca para organizar passeios turísticos em uma ilha do sul do país, e lá encontrou uma companheira, jovem mulher do lugar. Como acontece frequentemente no Oriente, ela ficou logo grávida, talvez, mesmo, para ligar o estrangeiro a si. Christian não acolheu bem a notícia da gravidez, mas desde que nasceu a menina – cujo nome foi escolhido por ele, Brezza (Brisa) – não tem olhos senão para ela. Ocupa-se dela em tempo integral, ao ponto de desprezar amigos e negócios para brincar com ela. Quando fala da filha, os seus olhos se iluminam do mesmo jeito que quando conta as suas aventuras de contrabandista... O que parecia, portanto, uma mudança imposta, revelou-se o motor de uma mudança radical, que transfigurou esse homem no limiar do cinquentenário, acrescentando à longa lista das suas aventuras a da paternidade.

De gênero completamente diferente, a evolução de Gilberto e Verdiana. Gilberto, 40 anos, casou-se há dois, depois de ter sido, durante pelo menos vinte anos, um conhecido playboy. Noitadas inteiras passadas no bar, esportes com os amigos, histórias de sexo por farra e sem futuro. Depois, encontrou de novo Verdiana, 35 anos, que ele conhecera tempos antes e perdera de vista, porque ela fora transferida para o exterior, a trabalho. Decidem casar-se e, durante certo período, o casal parece perfeito, incluindo o sexo. Mas a recente gravidez de Verdiana e o nascimento de uma filha modificaram a atração que Gilberto sentia pela mulher: há quase um ano, já não consegue fazer amor com ela. Com linguagem crua e direta, como se estivesse falando de uma operação bancária, faz um rol das coisas que não andam bem. Diz, por exemplo, que, com a maternidade, o corpo da mulher se modificou: enquanto durante a gravidez os seus seios eram muitos, agora são muito poucos... Quando estava grávida, ele não conseguia aproximar-se, "perturbado" pela presença da criança na barriga: até mesmo recusou-se a assistir ao parto. Não obstante, a relação afetiva não foi comprometida. Gilberto não trai a mulher e sequer deseja isso. Frequentemente, tem sonhos eróticos acompanhados de ereção noturna, que não se traduzem, porém, numa retomada da sensualidade conjugal.

Encontramo-nos frente a uma enésima confirmação do fato de que a atração é um fenômeno delicado, uma flor preciosa que deve ser protegida cuidadosamente. E antes de decidir como ajudar esse casal a reencontrar o entendimento sexual, quisemos verificar se por trás da aparente segurança de Gilberto não se escondem fragilidades emotivas. No decurso dos colóquios, surgiu que os seus pais se divorciaram quando ele tinha seis anos; o menino ficou com a mãe, enquanto o pai casou-se com uma jovem modelo, que o deixou em seguida, subitamente, atirando-o em grave depressão. É impossível avaliar a incidência dessas ocorrências passadas na crise atual; o que é certo, porém, é que Gilberto manteve a esfera afetiva em separado da sexual. Depois de ter conseguido arduamente tornar a unir esses dois mundos, a gravidez de Verdiana atuou como um elemento perturbador, reativando a cisão. Não conseguir mais fazer amor com a mulher que se transformava em mãe é, talvez, um resíduo edipiano. Desde menino, de fato, Gilberto ficou só com a figura materna, e isso pode tê-lo impelido a querer exercer o papel do pai substituto.

Em todo caso, antes de iniciar um trabalho dirigido em tal profundidade, que o casal – acima de tudo, Gilberto – não está pronto para enfrentar, pareceu útil tentar uma intervenção "pedagógica". Os primeiros colóquios, por isso, serviram para verificar a possibilidade de reconstruir a intimidade entre os dois, identificando as condições que facilitariam a Gilberto a recuperação da sexualidade. Depois de um início reticente, ele disse que gostaria que a mulher deixasse os cabelos soltos, em vez de fazer o coque habitual, e que usasse o perfume do primeiro encontro deles. Esses primeiros procedimentos – que Verdiana aceitou de bom grado – mais um fim de semana romântico com os dois sozinhos funcionaram como "ativadores" do desejo, permitindo a reaproximação sexual de um casal cujas dificuldades, em última análise, devem-se mais à inexperiência do que a uma situação patológica.

O caso de Eleonora, enfim, mostra como a maternidade, mesmo se desejada, pode transformar-se numa mudança perturbadora, criando a situação angustiante de não conseguir enfrentar os eventos.

Ao chegar ao sexto mês de gravidez, Eleonora, de 38 anos, pergunta-se como poderá administrar sua própria vida. Já tem um filho de três anos e é casada com um engenheiro, enquanto ela trabalha para uma multinacional. Eficiente e organizada, tem a tendência de exercer um controle ferrenho sobre cada aspecto da sua existência, mas a maternidade lançou-a num universo governado por outras leis, no qual acontecem coisas imprevisíveis. Com o primeiro filho, por exemplo, estava convencida de poder programar o recém-nascido como um computador, renunciando a aleitá-lo e ministrando-lhe a mamadeira em horário fixo. Essa planificação, entretanto, logo entrou em *tilt*, pois o menino, nos seus primeiros meses, sofreu de cólicas, como acontece com frequência. Chorava durante a noite e seguramente não respeitava os horários estabelecidos pela mãe. Essa primeira gravidez provocou, além disso, uma queda brusca do desejo sexual. Apesar de tudo isso, depois de três anos, Eleonora decidiu, racionalmente, que chegara o momento de ter outro filho. Mas agora está de novo assustada, porque pressente que o aspecto mais profundo e instintivo da sua personalidade tende a explodir o controle intelectual. Para essa mulher tão cerebral – mas, ao mesmo tempo, tão frágil – criamos um percurso para o nascimento, que, além dos exercícios normais de respiração e preparação para o parto, compreendesse, também, o que podemos definir como "psicoexercícios". Para aprender a identificar os problemas e a enfrentar um de cada vez.

1 – O primeiro passo – eminentemente prático – consiste em encontrar uma ajuda cotidiana. Eleonora e o marido não têm problemas econômicos e podem, por isso, permitir-se empregar uma babá que se ocupe do menino todo o dia.

2 – O segundo problema é a ansiedade provocada em Eleonora pela ideia que faz sobre a criança a chegar, que se exprime em diversos modos: por exemplo, ela desejava uma menina, e está desiludida porque a ecografia revelou que é um menino. Gostaria que fosse uma menina para poder estabelecer com ela alguma cumplicidade que – diz ela – só existe entre mulheres. Não gostaria, além disso, de ser levada a compará-lo ao primogênito, criando, assim, injustiças e rivalidades. Recorda, de fato, que a mãe preferia o irmão a ela, e teme, com isso, repetir o mesmo roteiro.

3 – Outra preocupação é de que a maternidade a obrigue a deixar de trabalhar durante muito tempo, uma vez que para ela a dimensão profissional é importante e fonte de estímulos positivos.

4 – Por último, deveria procurar uma intimidade mais profunda também na relação com o marido, uma vez que, na verdade, nesse casal muito "construído" existe pouca comunicação.

O que falta a Eleonora é, principalmente, a fé em si mesma. Desde a primeira maternidade, por baixo do verniz da perfeita organização apareceu aquilo que se poderia definir como verdadeira incompetência existencial. A sua fachada tão cerebral, masculina e programada mostra as primeiras rachaduras e deixa, gradualmente, espaço para uma dimensão mais feminina, mas espontânea e intensa, o que também a inquieta. Talvez a mudança induzida pelo segundo filho possa ajudá-la em tal caminho; nesse sentido, a psicoterapia durante a gravidez não só lhe permitirá fazer frente ao evento, como também usá-lo para crescer como mulher.

Mudanças corporais:
das tempestades hormonais às primeiras rugas

A contínua transformação da estrutura corporal é um fenômeno que nos acompanha desde a vida no ventre materno até o último dia da existência. No início, tem-se uma configuração da gônada de tipo feminina, depois, nas primeiras semanas de vida intrauterina, a produção de andrógeno cria a mudança número um, isto é, a transformação em macho de cerca da metade da humanidade. Todas as passagens posteriores da vida, de recém-nascido a criança, de adolescente a adulto, advém segundo desenvolvimentos geralmente considerados de modo positivo, porque compreendem um potencial de crescimento e amadurecimento.

O aumento da musculatura, nos meninos, e dos seios, nas meninas, da pelugem e dos caracteres sexuais secundários, em ambos os sexos, são mudanças sofridas: o corpo é como se regulado por um ritmo interno, à mercê de tempestades hormonais que podem também assustar. Certamente, na maior parte dos casos, essas transformações são vividas com naturalidade, talvez com um embaraço inicial, e às vezes até mesmo com orgulho. Só para uma pequena minoria essas modificações físicas são recebidas como negativas, e a maturação do corpo não corresponde à evolução psicológica da identidade pessoal. Existem machos que se envergonham da voz que se torna gradativamente grave e se altera, e que não sabem como administrar as súbitas ejaculações noturnas involuntárias. E moças em dificuldade, porque o desabrochar dos seios e o arredondamento do corpo as deixa desconfortáveis: tanto que, às vezes, as menstruações desaparecem e se manifestam os primeiros sintomas de anorexia (que, entre outras coisas, serve para negar a própria feminilidade, levando-as a ficar, sempre, magras e adróginas).

O corpo ainda se transforma, em medida mais gradual, mas inexorável, durante os anos da maturidade. E a mudança se torna mais difícil de administrar quando começam a aparecer os primeiros sinais de envelhecimento: a formação de rugas ao redor dos olhos, os cabelos brancos nas têmporas podem ser fonte de grande angústia. Willy recorda que em Montreal, no Canadá, trabalhava com um assistente do qual tornou-se amigo; tinha 34 anos, e o seu pesadelo eram os cabelos branco, dos quais acompanhava, ansioso, o aparecimento. Quando Willy procurou minimizar a importância de tal evento, ele replicou que no ambiente gay a beleza e a juventude ainda são mais importantes do que no mundo heterossexual, e que os sinais de envelhecimento restringiam as suas possibilidades de novos encontros!

Hoje, a obsessão da beleza eterna, o desejo espasmódico de estar sempre em forma, com o corpo esbelto e a pele lisa, parece afligir mais as mulheres do que os homens. Mas creme e massagem, se são um meio útil para adquirir e manter o bem-estar psicofísico, alimentam, por outro lado, as ilusões de poder permanecer sempre jovem; em outras palavras, podem transformar-se em instrumentos para recusar e negar a mudança devida ao tempo que passa. Não há nada de errado em cuidar do próprio corpo: fazemos isso todos os dias, pondo os óculos ou as lentes de contato, indo ao dentista, tomando vitaminas, vestindo-nos de modo a valorizar o nosso aspecto. Algumas pessoas permanecem com o espírito jovem, enquanto o físico continua a mudar inexoravelmente; ajudá-las, portanto, a procurar a harmonia entre o corpo e a mente pode ser um projeto terapêutico adequado. Mas isso deve permanecer nos limites estabelecidos pela racionalidade, sem atingir os excessos de *lifting* contínuos, ou de *look* de adolescência, totalmente inadequados a quem já passou há algum tempo dos vinte anos.

A tentativa de resistir às mudanças físicas é perseguida, de modo particular, pelos desportistas profissionais, menos preocupados, decerto, com a forma estética e, mais, com a funcional, com o corpo não mais capaz de produzir a performance de um tempo passado. Os campeões de qualquer modalidade, portanto, geralmente envelhecem mais do que os mortais comuns: habituados à perseguição de recordes, esforçam-se para atingir um ideal adequado à sua idade e às suas diferentes possibilidades.

Obviamente, as mudanças do corpo são um problema até para os atores, os personagens do espetáculo e, em geral, para todos aqueles que – por razões profissionais ou por caráter – são muito atentos à imagem que transmitem de si. É muito difícil, no entanto, conseguir emular a estrela do rock, Madonna, que tem sabido mudar de *look*, cor dos cabelos e penteado, em perfeita sintonia com o tempo. Na transformação que levou a menininha loura, despenteada, toda rendas e de *look dark,* das primeiras canções, à nova-mamãe dos cabelos castanhos ondulados e mãos pintadas com henné, está não só o desejo de dominar o próprio corpo e usá-lo para dar espetáculo, como a tentativa de não assumir as mudanças, mas de provocá-las.

Partindo, talvez, dos cabelos, como fazem muitas mulheres: um corte drástico e uma tinta ousada são o sinal seguro da vontade de mudar, ou de uma virada já executada. O cabeleireiro torna-se, então, o meio para uma revolução que não é apenas exterior. Quantas novas louras têm dito adeus a uma ligação sufocante, ou decidido por uma nova autonomia sentimental? Mas tudo isso, claramente, não é imposto, mas fortemente desejado e perseguido com tenacidade.

Enfim, há mudanças corporais provocadas não pela idade, mas por eventos mais traumáticos, como doenças e acidentes. Um tumor no seio, por exemplo, pode representar ao mesmo tempo uma realidade desesperadora e a ocasião para recomeçar do zero, de modo positivo. Sandra, 35 anos, advogada de carreira, é casada com um homem também muito empenhado, tanto que tinham resolvido continuar vivendo em cidades diferentes: ele em Bolonha, ela em Roma. Depois do choque causado por um tumor diagnosticado repentinamente, a operação e o conjunto perturbador de formalidades da doença (felizmente, com resultado positivo), Sandra se viu forçada a "rever" as suas prioridades. Decidiu que valia a pena viver e não apenas trabalhar; deixou o seu escritório de advocacia, arranjando uma colocação menos gratificante mas menos estressante em Roma, e convenceu o marido a gozar mais a existência. Junto com ela.

Às vezes, até um acidente pode se tornar uma ocasião de mudança; Gianluca, por exemplo, de trinta anos, hiperativo e frenético, forçado a dois meses de imobilidade por ter fraturado uma perna durante um *trecking* particularmente exigente, descobriu que a repentina invalidez lhe abria as portas a outros prazeres, menos dinâmicos, mas também envolventes. Apaixonando-se pelos livros de arqueologia, navegou pela internet, explorando os sites mais interessantes sobre o assunto e encontrando novos amigos animados por um entusiasmo igual ao seu.

Mudanças eróticas: quem tem medo das novidades?

Acontece, às vezes, ter de enfrentar uma mudança inesperada, mesmo numa esfera delicada, como a do erotismo: por exemplo, quando um dos parceiros quer introduzir na vida sexual do casal novidades que o outro acha difícil de aceitar. Assim aconteceu com a "Dama desesperada", que escreveu a Willy contando ter setenta anos e amar o marido com dedicação correspondida. A vida sexual deles foi feliz até alguns meses atrás; aliás, desde que o marido lhe pediu contato oral, que considera uma prova de amor. A "Dama desesperada" perdeu o sono, não sabe o que fazer e se pergunta se o marido é normal.

Na verdade, o que preocupa não é tanto a pergunta em si quanto o fato de ele ter mudado de atitude de repente. O que o teria induzido a querer experimentar esse novo modo de fazer sexo? Outra mulher, talvez? E agora, não querendo trair a mulher, não estará querendo testar com ela essa descoberta? Do modo que estão as coisas, pode-se interpretar o pedido do homem como uma mensagem positiva e não como a vontade de abusar do corpo da companheira. Ela diz que não aceita o contato oral por muitos motivos, mas não explica quais; ele afirma que os deseja como prova de amor. Se não fosse pela idade, quase poderíamos tomá-los por dois

As mudanças súbitas 89

adolescentes às voltas com a descoberta do corpo e da sexualidade, e com a necessidade de harmonizar exigências diferentes.

Hoje, a prática das relações orogenitais é cada vez mais frequente, e é adotada por, pelo menos, oitenta por cento dos casais, enquanto outros comportamentos eróticos, como, por exemplo, as relações anais, permanecem relativamente raras. Em todo caso, essas "variantes" – solicitadas mais frequentemente pelo homem do que pela mulher – constituem preliminares excitantes à relação sexual completa, ou uma forma diferente de busca do prazer. As relações orais, em particular, podem ser muito gratificantes também para a mulher, se bem que alguns homens, pouco disponíveis, a recusem a priori, porque perturbados pelo contato "próximo" com os genitais femininos.

De algum modo, Willy tem tranquilizado a "Dama desesperada": esse comportamento – se bem que compartilhado, e não imposto – faz parte, cada vez mais, da intimidade conjugal, enquanto a alguns anos atrás estava limitado ao âmbito das relações extramatrimoniais. O que fornecia uma ótima justificativa para o sexo pago: só com prostitutas era possível conhecer o prazer do sexo... A esse propósito, é mítica a fala de Roberto De Niro, mafioso ítalo-americano e hipertradicionalista no divertido filme *A máfia no divã*.[6] Frente à pergunta do seu psicólogo, sobre o porquê de uma amante, uma vez que a mulher é jovem e graciosa, De Niro responde, desconcertado: "Posso pedir *certas coisas* à boca que todas as noites beija os meus filhos?"

Em todo caso, perguntas desse gênero seriam afrontas, como um dos tantos desejos ou pareceres contrastantes que constelam o percurso existencial de um casal. Pode-se tratar da compra de um carro novo, de uma viagem exótica, de um caríssimo equipamento de som... Mas na história da "Dama desesperada", o marido quer impor algo de novo: é importante que ela compreenda os motivos de tal pedido, uma vez que implica um comprometimento do seu corpo e dos seus princípios, dos seus hábitos e dos seus conhecimentos sexuais. A "Dama desesperada" (e quem quer que se encontre em situação semelhante) pode imaginar que ela e o marido sejam dois jovens que se conhecem a pouco e procuram, pelo confronto sentimental, achar um ponto de encontro. Não é, por isso, uma prova de amor o que o companheiro lhe pede, mas a capacidade de compreender o seu ponto de vista; ainda que respeitando, em todo caso, o direito de cada indivíduo recusar o que acha contrário aos seus princípios morais ou à sua disponibilidade erótica.

A vicissitude de Alba, no entanto, é a história de uma mudança não só erótica, mas também social: o fenômeno das mulheres que compram sexo e, acima de tudo, amor.

Alba tem mais de cinquenta anos. Depois de um casamento fracassado, no qual havia pouca ternura e pouco sexo, muitas humilhações e talvez, até, pancada, divorciou-se. E decidiu dedicar as suas energias a filhas e netos. Depois, durante umas férias no Marrocos, encontra um norte-africano com 25 anos menos do que ela e se apaixona por ele. Porém, depois de alguns meses ele começa a lhe pedir dinheiro: primeiro, para estudar, depois, para voltar ao seu país, onde deixara uma noiva. Por algum tempo, Alba aceita, mesmo que só o veja raramente, pois com ele está bem e se sente viva. Agora, ele se casou com a noiva, mas vem frequentemente à Itália, a trabalho, e jura que quer continuar a ver Alba até a morte... embora ela o ajude a pagar as contas. E como se não bastasse, começou a beber. Assim, ela decidiu pôr um fim a essa história, deixando de dar ao homem o dinheiro que ele pede. Mas está infeliz, e pede um conselho.

Alba toca num problema delicado, se é possível comprar o amor. Durante séculos, os homens pensaram em si mesmos, e o sexo mercenário ainda hoje invade as ruas e os centros eróticos. Para as mulheres, o fenômeno é mais raro, e se verifica principalmente na cultura anglo-saxônica. Não raramente, as americanas economicamente estáveis e de certa idade, que chegam à Europa a trabalho, não hesitam em usar um *escort service* masculino. E em Acapulco, as ricas turistas norte-americanas se deixam acompanhar voluntariamente pelos guias mexicanos. Assim como as inglesa vão à Jamaica e as italianas, a Cuba... Turismo social, à caça de um sonho. Não se compra o amor, mas, pelo menos, o prazer e a companhia (e talvez até uma ilusão romântica). Outras pessoas, de modo menos evidente, consideram o dinheiro a mercadoria de troca, o contravalor do seu afeto. Willy recorda o seu amigo Lorenzo, especializado na busca a viúvas abastadas, para o qual o dinheiro funcionava como uma espécie de afrodisíaco. Do mesmo modo, o amante de Alba oferece a sua presença e a sua companhia sexual em troca de sustento financeiro. E, com a progressiva afirmação social das mulheres, cresce também o número de homens que se comportam desse modo. Antigamente, as fábulas falavam da Cinderela em busca do príncipe encantado, hoje, em vez disso, aumentou o número de Cinderelas que procuram desposar "o banco". Às vezes, são verdadeiramente fascinados por uma mulher de classe, além de abastada. Não é esse, infelizmente, o caso de Alba, porque, esgotado o dinheiro, as visitas do seu jovem amante passam a rarear.

De resto, a riqueza pode, talvez, ajudar, mas por certo não substitui o amor. Willy lembra Beverly, uma amiga que vive no Arizona: tendo enriquecido com os primeiros três divórcios, compra o atual marido, Tom, muito mais jovem do que ela. Mas, no curso de um ano, o tipo passava o tempo no clube de campo, e quando voltava para casa era pelo prazer de rever a garrafa de uísque, não Beverly.

No caso de Alba, a situação é bastante delicada e, além de um fácil moralismo, é difícil dar um conselho. Agora está, finalmente, conseguindo encerrar a história, ainda que ao preço de uma triste solidão. E talvez o único modo de ajudá-la seja devolver-lhe a esperança e a confiança em si mesma, uma vez que Alba, aos cinquenta anos e com um divórcio na bagagem, sente-se uma mulher acabada e se comporta como uma perdedora. Foi por isso que aceitou, durante muito tempo, o compromisso com o seu jovem amante. Mas mudar, mesmo para ela, ainda é possível.

Mudanças traumáticas: a resiliência

A revista *Riza Psicosomatica*[7] dedicou uma reunião, recentemente, ao talento, um fenômeno fascinante que parece fugir às definições. Para alguns, é criatividade, para outros, competência, para outros ainda, carisma. E mais: é uma qualidade inata, ou será possível conquistá-lo aos poucos? Para nós, talento é o uso apropriado de uma lasca de loucura. Todo indivíduo tem em si características potencialmente criativas que, dependendo de como estão endereçadas, podem transformar-se em uma carga destrutiva, extinguir-se ou desenvolver-se, constituindo, desse modo, a centelha que gera o talento.

Muitos fora de série possuem um só talento particular, como o enxadrista Bobby Fisher ou o futebolista Ronaldo. Outros, porém, são gênios polivalentes, como o grande Leonardo Da Vinci. A nossa sociedade encoraja o desenvolvimento de talentos especializados, que são frequentemente uma garantia de sucesso, mas não de felicidade. E depois, há os muitos talentos desperdiçados ou bloqueados, que não puderam ou não ousaram se realizar.

É possível definir o talento, também, como uma dialética entre ordem e desordem, que permite elaborar as eventuais inquietudes provocadas pelos sofrimentos do passado, transformando-os em criatividade adulta. E até mesmo quem sofreu na vida choques e catástrofes, eventos e mudanças não desejados, podem desenvolver capacidades assombrosas. É um fenômeno que o psiquiatra francês Boris Cirulnik descreveu como "resiliência".[8] Segundo o dicionário, a resiliência é a propriedade física que alguns materiais têm de resistir a choques súbitos sem se quebrar. Portanto, é claro o significado que esse termo assume, uma vez aplicado ao campo psicológico, principalmente para o assunto que nos interessa, isto é, a mudança. Porque algumas pessoas, vítimas de eventos terríveis – como deportação, violências familiares ou a solidão dos orfanatos –, conseguem se sair melhor do que outros e, em alguns casos, ser até mesmo mais brilhantes do que os contemporâneos? Porque, segundo Cirulnik, às vezes é mais fácil superar traumas repentinos e devastadores do que elaborar mudanças mais ambíguas e, por isso, mais insidiosas.

Enfrentar choques perturbadores como a guerra, a emigração forçada, a perda dos pais ou maus-tratos físicos ou sexuais significa ter de superar muitos obstáculos. Alguns passam por isso e se tornam vencedores. Confirma isso uma pesquisa conduzida na ilha de Kuai (no Havaí), onde foi estudado o desenvolvimento de duzentas crianças criadas em condições particularmente desvantajosas: 130 delas tiveram enormes problemas, mas 70 (cerca de um terço) enfrentaram as dificuldades às vezes melhor do que o grupo "de controle", composto de crianças criadas em condições normais. Quais são, então, as características que permitem esse surpreendente *rebound,* esse *"ricochete"*?

a) A capacidade de desenvolver uma negação, mecanismo de defesa muito primitivo, mas que permite a sobrevivência. É como se o indivíduo procedesse ao cancelamento de um evento insuportável (uma violência, um trauma), negando-o, para poder salvar-se.

b) A capacidade de sonhar, que serve para consertar a rede das lembranças, modificando e dotando de sentido a trama constituída pelos eventos insuportáveis. Essas fantasias, que deformam parcialmente a realidade, reinterpretam os fatos acontecidos, inserindo-lhes um contexto significativo capaz de dar sentido à insensatez da violência e da dor.

c) O desenvolvimento do senso de humor, isto é, da capacidade de saber rir daquilo que acontece. A ironia transfigura a realidade, um pouco como no filme de Begnini *A vida é bela,* e ajuda a não enlouquecer. Ou, pelo menos, permite manter distância daquilo que acontece e de inverter a situação, vendo-a de modo diferente.

d) Uma maturidade precoce, para enfrentar desde cedo uma realidade insuportável para um coração de criança. Em terapia, encontramos muito cedo indivíduos com personalidade de traços infantis; no caso da resiliência, porém, crianças de oito ou dez anos já são obrigadas a se comportar como pequenos adultos.

e) Um quociente intelectivo elevado, uma característica que se encontra também em outra categoria de sofredores psíquicos, os transexuais, dispostos – a fim de realizar um desejo profundo – a uma transformação cirúrgica e radical no próprio corpo. Como para os transexuais, também naqueles que apresentam o fenômeno da resiliência é frequentemente presente uma inteligência superior à média. Se quiséssemos ler esse dado numa perspectiva darwiniana, poderíamos afirmar que justamente as enormes dificuldades iniciais constituem as condições ambientais que obrigaram o cérebro a um desenvolvimento precoce. De fato, a inteligência é um instrumento refinado e potente, que serve para manter os eventos juntos e lhes dar sentido.

f) A presença de um espectador, um "depositário adulto" que sirva de ponto de referência e de organizador. É como se o olhar alheio fosse necessário para dar um sentido à realidade, de outro modo, insuportável. Maurizio, por exemplo, filho de pais alcoólicos que batiam nele e o maltratavam, pôde salvar-se do abismo graças a um jardineiro que o ouvia e cuja curiosidade foi essencial para ajudá-lo a sobreviver ao inferno.

O fenômeno na resiliência, portanto, permite superar situações terríveis, mas tem um preço. Frequentemente, de fato, a vítima que o alcança suscita mais desconfiança do que compreensão, e terá de acertar contas com o sentimento de culpa que nasce nos sobreviventes: "Por que justamente eu?" Muitos deles, por outro lado, uma vez adultos tendem a ter uma vida sentimental estável, em alguns casos, até, no limite da rigidez, como se isso constituísse um dique para o caos que lhes caracterizou o passado.

Algumas das crianças desastradas que passam por tais problemas conseguem transferir o sofrimento, na criatividade adulta, tornando-se, então, pessoas de talento. E Boris Cirulnik recorda como Victor Hugo, George Sand, Émile Zola, Stendhal e Guy de Maupassant usaram o ato da criação para preencher a fenda da dor e se tornarem eles mesmos.

IV
Hábitos bons e maus

Quanto contam os hábitos na nossa vida? Existe quem – prevalentemente, de residência fixa – é hostil à mudança, e não deixa de citar o provérbio "quem deixa o caminho antigo por um novo sabe o que perde, mas não sabe o que encontra". Para essas pessoas, os bons hábitos criam as tradições, que conservam o que existe de importante na nossa cultura. Sob essa ótica, todos os ritos são importantes, porque permitem manter vivo o laço com o passado: e assim, por exemplo, celebra-se o Natal, segundo os costumes de família, sempre no dia 24 à noite ou no dia 25 pela manhã, preparam-se os mesmos pratos, seja o peru ou a sopa de ravióli, e se compra o panetone sempre na mesma padaria.

Por outro lado, há quem – nômade por natureza – considere os hábitos um peso inútil, experimentando uma espécie de irritação e aborrecimento por tudo aquilo que se repete, que é imutável. Para esses, a tradição é uma antiguidade da qual se desfazer; Natal é um dia como outro qualquer, e até um enfado, porque é preciso estar presente à ceia com os parentes. Somos, portanto, guardiões ou prisioneiros dos hábitos? Ou – como dizem os americanos – somos prevalentemente agricultores ou caçadores?

Neste capítulo, examinaremos os aspectos positivos e negativos dos hábitos, que estão em contraposição ao tema da mudança.

Bons hábitos

Vestir-se segundo rituais repetitivos, ir para o escritório percorrendo sempre a mesma rua: rotinas que liberam a mente para atividades inovadoras, às vezes criativas. Os homens sabem que, fazendo a barba, têm frequentemente as melhores intuições do dia. Às mulheres acontece a mesma coisa, ao guiar o carro: um "espaço mental" livre, entre a casa e o trabalho. É como se a atividade repetitiva ocupasse o hemisfério direito do cérebro, o racional, deixando, assim, espaço para a parte esquerda, mais criativa e imaginativa.

O hábito cria segurança e reduz a ansiedade

Isso é verdade principalmente durante a infância. Nas crianças, de fato, a estabilidade do contexto e a continuidade das relações humanas lançam as bases para um Eu sólido e uma boa segurança interior. Os menores, de resto, ficam felizes por ver pela décima vez o videocassete dos mesmos desenhos animados, e não se cansam se lhes contarem a fábula preferida sempre do mesmo modo. Aliás, são os "garantidores da tradição" e não deixam de apontar a diferença, se por acaso esquecemos de algum detalhe.

Mesmo para os adultos, alguns hábitos são tranquilizadores: sair de férias para o mesmo lugar, encontrar os amigos de sempre no mesmo bar são comportamentos que têm um claro efeito antiansiedade. E nos sentimentos? Há pessoas para as quais a rotina é fonte de segurança: fiéis e felizes, porque fazer amor com o mesmo par, reencontrando toda vez um ritmo e um corpo conhecidos, para eles significa serenidade.

O hábito aumenta a competência

Sabemos que repetir um exercício permite automatizar os reflexos e os conhecimentos, até alcançar uma competência maior. Esse é o fundamento de certo tipo de adestramento militar e de treinamento esportivo. Mas isso só é verdadeiro até que a distração provocada pelo automatismo faça baixar a guarda, provocando erros imprevistos.

O hábito favorece o reconhecimento social

O fato de enviar sinais previsíveis aos outros permite o reconhecimento recíproco e melhora a convivência social. A nossa vida cotidiana está ponteada desses pequenos automatismos. Os convencionais "saúde", por exemplo: frases de boa educação em pequenas doses, que trocamos com o vizinho de casa, com o jornaleiro, com o rapaz do bar, quase sem nos darmos conta. Até mesmo quando nos vestimos, enviamos mensagens bem precisas sobre quem somos, sobre a nossa personalidade, além do alinhamento social: um certo relógio para o gerente, a bolsa de grife para senhoras, ou o boné de beisebol usado com a pala para trás para os adolescentes são também sinais de hábitos que, decodificados, dão informações detalhadas e permitem o "reconhecimento" recíproco.

Os hábitos como testes de personalidade

Os hábitos podem se traduzir num estilo de vida e representar, assim, um código para compreender melhor as pessoas. A reação com a comida, em particular, pode dar indicações úteis sobre um análogo comportamento sexual.

É o caso de Maria: tem 21 anos e come de tudo, de maneira abundante e voraz. A quantidade prevalece sobre a qualidade, e também na cama, Maria confessa ser uma devoradora de homens. Os seus parceiros precisam fazer amor pelo menos uma vez por dia, do contrário são maltratados e "postos de lado". Michele, por sua vez, parece com Gargantua, herói de Rabelais, cuja barriga era maior do que o coração ou o cérebro. Aos trinta anos, ele pesa 95 quilos e fica feliz ao descrever os seus festins alimentares cotidianos, em que nunca falta um frango! Na cama, é também voraz e eroticamente pouco refinado. Já o comportamento de Silvia é mais seletivo. Quando tem problemas financeiros, o seu apetite se transforma em fome enraivecida, e então come de tudo, até o limite da bulimia. Mas quando está serena, diverte-se preparando pequenas refeições de *gourmet*, que requerem tempo e criatividade. Na cama, ela exprime a mesma sensibilidade, e é uma amante refinada, exceto quando há "dissabores" no casal: então, fica bloqueada.

Claudio, entretanto, é vítima da ansiedade, em todos os campos. Fala muito depressa, caminha e gesticula velozmente, come de maneira frenética: já chegou à sobremesa, quando os outros ainda estão no primeiro prato... E na cama, sofre de ejaculação precoce.

Finalmente, Marcela é dengosa, alérgica a leite e enjoa com o cheiro do queijo. Recusa, também, os molhos muito elaborados, temperos e carne vermelha (que ela define como "sangrenta"). Na intimidade, Marcela demonstra o mesmo desgosto pelos cheiros e humores dos corpos; do sexo, também detesta a forma muito animal e fogosa. O marido foi embora, depois de ter procurado, em vão, melhorar os seus hábitos eróticos e culinários!

Em suma, o rito de um jantar a dois quase deveria ser parte integrante do cortejar, visto que em setenta por cento dos casos dá indicações úteis a respeito de como poderia desenvolver-se o restante da noite... E no que concerne aos remanescentes trinta por cento? Não existe um relacionamento direto entre comida e sexo, justamente porque, num processo de sublimação, uma coisa substitui a outra. Alguns gastrônomos, levados talvez pela idade, acabam por preferir o prazer da boca às rápidas e tumultuosas sensações do sexo. Mesmo porque, em geral, come-se duas ou três vezes por dia, enquanto, no que diz respeito ao eros... quem sabe!

Maus hábitos

Os hábitos nocivos à saúde

Alguns hábitos são agradáveis, mas nocivos, como não se cansa de repetir o médico. Comer em excesso, ou comidas muito gordas, beber muito vinho ou bebidas de alto teor alcoólico, fumar muitos cigarros por dia são comportamentos que podem, com o tempo, danificar o nosso bem-estar físico.

Atenção, porém: não fazem mal só a irregularidade e o excesso. Uma existência muito regular, sem prazeres e escassamente emocionante pode também revelar-se negativa, pois se traduz num progressivo travamento e no esgotamento do impulso vital.

Os hábitos nocivos ao sexo

Acabaram-se os tempos em que o autoerotismo era considerado um mau hábito sexual, perigoso, porque podia levar à esterilidade ou, até mesmo, à cegueira! Hoje, os comportamentos nocivos são habitualmente de gênero oposto: não hiperatividade, mas abstinência. Como o marido estressado que toda noite volta para casa, senta-se diante da televisão e lê o jornal, declarando-se muito cansado para uma atividade sexual criativa.

Paola é uma senhora de 41 anos, com um passado sentimental pouco feliz. Encontrou apenas homens violentos e apressados, mais interessados no sexo do que propriamente numa relação. Finalmente, aos 33 anos, conheceu Paolo, seu marido, que tem alguns anos mais do que ela.

No início, foi como viver uma longa e emocionante lua de mel. Mas com oito anos de casamento, Paolo fechou-se numa atividade sexual repetitiva, na qual a penetração era praticamente abandonada em favor de carícias recíprocas. Paola, que se desabafou com algumas amigas – elas também desiludidas com um eros conjugal sem qualquer impulso ou de algum modo pouco criativo –, pergunta-se se é essa a inevitável evolução da sexualidade do casal, ou se não é possível, de algum modo, intervir antes que o seu desejo nos contatos com o marido se esvaia definitivamente.

Houve tempo em que as mulheres é que eram bastante sistemáticas nos procedimentos sexuais, enquanto os homens procuravam novidades e mudanças. Hoje, cada vez mais frequentemente é o homem que se revela pouco fantasioso, porque direciona as suas energias e paixões para outros lugares, o trabalho e outros interesses extraprofissionais, como o esporte. As mulheres, ao contrário, querem dar uma direção criativa *também* à sua vida de casal.

Paola parece ter coragem de mudar, mas não sabe como fazê-lo, e acima de tudo, não sabe até onde pode chegar. Combinamos com ela, então, algumas estratégias a aplicar no âmbito da sedução e da vida cotidiana.

a) Modificar o quarto de dormir, que Paolo transformou numa espécie de santuário, cheio de móveis de família antigos e preciosos, severos como sempre são os móveis do século XVII. O primeiro projeto de Paola será transformar essa "capela votiva" em uma "alcova".

b) Substituir o chuveiro, funcional, mas pouco adequado ao prolongamento sexual, como é uma banheira de hidromassagem, que Paola comprou, vencendo as resistência do marido.

c) Discutir sobre o erotismo do casal, pois Paolo parece não conhecer o significado da palavra "preliminares". Trata-se de um ponto delicado, que não é possível enfrentar sem ele, principalmente sem que Paola esteja decidida a desencadear uma verdadeira crise no casal, coisa para a qual ainda não se sente pronta.

d) Paola, ademais, além do erotismo no sentido justo, deve introduzir algumas mudanças no estilo de vida deles. Uma vez que gosta de cozinhar, que tem uma paixão por baile e por roupas elegantes, passará a organizar jantares e festas em casa, de modo a quebrar a rotina, que está tornando monótona a sua vida conjugal.

Paola é uma mulher inteligente que, em vez de deixar que a situação chegue a um ponto morto, como fazem tantos outros casais, tratou de reagir a tempo.

Os hábitos nocivos à mente

O primeiro dano manifesta-se no âmbito individual: as pessoas muito apegadas à rotina ou às convenções, de fato, podem apresentar uma excessiva rigidez mental, uma redução da energia vital, que se tornam a causa de um envelhecimento precoce. É por essa razão que os indivíduos muito sistemáticos, sem impulso, são julgados depressivos e chatos: a repetição provoca, inevitavelmente, a usura.

Isso no que diz respeito ao indivíduo. Mas existe um perigo intrínseco nos hábitos, que se manifesta também no âmbito social. Isso se verifica quando o respeito pedante e acrítico pelo passado e pelo patrimônio cultural se torna uma obsessão. Como sublinha Pierre Daco,[1] segundo o qual o integralismo é exatamente a aplicação absoluta e mecânica da tradição. Uma verdade assume valor de dogma e é "usada" para calar os adversários nas discussões, ou para estabelecer a norma das relações sociais. Claramente, isso leva com facilidade ao fanatismo político e religioso.

Até o hábito de viver em obediência a um determinado papel pode ser nocivo. Porque às vezes "o papel faz mal", como diz o psicólogo Vittorio Caprioglio.[2] O papel é uma "máscara": escondemo-nos atrás da posição que conquistamos na sociedade, usando de escudo símbolos de status como automóvel, a segunda casa, o cão de raça, até o tipo de férias. Porém, do papel ao estereótipo, o passo é muito curto: não lhes acontece de ouvir dizer por qualquer um que, em sua casa, "não pode faltar" um certo objeto? O não poder faltar é o sinal de alarme, uma vez que indica a passagem da convenção à fixação, o que acabará por se tornar uma prisão. O suíço Fritz Zorn, no seu romance *O cavaleiro, a morte e o diabo*, descreve bem como viveu escravo da riqueza, na margem "certa" do lago de Zurique, até que se deu conta de que tal imposição era ridícula. A sua covardia fez com que pagasse uma pena altíssima. Só no fim descobriu que o papel familiar e social o tinham praticamente impedido de viver.

Os papéis tendem a mudar, mas essa mudança é frequentemente ilusória, e às vezes se passa simplesmente de um estereótipo a outro, não menos rígido. Recordamos, no mundo feminino, os modelos de candura, feminilidade e beleza, gradualmente substituídos pela mulher-maravilha e pela mulher-gerente. O homem fez o caminho inverso: de macho, gerente de carreira e desportista sempre ativo, a Peter Pan, que não quer crescer.

O conformismo

O que é o conformismo? É o adaptar-se, o plasmar-se num modelo. É o conformar-se passivamente à mentalidade, às opiniões e ao modo de vida prevalentes em um determinado período histórico, ou em um ambiente social particular. Sufocando – nos casos mais negativos – a criatividade, sob o peso das convenções. Em todas as sociedades os excêntricos são vistos com suspeita, ou postos em ridículo. E em todas as sociedades podemos observar o quanto são rígidas as regras do conformismo. Em certos ambientes – por exemplo, o financeiro ou bancário – os homens sempre usam gravata. E se, na década de 1970, para os hippies era obrigatório o uso de cabelos longos, para os jovens da década de 1990 o rabicho não é mais a tendência, mas a cabeça raspada a zero.

Menos evidente, mas mais perigoso, é o conformismo de ideias: e muitos sequer se dão conta de estar condicionados pelos meios de comunicação de massa. Como mostrou a psicóloga Anna Oliverio Ferraris, existe um público que se deixa guiar pela *mass media* e pelo mercado, que se apaixona pelo *star system*, abandona-se a ele, apaixona-se pelos seus grandes astros e estrelas. São pessoas que encontram os seus modelos de referência no grande circo do espetáculo, principalmente no televisivo. Trate-se de cantores, atores, jornalistas apresentadores, ou políticos: por eles, o público não quer apenas ser excitado, mas tranquilizado e acalentado.[3]

Outras pessoas são afligidas por um conformismo que se origina, sobretudo, na interioridade: têm medo da mudança, e tendem, por isso, a permanecer agarrados às mesmas ideias e a repetir os mesmos comportamentos. Vivem as novidades – não só aquelas que lhes dizem respeito diretamente, mas também as que se produzem na sociedade – como um risco mortal.

Mas onde nasce o conformismo? Sabemos que tem uma origem externa e que serve para consolidar a identidade social, ainda que, depois, se transforme numa máscara de autenticidade. Em alguns casos, torna-se até mesmo um salva-vidas: algumas pessoas constroem um falso Si, uma identidade espúria e artificial que, porém, lhes permite viver, ou, pelo menos, sobreviver.

O conformismo tem também origem interna, e se forma em todas as etapas da nossa vida: a infância, a adolescência e a idade adulta.

Nos primeiros anos da vida, de fato, saber que as coisas se repetem – que existe uma caverna, um refúgio no qual se podem encontrar pontos estáveis de referência – permite adquirir tanto a segurança como o comando necessários para atingir uma identidade estável. Além disso, o estar conforme evita a recusa das pessoas a quem amamos: o bom filho poderá obter a aprovação da família, e o bom aluno será bem aceito na classe. Mesmo hoje começam-se a reconhecer os aspectos negativos de uma educação que ensina a ser muito remissivo e dependente.

Na adolescência – idade ingrata, tanto para os protagonistas quanto para os seus pais – assistimos a uma alternância de comportamentos conformistas. Os aspectos rebeldes são os mais evidentes e, às vezes, os mais perigosos. Mas o protesto também pode ser conformista, pelo menos no *look*. E se no ano de 1968 todos usavam jaquetas tipo esquimó, e as meninas vestiam grandes saias com flores e tamancos, como não sorrir, hoje, diante dos *piercings*, os famigerados anéis no nariz ou no umbigo, estes também nascidos como forma de rebeldia às convenções? E que, ainda assim, no mesmo momento em que se tornam moda, impõem um modelo igual para todos.

O adulto conformista, enfim, não apenas nos humanos, mas também entre os macacos-verdes descritos por Marie-Claude Bomsel,[4] está sempre em busca do reconhecimento alheio. Mas atenção, porque o conformismo é um inimigo perigoso: nos leva, de fato, a viver segundo regras padronizadas, apaga a criatividade, enrijece o imaginário.

Para derrotar os maus hábitos

Os hábitos nos ajudam a viver, permitem lançar raízes, formam as ligações com as nossa tradições. Nesse sentido, são positivos, porque nos protegem da alienação, reforçando a nossa identidade e a nossa segurança, por meio do sentimento de integração. São preciosos, porque encerram a memória e a marca do passado.

Ao mesmo tempo, os hábitos são um inimigo que se esconde dentro da nossa mente, porque podem fazer-nos escorregar na rotina e na apatia. Devemos, por isso, reforçar os antídotos em nós. Aqui estão alguns.

A coragem de explorar

Ir para o novo, partindo de territórios seguros. É a lição que podemos tirar dos navegantes, porque é necessário reconhecer a importância do porto de partida e levantar ferros em direção a novos horizontes, dando ouvidos à pequena parte de Cristóvão Colombo que está dentro de cada um de nós. E os alpinistas nos ensinam que não se pode renunciar ao campo-base, ponto de apoio indispensável para escalar novas montanhas.

O gosto de mudar

Algumas pessoas continuam a protelar a mudança, e se decidem somente quando são forçadas pelos eventos. Então, fazem isso com sofrimento e irritação, porque acham que é uma obrigação, uma imposição proveniente do externo. Tentamos, porém, considerar as mudanças como os gostos alimentares. Cada um de nós tem suas preferências pessoais, há quem adora risoto e quem aprecia a cozinha chinesa, mas isso não nos impede de procurar novos restaurantes, novos cardápios e, para quem gosta de forno e fogão, novas receitas. E se, por acaso, as experiências não se revelarem à altura das expectativas, menos mal: será ainda melhor voltar ao prato predileto...

A aceitação do imprevisto

Às vezes, é necessário saber ousar *coisas sem sentido*, porque só assim se deixa espaço para os eventos surpreendentes, que podem modificar a nossa vida. E deixar que os imprevistos nos abram novas possibilidades. Talvez até esteja nisso o sucesso de um filme *cult* como *Sliding doors*, que tem por tema exatamente esse caso.[5] A película conta o entrecortar-se de duas histórias possíveis: no início, Gwineth Paltrow perde – ou pega em movimento – o metrô, e por isso chega em casa mais cedo – ou mais tarde que o de costume e descobre – ou não descobre – o seu noivo na cama com outra, e assim por diante, até que vemos rolar sob os nossos olhos duas existências completamente diferentes. Toda a culpa – como diz o título – da porta de correr de um vagão do metrô...

Mas – peças do destino à parte – lembramos que quem sabe observar as paisagens conhecidas com um olhar sempre novo e curioso está mais receptivo e pronto para a mudança do que quem insiste em ir em busca de horizontes exóticos com um olhar antigo e obstruído por velhos preconceitos. Só os primeiros são capazes de descobrir o desconhecido naquilo que é familiar, de se surpreender e de se abrir a pequenas e grandes revoluções. É isso que chamamos de "a coragem de mudar".

V
A necessidade de mudar

Existem pessoas movidas por uma inquietude permanente; raramente resistem muito tempo no mesmo posto de trabalho, ou com o mesmo parceiro. Como tocadas por um fogo interior, mudam continuamente o seu modo de viver. Podemos descobrir três tipologias dessa necessidade de mudança: há quem mude por curiosidade, quem o faça por instabilidade e quem... não mude.
As pessoas que pertencem à primeira categoria têm, frequentemente, aos olhos dos outros, um fascínio e um atrativo maiores: agradam porque são ecléticas, aventureiras, sempre prontas a partir para novas experiências. A americana Danielle Steel, multimilionária rainha dos romances água com açúcar, é um exemplo espantoso. Foi casada cinco vezes, e com os homens mais diferentes: o primeiro era um banqueiro rico, o segundo, um presidiário, o terceiro, um viciado em heroína... Teve nove filhos e, seguramente, uma grande energia em mudar de marido e de vida. A sua biografia talvez possa explicar o sucesso dos romances dos quais é autora. Antes do final feliz, como prescrito, acontece tudo às suas heroínas, justamente como se deu com ela. Que, agora, casada pela quinta vez, afirma que é feliz.
Outras vezes, porém, o traço dominante é de uma incontrolável impulsividade, e então a necessidade de mudança assemelha-se mais a uma inquietude interior do que propriamente a um projeto: é o caso da segunda tipologia, de quem muda por instabilidade. "Parece que uma aranha o mordeu", disse Margarida sobre seu

marido Ernesto que, mesmo na praia, não consegue ficar parado mais de alguns minutos, mas se agita para procurar um restaurante novo, pessoas a conhecer...

E, por fim, existe a terceira tipologia, a de quem, paradoxalmente, muda para não mudar. Paolo, um amigo de Willy, 50 anos bem vividos, graças, também, a um recente *lifting* e a um "sorriso profissional" (é corretor de seguros), tem uma extraordinária habilidade em encontrar sempre moças jovens, graciosas, sorridentes, pouco agressivas e prontas a admirá-lo. Paolo as exibe de bom grado e as corteja com destreza, como homem sensível e atencioso que é. Então, como é que, no curso de três meses, as suas histórias terminam? Provavelmente, porque Paolo, depois de ter sido casado uma vez, decidiu que a experiência lhe custara muito caro (não esqueçamos que ele trabalha com seguros...). Desde então, tanto com o coração quanto com a carteira, só faz "investimentos limitados". Escolhe, por isso, relações intensas, gratificantes, mas de curta duração. Quando a namorada da vez procura estabelecer uma relação afetiva autêntica, ou pior, começa a fazer projetos, Paolo se põe na defensiva, ou reduz drasticamente telefonemas e atenções, até que a história acabe. No curso de três anos, são pelo menos seis, as jovens mulheres, todas muito parecidas entre si, que ele levou, como troféus, ao círculo esportivo do qual é sócio. Todas graciosas, simpáticas, e todas regularmente desaparecidas. Podemos levantar a hipótese, portanto, de que Paolo faça parte daquela categoria de pessoas que muda frequentemente para não mudar, isto é, de quem é atraído, no amor, pelo mesmo modelo estético e sentimental, de modo que a mudança só pode acontecer dentro do mesmo esquema.

É possível encontrar comportamentos análogos também no âmbito profissional e no esportivo. Enrico, por exemplo, tem quarenta anos e adora estar ao ar livre. Enfrenta todos os esportes com a mesma garra, e os abandona, sem falta, assim que não pode obter mais progresso. Foi um bom jogador de futebol, jogou tênis e golfe, e atualmente a sua paixão é windsurf. Existe nele a necessidade de se superar, de bater um recorde: uma vez atingido esse objetivo, a atividade perde, aos seus olhos, qualquer atrativo. Seja uma atividade mais sofisticada, como o golfe, ou mais física, como o windsurf, o seu estilo é sempre o mesmo, agressivo e "muscular". Para ele, o que conta é a necessidade de verificar os seus próprios limites; depois, *deve* mudar, procurar novos estímulos e outras metas para conquistar.

Nas três tipologias que descrevemos (mudar por curiosidade, por instabilidade ou para não mudar) emerge, portanto, uma diferente "prisão interior": a necessidade compulsiva de novidade. A mudança, então, é uma espécie de droga, uma exigência primária que determina o estilo de vida, um comportamento que se impõe ao indivíduo antes que ele o possa escolher. Esse gênero de pessoas não compreende a diferença entre necessidade e desejo, ou, para usar uma metáfora alimentar, entre fome e apetite. Para elas, a novidade é uma paixão abrasadora, um impulso irresistível, uma obrigação. Nos casos mais extremos, se poderia quase defini-la como *dependência*: como quem abusa de drogas, de álcool ou de comida. E não consegue parar.

Neste capítulo, procuraremos demonstrar justamente a diferença entre a necessidade e a coragem de mudar. A coragem é animada pela possibilidade de elaborar projetos, enquanto a necessidade carrega sempre consigo o risco da urgência, da repetição e, principalmente, a redução da liberdade de escolha. E de fato, nem todos aqueles que passam sem parar de uma situação para outra servem como exemplo: às vezes, a multiplicidade é sinônimo de superficialidade. Pensamos em Daniel Ducruet, elevado, a bem da imprensa escandalosa, como segurança pessoal e companheiro de Stéphanie de Mônaco, nada menos que pai dos seus dois primeiros filhos. Aos 34 anos, Ducruet já foi – segundo a crônica romântica – comerciante de peixe, guarda-costas, temerário corredor de rally, escritor lacrimoso, aspirante a cantor. Em suma, alguém que parece saber tudo e muda continuamente de ofício, talvez por não ser competente em nenhum campo.

Às vezes, o problema não é a superficialidade, mas uma ansiedade latente. Riccarda tem 40 anos e sofre de ataques de pânico. Aconteceu a primeira vez há cinquenta anos, e desde então conseguiu controlar e reduzir as crises graças a remédios e a uma psicoterapia. Casou-se com 18 anos e tem duas filhas já crescidas. Depois de quinze anos de casamento, deixou o marido, convencida de não sentir mais nada por ele, e depois de ter vivido, nesse meio tempo, numerosas histórias paralelas. Porém, o marido era um homem equilibrado, e tinha para ela uma função ansiolítica. Não por acaso, as primeiras crises de pânico se verificaram depois da separação. E agora, Riccarda continua a oscilar entre a necessidade de estabilidade e a atração por novas aventuras e paixões, que, porém, tem dificuldade para controlar.

Recentemente, encontrou um homem que lhe propôs fazer uma experiência sexual com "viados". Malgrado o pânico que lhe suscita, está muito tentada por essa novidade erótica. É como se entre o Polo Norte – onde, para ela, está o marido – e os tórridos trópicos do eros mais transgressivo e desenfreado, não conseguisse apreciar as "zonas temperadas" dos sentimentos. Riccarda é fascinada por tudo o que é proibido, os encontros com os "diabos tentadores" a excitam. O trabalho psicológico consistirá, então, em lhe mostrar como a tentação perigosa está dentro de *si,* ainda que seja negada e projetada no *outro.* Não esqueçamos que a paixão benéfica se distingue da maléfica pela possibilidade de pôr em ação intensas energias, sem desestruturar o Eu profundo, o núcleo da personalidade. Por isso, paradoxalmente são as personalidades fortes que podem viver as paixões intensas sem perigo, enquanto os indivíduos frágeis – que são atraídos por elas como o ferro pelo ímã, correm o risco, como Ícaro, de derreter as asas ao calor do sol.

Necessidades sentimentais

Existe quem mude, portanto, por "dever" mudar, por uma espécie de compulsão emotiva. Frequentemente, a causa desse comportamento está ligada ao passado: uma "prisão interior", como aquelas que descrevemos no segundo capítulo. Ainda que, nesse caso, o traço dominante seja a instabilidade comportamental, não a patologia da dependência. Vejamos alguns casos mais próximos.

A necessidade de seduzir

Cosimo é um colecionador de mulheres. Vem de uma família estável e tradicional, e tem irmãs mais novas às quais é muito ligado, e com quem tem ótima relação. Desenvolve um trabalho precário, que não o gratifica muito, mas lhe permite três meses de férias por ano. Para ele, é a coisa mais importante, porque assim se dedica ao seu esporte preferido, a caça às mulheres. No verão, volta à ilha da Sicília onde fica a casa da família, e faz coleção, justamente, de mulheres. Jovens e menos jovens, bonitas e feias, italianas e estrangeiras: Cosimo arrisca com todas, e muitas caem na rede. É um campeão da paquera. Segundo ele, de fato, o momento mais bonito é o da sedução. O problema é que Cosimo tem 45 anos e nenhuma intenção de mudar de vida. Já provou isso. Casou-se, mas o seu casamento não durou nem um ano. A sua necessidade de seduzir e de mudar continuamente de companhia levou a melhor.

A Itália está cheia de Casanovas, ou "sedutores em série": é uma tipologia bem conhecida. Acrescentamos apenas que a necessidade de seduzir, obviamente, não é só masculina. O vício de colecionar corações partidos também pode ser refinadamente feminino. A compulsão não tem preferência por gênero.

A necessidade de fazer sexo

Nesse caso, a necessidade compulsiva não é a da sedução, mas trata-se, infelizmente, da necessidade que impele a concluir uma experiência sexual. Tais pessoas sofrem dessa urgência principalmente quando a máquina da excitação já está ativada. São indivíduos impulsivos: assim Maria definia seu marido, que ela acompanhava nas viagens à Europa, por razões de trabalho, e que a obrigava, durante as visitas a Paris, Amsterdã ou Hamburgo, a passar todas as noites nas casas de luz vermelha.

A necessidade de trair

Se existe quem possa explicar a sua necessidade de seduzir ou de fazer amor como uma tendência de caráter, é no entanto impossível considerar dessa maneira a necessidade compulsiva de trair. Essa, de fato, pode-se configurar como uma verdadeira autossabotagem, decretando, assim, a falência de todas as próprias histórias sentimentais. Ou assumir formas mais mascaradas, mas sempre carregadas de sofrimento.

É o caso de Matilde, cinquenta anos. Desde pequena, sofreu de cólicas contínuas, que lhe criaram uma aversão pelos excessos de comida. Mas se a anorexia está presente em termos alimentares, no âmbito sexual prevalece o fenômeno contrário, o da bulimia. Matilde conheceu o marido quando tinha 17 anos, e se casou aos 23, grávida. Depois, teve muitos amantes, de preferência homens, mas também mulheres, sem nunca experimentar grande prazer físico, procurados, quase sempre, para satisfazer as suas necessidades de afeto. Continuou assim durante vinte anos, mantendo, naturalmente, escondido do marido, até que, no curso de uma discussão áspera, "vomitou-lhe" em cima. Carlo saiu da história completamente destruído. Aos poucos, perdoou Matilde, com a condição, porém, de que ela abandonasse a compulsão à traição e lhe permanecesse fiel. Carlo, que é um homem inflexível, estava convencido de que era suficiente ter força de vontade, enquanto, na verdade, a mulher não mudou nem recuperou o desejo por ele. Aliás, recentemente, fantasiou uma nova possível aventura, e quando fala a respeito dela, o seu rosto se ilumina.

Matilde poderia ser considerada uma mulher moderna e emancipada, que adotou um modelo que, durante séculos, foi apanágio exclusivamente masculino: um porto de escala conjugal e uma série de aventuras a mar aberto. Na verdade, ela não tem uma personalidade forte e não consegue administrar realmente essa vida dupla, nem a sua necessidade de trair. Ao contrário, espera que o marido consiga "contê-la", como se ela fosse um rio prestes a transbordar, e Carlo a pudesse "barrar". Os sonhos que Matilde refere confirmam o seu desejo – cada vez mais insatisfeito – de ir além: tenta voar para o sol, mas faz muito calor; ou nada na água profunda, onde procura cartas da sua infância. E está desiludida com Carlo, porque, quando estão em intimidade, procura envolvê-lo em algum jogo mais "pesado", e ele se assusta e se retrai. Até no eros, na verdade, o marido não consegue ousar, como de resto, na sua atividade profissional (é funcionário da comuna, e escolheu essa atividade para garantir o salário no fim do mês).

Pode-se afirmar com segurança que a bulimia sexual e a oposta anorexia alimentar de Matilde são tentativas de boicotar a própria felicidade. Contudo, ela deseja estar melhor e salvar o seu casamento. O projeto terapêutico consistirá, então, em trabalhar também a necessidade de trair, para compreender onde nasceu a sua compulsão erótica, e como será possível atenuá-la.

Necessidades psicológicas

Por trás da ansiedade por mudança, podem-se esconder, também, necessidades não sentimentais, mas psicológicas, que tornam muitas pessoas instáveis, irrequietas e, no conjunto, pouco felizes. A contínua busca de novidades na vida privada ou profissional dessas pessoas poderia, então, encobrir – como sintetiza o psiquiatra Giacomo Dacquino –, uma "imaturidade psicoafetiva".[1] Trata-se de pessoas escravas de suas próprias exigências interiores, e por isso incapazes de se pôr em sintonia com a realidade externa, com os tempos e as modalidades relacionais dos outros. Quais são as origens dessa estabilidade? Vejamos cinco delas, as principais.

A fuga dos perseguidores

Maria, de 20 anos, vive o mundo à sua volta como hostil, sente-se criticada e tolhida. É casada, e o casal parece ser a única boia em que se agarrar. De resto, é uma jovem meio desgarrada, que vive pelas ruas pondo cartas e predizendo o futuro. Vem ao consultório porque, desde que se casou, isto é, há um ano, toma a pílula sem ter feito nenhum exame. O seu médico recusou-se a renovar-lhe a receita, mas ela se vê tomada de pânico assim que se fala de um eventual exame ginecológico. Isso porque, aos treze anos, um absorvente interno ficou-lhe bloqueado na vagina, e Maria viveu a intervenção do médico como uma horrível intrusão. Malgrado esse incidente, tem uma atividade sexual regular, com pouco desejo, mas sem dor. Toma a pílula desde o início do casamento, porque tem pavor de uma eventual gravidez, que imagina como um arrombamento do próprio corpo.

Maria é extremamente frágil, vê nas pessoas que encontra possíveis perseguidores. É pessimista sobre a sociedade ocidental, que vê como ameaçadora e alienante, enquanto sonha com a África e seus grandes espaços. Pensa em viver num ambiente tribal, fabricando objetos artesanais, e está projetando transferir-se para a Costa do Marfim com o marido, um homem negro. Assim, por trás do problema da contracepção oral se oculta uma personalidade "marginal", estranha à vida metropolitana, com uma adaptação social delicada. Nesse caso, prescrever a pílula sem fazer um exame ginecológico parece o mal menor, pelo qual o consultório assumiu para si a responsabilidade, embora exigindo de Maria outros controles médicos, que excluam contraindicações à contracepção oral. Às vezes, uma solicitação banal como a de Maria levanta o véu a uma realidade dramática: essa jovem teria mesmo necessidade de uma ajuda existencial muito mais relevante, que ela, porém, recusa. Esperamos que na África, com a sua tolerância, ela se adapte melhor do que na sociedade italiana, muito regulada, que Maria julga limitante e perseguidora.

A urgência impulsiva

A contínua busca de novidade pode se transformar em urgência, ditada pelo impulso. Como no caso de Ermano, 45 anos, doceiro. Foi descoberto em suas traições à mulher, que trabalhava com ele, porque atrasava a distribuição dos doces em um quarto de hora. Quando se encontrava em bairros frequentados por "mariposas", ficava curioso a respeito do que elas sabiam fazer. E por isso, antes ou depois da entrega, concedia-se pequenas transgressões.

A mudança antidepressiva e antienfado

Algumas pessoas não conseguem rever mentalmente a "representação dos eventos", isto é, da trama vivida, que substancia a sua própria imagem e a da própria vida. Tal ausência de memória do seu próprio passado as obriga a agir sem descanso, único modo de conferir realidade a uma existência também sem significado. O caso de Aldo é emblemático. Não compreendia os seus amigos que, para se distrair, iam ao cinema ou liam um livro. Ele tinha de pegar a moto e dar uma volta, isto é, tinha de cumprir uma ação "concreta".

A perversão sexual

Alguns indivíduos não conseguem estabelecer uma relação amorosa autêntica, porque consideram os outros apenas objetos a explorar, consumir e jogar fora. Por esse motivo, *devem* sempre mudar de parceiro, sob pena do esgotamento do estímulo. O perverso está enredado em uma situação paradoxal: de um lado, é escravo da própria escolha sexual, que deve realizar sempre do mesmo modo; de outro lado, é obrigado a procurar, sem cansar, novos objetos de desejo, para manter vivo o interesse. No livro *Lucciole Nere*[2] está descrito o caso de Eurídice, prostituta nigeriana que era periodicamente convidada por casais de cônjuges para fazer amor a três, atividade pela qual era bem remunerada.

A claustrofobia afetiva

Há quem viva a relação sentimental como "uma corda no pescoço", uma cela sufocante. Trata-se de pessoas que sofrem, no campo afetivo, da mesma claustrofobia que as persegue na vida, em geral, o que as faz, frequentemente, não poder entrar em lugares fechados, não tomar elevadores e não ir à adega. Adoram os espaços abertos e a evasão, seja ela material ou sentimental. Para esses, a necessidade de mudar corresponde à impossibilidade de viver uma relação estável sem se sentir sufocados e oprimidos. Andrea, *trader* num grande banco, cada vez que tinha oportunidade de mudar de posto e cidade, aceitava. Não só para progredir na sua escalada profissional, mas também porque lhe dava um pretexto para não enfrentar as suas dificuldades em se ligar a uma mulher.

O instável e a sua vítima

Frequentemente, quem é escravo da necessidade de mudar condiciona as pessoas que lhe estão à volta: portanto, são cônjuges e namorados que se transformam em vítimas dos instáveis, verdadeiros tiranos. Os drogados da novidade de fato são geralmente egocêntricos e narcisos. A urgência da mudança se lhes impõe como um imperativo interior, tornando-os pouco sensíveis à vida de relação e, por consequência, às exigências alheias. Assim, Rinaldo, marido irrequieto, foi embora de casa para seguir o seu desejo de liberdade, sem sentimento de culpa em relação à mulher. Mas também, sem se preocupar com o quanto a sua ausência condiciona pesadamente o equilíbrio dos filhos, que crescem privados da figura paterna, vítimas, por isso, da sua instabilidade.

Às vezes, no entanto, o instável e a sua vítima estão ligados por outro tipo de relação, muito mais complexa. É o caso de Elisa, 40 anos: sente-se sufocar pelo marido Antonio, que ela considera muito possessivo. Saiu de casa durante alguns meses, mas depois voltou atrás, tomada pelo sentimento de culpa. Não é a primeira vez que isso acontece. Elisa tem necessidade de evasão, mas na verdade, como vamos descobrir, está em busca de um projeto de vida alternativo. O fato é que Antonio lhe telefona até dez vezes ao dia, fica alarmado se o celular está desligado e não consegue descobrir-lhe o paradeiro, manifestando um interesse mórbido por cada mínimo detalhe da vida da mulher. Exige que lhe descreva tudo sobre ela, desde aquilo que comeu até as sensações mais íntimas. Antonio faz uma exigência de compartilhamento total que é mais tipicamente feminina, enquanto Elisa tem uma necessidade de autonomia que vem desde o seu passado distante. Nascida na África do Sul, de uma família de origem holandesa, sempre teve espírito de exploradora, razão pela qual deixou o seu país e se transferiu para Milão. O seu espírito de aventura (é gerente de exportação por profissão, e se ocupa do comércio exterior) é sufocado pela vida conjugal, o que lhe provoca uma espécie de claustrofobia. Por isso, de vez em quando Elisa "foge" para junto de uma amiga, ou sob o pretexto de viagem de negócios se eclipsa por algum tempo. Considera o marido sensível e muito presente, e se pergunta se o problema não estaria nela. O comportamento de Antonio, ainda assim, é decisivamente excessivo. Se pudesse, ele a colocaria numa *gaiola*, para tê-la à disposição e poder adorá-la quando e como ele quisesse. Esquece que o amor não é posse, significa, ao contrário, levar em conta as necessidades alheias e respeitá-las. E não consegue compreender – e ainda menos tolerar – as exigências de autonomia da mulher.

O que fazer nesses casos, em que não se está frente a uma verdadeira neurose, mas a uma concepção diferente do modo de viver juntos? Pode-se, por exemplo, trabalhar nas expectativas iniciais do casal, para verificar se teria sido constituído com base numa ilusão recíproca, ou de expectativas explícitas, mas não satisfeitas. Apesar de tudo, o casamento de Elisa e Antônio funcionou durante mais de 15 anos, eles são muito unidos e querem salvar a sua união. Foi por isso que decidiram empreender uma curta terapia, para compreender como conciliar as diferentes expectativas, com vistas à vida juntos. A atitude de cada componente desse casal na intimidade é peculiar, de tipo oposto ao que estamos habituados a observar (de fato, são muito mais numerosas as mulheres que se lamentam da escassa sensibilidade e da indiferença do marido). Neste caso, assistimos ao fenômeno inverso: Antonio procura inserir-se no mundo privado de Elisa, mais do quanto ela esteja disposta a permitir, levando-a, por isso, a procurar uma vida de fuga. A necessidade de modificar essa ligação, sentida como asfixiante, parece, então, legítima. Por outro lado, Antonio, que parece vítima das fugas da mulher é, talvez, mais perturbado do que Elisa. Como vimos, o aparente mecanismo do instável e sua vítima pode esconder um desenho muito mais complexo.

VI
As mudanças em terapia

É a busca da felicidade que leva à mudança. De fato, são as pessoas que sofrem ou se sentem infelizes que querem modificar alguma coisa em sua vida: trabalho, cidade, mas também o estado civil – e, por isso, casando-se ou se divorciando – e o corpo, efetuando até verdadeiras revoluções, como é o caso dos transexuais, que mudam anatomia e sexo. Muitos desejam, até mesmo, mudar o seu estado de espírito ou, pelo menos, as situações que provocam emoções ou sentimentos desagradáveis. Mas, acima de tudo, espera-se que seja o mundo externo – e os outros, em particular – que se transforme...

Alguns, porém, compreendem que para mudar realmente é necessário, às vezes, modificar alguma coisa dentro de si, a fim de que se torne possível superar ou, pelo menos, manter sob controle o desconforto que se origina na ansiedade, na depressão, na impulsividade... Eis, então, a tentativa de apelar às energias pessoais, em particular à inteligência e à vontade. Mas, frequentemente, querer mudar não basta. E é por essa razão que tantas pessoas procuram uma ajuda externa, para conseguir pôr em ação aquelas pequenas e grandes transformações existenciais que também permaneceriam como um desejo nunca realizado.

Foi só no século XX que dar ajuda assumiu o status de profissão verdadeira. Até então, usava-se recorrer, de maneira informal, a amigos, conhecidos, padres... Mas nos últimos cinquenta anos assistiu-se a um crescimento extraordinário desse gênero de ofício; não se trata unicamente de médicos e psiquiatras, mas também de psicanalistas, psicoterapeutas, *counselors*, consultores, gurus, treinadores. Na Itália, por exemplo, das poucas centenas de psicólogos e psicanalistas dos anos 1950, passou-se aos cerca de 50 mil inscritos atuais nos registros da categoria, aos quais correspondem 500 mil clientes. É ainda possível dirigir-se (gratuitamente, ou a preços reduzidos) a muitos serviços públicos, como os centros de higiene mental, os consultores familiares, as iniciativas direcionadas a mães e crianças, os centros de assistência a dependentes químicos, todas elas, oportunidades criadas e difundidas nos últimos vinte anos. Essas figuras, que operam em instituições públicas e em consultórios privados, e que podemos definir como profissionais e consultores da mudança, têm tomado gradualmente o lugar ocupado, no passado, por padres e filósofos. Por outro lado, a oferta cada vez maior de ajuda psicológica se deve ao interesse crescente das pessoas pelo seu mundo interior, ao desejo de modificar traços de caráter ou de comportamento – a algum tempo considerados inatos e imutáveis – e, mais em geral, à grande importância atribuída ao "privado" do mundo moderno.

Mas como se orientar na floresta das psicoterapias? Com efeito, nos últimos trinta anos houve enorme incremento na quantidade e na variedade dos modelos de abordagem psicológica. Se no fim da década de 1950 existiam nos Estados Unidos 36 diferentes psicoterapias, à altura da metade da década de 1970 tinham-se tornado 130, para chegar a mais de 460 perto da metade da década de 1980.[1]

Podemos porém dizer que, em geral, a maior parte dos psicoterapeutas se inspira em uma das seguintes orientações:
a) Modelo psicodinâmico-psicanalítico
b) Modelo cognitivo comportamental
c) Modelo humanístico existencial
d) Modelo sistêmico relacional
e) Modelo corporal

Esses modelos serão descritos brevemente neste capítulo, porque pensamos que as pessoas, hoje, estejam confusas e tenham dificuldade para se orientar entre as muita formas de psicoterapia, não dispondo de critérios para estabelecer quais são as diferenças entre as várias abordagens e para escolher um especialista realmente competente. Sem esquecer que estão sendo difundidas cada vez mais práticas de tradição muito antiga: ioga, meditação, massagem shiatsu, acupuntura, técnicas de consciência budista. E que são veículos de uma relação diferente e de uma "contaminação" entre o mundo ocidental e o oriental.

Remédios e bisturi

Obviamente, não existe apenas a "cura pelas palavras". A cirurgia também pode induzir mudanças importantes: extirpar um tumor, corrigir uma malformação ou modificar uma parte do corpo são, todas, intervenções que podem ter notáveis repercussões psicológicas. É o que afirmam alguns defensores da cirurgia estética, chegando até a pôr em discussão a abordagem psicológica à cura das "dismorfofobias". As pessoas afetadas por essa síndrome têm percepção distorcida da própria imagem corporal: estão convencidas de ter órgãos desproporcionais, muito grandes ou muito pequenos. Em geral, trata-se de partes externas do corpo (nariz, seios, órgãos genitais); no passado, procurava-se intervir sobre a representação mental do *si*, e por isso, com a ajuda de um psicólogo, enquanto hoje a cirurgia plástica oferece soluções mais rápidas, talvez rápidas demais.

Esse fenômeno revela todas as implicações, no caso dos transexuais, obrigando a um grande cuidado: por um lado, de fato, é preciso evitar intervenções apressadas, enquanto por outro lado é necessário atentar para o erro de reduzir tudo a um problema de natureza exclusivamente psicológica. Mudar de sexo não é um evento banal, por isso, hoje (pelo menos, nos países onde a operação é legal), avalia-se uma série de fatores, tais como a situação hormonal, psicológica e psiquiátrica do indivíduo, além das consequências jurídicas de uma intervenção de tal natureza, efetuando uma verdadeira perícia, antes de dar o assentimento à operação. Casos desse gênero são um bom exemplo dos recursos – mas, ao mesmo tempo, também dos riscos – implicados pela prática cirúrgica: essa última está, de fato, enquadrada na ótica mais ampla da moderna medicina humanística, com o objetivo de evitar aquela espécie de reducionismo biológico tornado possível pela cumplicidade entre a pergunta ansiosa do paciente e a resposta mecânica do cirurgião. Recentemente, realizou-se em Paris o primeiro congresso internacional sobre a impotência, durante o qual foi levantada uma crítica de fundo a esse tipo de abordagem: tratar do pênis – foi dito – não significa curar a impotência. Assim como acontece considerar o Viagra um remédio, e não um afrodisíaco, do mesmo modo a intervenção cirúrgica deve assumir um sentido bem preciso, se queremos que a eventual mudança seja realmente essa.

A medicina tradicional desenvolveu remédios capazes de agir sobre a psique, e que são utilizados como parte integrante da terapia do bem-estar. Há mais de trinta anos, começou a se difundir o uso da pílula da felicidade, o Valium, um ansiolítico de efeito relaxante, pai dos tranquilizantes que se tornaram companheiros de vida indispensáveis para milhões de pessoas, com prevalência de mulheres. Saturado o mercado de pessoas afetadas pela ansiedade, as atenções se voltaram para os fenômenos ligados à depressão: iniciou-se, assim, a era do Prozac. Mas não devemos esquecer, entre os remédios do bem-estar, do extraordinário sucesso do Viagra, que, embora vendido como remédio contra a impotência, na maior parte dos casos é utilizado como "muleta" para sustentar uma virilidade frágil. Para as mulheres, o oposto, além da revolução representada pela pílula anticoncepcional, podemos lembrar das terapias hormonais substitutivas para a menopausa e, recentemente, o Xenical, um remédio que, inibindo 30 por cento da absorção dos lipídios, introduziu uma nova estratégia para controlar o peso, menos agressiva do que aquela constituída pelo uso de anfetaminas. Também nesse caso, além da terapia voltada à cura da obesidade patológica, o Xenical passou rapidamente a fazer parte do grupo dos remédios do bem-estar. Inúmeras senhoras da Milão social, por ocasião de recepções nas quais não podem recusar completamente o que é servido, fazem uso, tranquilamente, do "desengordurante milagroso".

A nossa posição, a priori, não é a favor nem contra esses remédios que, para algumas pessoas, representam a única maneira de aviar – e, eventualmente, obter – a mudança desejada. Ao mesmo tempo, porém, nunca deixaremos de dizer que a felicidade não se adquire com pílulas, e que a prudência não se encontra na serotonina, nem a coragem, na dopamina.

Quem deve mudar (e quem se recusa)

Feodor Dostoievski dizia que se pode levar o cavalo ao bebedouro, mas não obrigá-lo a beber. Sem metáfora, persiste em muitos uma espécie de recusa, ou de medo mascarado, no confronto com a psicoterapia.

Isso permanece verdadeiro, mesmo considerando que aquele que se dirige ao analista não é mais considerado "doido", enquanto os filmes de Woody Allen tornaram popular a figura do psicanalista como o "espreme-cérebros".

Não obstante, existe ainda hoje um grande número de pessoas que se recusa a procurar ajuda, pensando poder mudar sozinhas, mediante força de vontade e com o uso da inteligência. Outros acreditam que a psicoterapia não é eficaz e que, de qualquer modo, não seja de nenhuma utilidade para mudar a sua vida, ou simplesmente para melhorá-la. Outros, ainda, hesitam, mesmo que estejam convencidos de que ela possa servir: receiam que seja o mesmo que admitir "eu sou maluco", ou fracassado. Segundo Ferruccio Antonelli,[2] são os homens, com mais frequência, que não querem aventurar-se nos meandros da psique, como se se tratasse de uma viagem não confiável e sem volta, esquecendo que o terapeuta não é um guru sectário, nem um carrancudo pedagogo, e sim um timoneiro que traça a rota mas confia no barco. Para indicar esse papel, os americanos utilizam o termo "facilitator", isto é, aquele que facilita a superação dos medos e das dificuldades da vida.

Mas onde nasce a resistência para enfrentar uma psicoterapia? Em parte, poderia derivar da desorientação gerada pela ampla gama de propostas diferentes. Ainda assim, a recusa de empreender um trabalho em si mesmo deriva, acima de tudo, do fato de que se gostaria que fossem *os outros* que mudassem. Sob essa ótica, se, por exemplo, existe um problema de casal, pensa-se que seja o parceiro quem deve modificar determinadas atitudes. E, ao contrário, identificar onde está o problema e decidir quem deve mudar é importante para escolher a terapia certa: individual, de casal ou familiar.

Se o doente é ele

Alma e Leo têm 55 anos, são casados há trinta e não conseguem se divorciar, embora tendo já duas vezes iniciado as práticas para a separação. Em ambas as ocasiões, renunciaram a ela porque nenhum dos dois era capaz de enfrentar e administrar a solidão. Por isso estão juntos, não por escolha, mas por uma espécie de necessidade. Nesse momento, estão engajados numa dura luta de poder, na qual Leo treina para jogar Alma no tapete, com contínuas críticas. Na realidade, o verdadeiro problema desse casal é ele: a sua personalidade impulsiva distanciou-o dos outros progressivamente, até mesmo dos amigos. O casamento, apesar do desprezo exibido por Leo, constitui o seu único porto seguro; de fato, no seu passado existe uma outra história sentimental que acabou mal, sempre por culpa da sua agressividade e do seu caráter mau. E depois desse fracasso, Leo sempre foi visto sozinho, até o encontro com Alma.

Os problemas conjugais começaram há um ano. Leo saiu de casa depois de se ter apaixonado por outra. Porém, em seguida, decidiu voltar atrás, impondo a sua presença a Alma que, àquela altura, tinha preferido o divórcio. A necessidade de afirmação dele é fundamentalmente fantasiosa e se transforma, assim, numa tentativa de dominar, também, o interior do casal. Alma, ao contrário, tem um grande desejo de ternura. Essa é uma das razões pelas quais não se encontram nem mesmo na cama, e não fazem amor há meses. São muitos os casais como eles, que passam o tempo fazendo-se mal. Leo, em particular, tem necessidade de descarregar a agressividade e, incapaz como é de tecer outros relacionamentos sociais, acaba por ter como alvo único a mulher; quando ela se subtrai a esse jogo, ele se deprime, alterando períodos de irritabilidade com fases de mutismo.

Atualmente, o casal está vivendo uma nova crise. Leo se lamentava, há anos, de que a mulher era muito "desanimada", enquanto ele gostaria de ter uma "cortesã em casa". Alma, por sua vez, talvez até em razão da traição, está mudada: veste-se de maneira diferente, emagreceu e cortou os cabelos. Tem agora um estilo mais dinâmico, e diz que se sente melhor. E o marido, em vez de apreciar essa mudança, é presa de incontroláveis ataques de ciúme, convencido como está de que ela esteja procurando um amante.

Como dissemos – e como parece evidente –, o problema desse casal, portanto, é Leo. De fato, é ele que deveria começar uma psicoterapia, e é ele – falta dizer – que opõe maior resistência. Porém, uma vez que os filhos já estão grandes, e que o seu modo de estar juntos é, certamente, nocivo para Alma, não se pode excluir que ela se decida, enfim, por uma separação libertadora. Romper um casamento pode ser devastador, ou, simplesmente, triste, mas às vezes, como na política, subtrair-se ao jogo de um tirano permite recomeçar a viver. Principalmente porque Leo, como todos os narcisos meio paranoicos, não tem nenhuma intenção de se pôr em discussão.

Se a doente é ela

Carmela tem 29 anos e recebeu, pelo seu aniversário, um presente inesperado: uma blusa, que Carlo lhe trouxe de Paris, onde esteve a trabalho. Não foi uma aquisição de última hora, no *duty-*

free do aeroporto; sabendo que Carmela adora girassóis, escolheu, numa loja de alta moda, uma blusa de seda que reproduz essa flor, símbolo da energia solar e da sua tumultuada relação. De fato, Carlo é casado, tem 58 anos, e o seu casamento está consumido pelo tempo, mas ele ainda não está pronto para deixar a mulher, pelo menos até que Carmela lhe demonstre que sabe viver uma relação de casal baseada numa troca verdadeira, e não apenas uma satisfação a curto prazo.

Dois dias depois de ter recebido o presente, a jovem amante, desiludida pela decisão dele de passar o enésimo fim de semana com a mulher, assume uma atitude de desconfiança, da qual, mesmo assim, não está plenamente consciente. Num primeiro momento, afirma que vai sair com um novo amigo, vestindo na ocasião uma blusa que Carlo lhe deu de presente. Depois diz que, aliás, vai vesti-la para alcançá-lo na localidade montanhosa onde acontece o congresso do qual ele vai participar, acompanhado da mulher. Frente à perspectiva de uma cena desagradável, Carlo é obrigado a tomar uma posição firme, advertindo Carmela de que não pode ultrapassar determinados limites e lhe criar dificuldades no âmbito profissional: um comportamento desse tipo, entre outras coisas, prejudicaria também o futuro deles.

Carmela sente na firmeza dele uma ameaça. Retruca, dizendo que desafiá-la é arriscado, e que ele deverá aguentar as consequências. Uma briga banal entre namorados corre o risco, por isso, de se transformar numa pesada queda de braços, uma vez que a moça não se dá conta de ter assumido uma atitude provocadora. Um mecanismo que lamentavelmente se repete: Carmela, de fato, já não está consciente da sua agressividade, mas sente apenas a reação do outro, que lhe parece uma ameaça. São muitos os casais nos quais se assiste a uma dramatização, levada até o limite de ruptura, quando a reação das tendências de um sobre o outro acaba por gerar uma atmosfera irrespirável, feita de brigas contínuas e acusações recíprocas.

Nesse caso, é Carmela que precisa de uma ajuda individual, que lhe permitiria reconhecer os erros do seu comportamento.

Mas, obviamente, rechaça todas as críticas, convencida de que a culpa seja só do outro, isto é, de Carlos, que não se decide a deixar a mulher.

Se doente é o casal

A primeira vez que Valerio e Martina vêm ao consultório, perguntam como aprender a "acolher", no casal, o filho deles que acaba de nascer, uma vez que eles não são capazes de administrar nem o tempo nem o modo. Um ano depois, virão para ser ajudados a manter distância das respectivas famílias de origem, que eles acham sufocantes e invasoras. Infelizmente, a situação se agrava, em vez de melhorar. Depois de alguns meses e do nascimento do segundo filho, voltam ao consultório, impelidos, dessa vez, pelo agravamento do caráter violento de Valerio. Conheceram-se muito jovens, e o casamento deles constitui uma espécie de aliança firme, contra um inimigo particular: as respectivas famílias. Valerio, que agora está com 27 anos, é um camponês de Luca, envolvido numa luta surda de interesse com dois irmãos, por uma herança disputada: a fazenda da família, onde o pai, entre outras coisas, serviu-se dele como braçal, obrigando-o a trabalhar desde os dez anos. Desde sempre em conflito com a autoridade, em criança Valerio brigava com os meninos grandes do vilarejo; uma vez crescido, recusou-se a prestar o serviço militar, optando pela objeção de consciência; enfim, recentemente manifestou-se na primeira linha ao lado dos *Cobas* (comitês sindicais de autônomos). Desde que haja inimigos a enfrentar, consegue "organizar" a violência que carrega dentro de si, mas quando o perigo proveniente do externo se atenua, começa o jogo de massacre no interior do casal. O dissídio agora se complicou, porque ele quer ir morar na fazenda da família, enquanto a mulher recusa-se a se aproximar desse ambiente afetado por fortes tensões.

A família de Martina é menos violenta, mas também perturbada. Vítima de um estupro aos 14 anos, ela não recebeu nenhum apoio dos pais, que são, na verdade, figuras fugidias: o pai está sempre ausente, enquanto a mãe adoece diante de qualquer dificuldade.

Os dois jovens juntaram-se para fugir às suas famílias problemáticas, e logo puseram dois filhos no mundo, como se quisessem criar uma atmosfera de relações "normais". No entanto, o fato de se terem escolhido – não por razões positivas, mas principalmente para se proteger – torna difícil a sua vida de casal. Lamentavelmente, a situação não faz outra coisa senão se agravar, e os acessos de violência de Valerio são cada vez mais frequentes, ao ponto de, numa crise de raiva, ter até mesmo atirado o gato do segundo andar. E quando a mulher ameaçou deixá-lo, obrigou-a, à força, a fazer amor. Há alguns meses, Martina, para "se defender", recusa-se a manter relações sexuais, mas essa espécie de agressividade passiva só faz exacerbar o sadismo do marido.

Agora, depois de dez seções, Valerio começa a admitir que está em guerra com todos, reconhecendo que, para ele, qualquer relação – inclusive a de amor – assume necessariamente a fisionomia de uma luta, mesmo que isso torne a sua vida social, além da familiar, muito difícil. Conseguirá Valerio seguir o caminho para um estilo de vida mais "civilizado"? Em caso negativo, será nosso dever ajudar Martina – que, por sorte, é economicamente independente – a sair dessa espiral infernal. E mesmo assim, no que concerne a isso, as coisas não são tão simples quanto parecem: existe, de fato, uma cumplicidade patológica subterrânea, pela qual Martina, marcada pela violência que sofreu quando era adolescente, não consegue mais fugir ao papel de vítima infeliz. Está claro, assim, que é o casal – considerado no conjunto – que vai ajudá-la a escolher esse conluio negativo. E isso só será possível se ambos conseguirem superar as resistências, nos encontros de psicoterapia. Mas o primeiro passo já foi dado.

Se doente é a família

Às vezes, o problema diz respeito a todo o núcleo familiar. É o caso de Ada, 17 anos, a última de quatro filhos. Os outros três nunca deram problemas, porém, ela sempre foi muito difícil. Aluada, esquiva, fumava maconha com frequência e mostrava na escola um rendimento oscilante, até que, certa tarde, foi flagrada furtando numa loja de departamentos da sua cidade. Depois desse episódio, a irmã mais velha, Enrica, começou a se afastar de Ada e a brigar com o mais novo dos irmãos, que a reprovava por ter adotado um comportamento muito severo. O consultor a que os pais se dirigiram aconselhou a iniciarem, todos juntos, uma terapia familiar, em vez de "isolar" Ada, considerando que era a única que precisava mudar. No curso das sessões conduzidas por dois terapeutas (um homem e uma mulher), pai e filhos se deram conta dos mecanismos a que tinham sido induzidos para escolher Ada como "bode expiatório", sobre quem derramar os problemas da família. Gradualmente, a jovem reduziu os seus comportamentos destrutivos e o relacionamento entre todos os membros da família melhorou.

Quando e para que serve a psicoterapia

Pode acontecer a qualquer um de nós ter de se confrontar com eventos fortemente ansiogênicos ou destrutivos, de viver um período ponteado de problemas cujas raízes se perderam no tempo, de querer mudar alguma coisa nos nossos comportamentos ou atitudes, sem conseguir. Às vezes são os conselhos e o apoio das pessoas caras que nos ajudam a superar o desconforto, outras vezes é o contato com a natureza, um período de recolhimento e reflexão num ambiente agradável e rico em beleza, para levar apoio e nos repor a carga vital. Como já afirmava Tomás de Aquino, de fato, a beleza é, por si só, uma cura para o mal-estar da alma. Mas quando tais estratégias de mudança, que podemos definir como "informais", não estão disponíveis ou se revelam insuficientes, é a psicoterapia que pode fornecer os instrumentos necessários para superar as dificuldades. Recordemos que uma boa terapia deveria ajudar-nos, entre outras coisas, a compreender melhor nós mesmos e os outros, a compreender quem somos, quais são os nossos valores, por que fazemos o que fazemos, de que modo estabelecemos os relacionamentos com quem está à nossa volta, o que recebemos e o que damos aos outros, para decidir o que queremos, para distinguir quais as partes de nós que queremos conservar e quais delas desejamos modificar, e para aprender como fazê-lo. O próprio fato de reconhecer que precisamos de ajuda, e pedi-la, já constitui, de per si, uma parte importante de todo processo real de mudança. A terapia ajuda, além do mais, a reconstruir uma biografia capaz de conferir significado à singularidade da pessoa e da sua existência, oferecendo diferentes interpretações ou hipóteses que se podem revelar fundamentais para imprimir uma virada positiva.

Podemos observar mais de perto esse processo de reconstrução no caso de Alberta, 24 anos. No passado, viveu períodos em que predominou a impulsividade, seja do ponto de vista alimentar como do sentimental, provocando uma verdadeira "indigestão" de experiências múltiplas, como acontece frequentemente com os adolescentes, e correndo, ao mesmo tempo, riscos insensatos. Depois do fracasso da enésima relação, Alberta concentrou-se na relação profissional, que parece um caminho capaz de oferecer estabilidade e continuidade maiores; simultaneamente, inscreveu-se numa universidade, embora antes afirmasse que não tinha interesse pelo estudo. E queria tornar-se livreira, um ofício que a fez descobrir que o gosto pela leitura requer ritmos lentos, bem diferentes da urgência imperiosa da ação a que estava habituada.

Alberta tem agora metas bem precisas, mas não tem as estratégias certas para as atingir. Na verdade, investir mais energia no trabalho e menos nos homens parece um objetivo razoável e adequado à sua idade. O caminho que projetou para si está, porém, conturbado pela influência da sua natureza profunda, que oscila entre comportamentos impulsivos e uma preguiça invencível. Pelo menos, é esse o nome que ela dá a uma inibição para agir, que a faz passar dias inteiros diante da televisão, na espera vã de uma boa ideia, capaz de dar sentido à sua vida. Trabalhando em terapia com Alberta, emergiram três possíveis hipóteses para explicar a sua preguiça.

a) *Para se opor à mãe.* A mãe de Alberta é invasora, pouco presente do ponto de vista afetivo, mas, em compensação, obsessiva na vida cotidiana; dá conselhos à filha continuamente e a controla de tal modo que Alberta apelidou-a de "vigia". Por isso, assumiu uma atitude opositora, como defesa nos confrontos com a invasão materna; desse ponto de vista, a sua preguiça é, na verdade, uma provocação.

b) *Para imitar o pai.* O pai de Alberta é um napolitano sincero, criado com a filosofia do "viva e deixa viver". Saiu de casa porque queria "ser feliz", e nunca escondeu dos filhos que tinha outras mulheres. Uma pequena renda, uma indenização depois de dispensa de trabalho e um seguro complacente, depois de um acidente de trabalho, que se prolonga além do limite legal são as estratégias de sobrevivência que lhe permitiram sair-se bem, mas que fizeram nascer em Alberta a convicção de que não seja, realmente, necessário se esforçar. Aliás, uma certa dose de preguiça permite viver melhor ou, pelo menos, sobreviver sem muito esforço.

c) *Para mascarar um esgotamento de energias.* Alberta gostaria de fazer as coisas, mas não consegue. O seu perfeccionismo exagerado a impede de se pôr realmente no caminho para mudar a própria vida: na verdade, tem objetivos ambiciosos e desproporcionais às suas reais possibilidades.

Que estratégia adotar nos casos desse gênero, quando se está frente a pessoas aparentemente abúlicas e que, na verdade, escondem uma grande ambição, frustrada pela incapacidade de a perseguir com sucesso? A resposta é: *um ideal apropriado*. É necessário apoiar a vontade de mudança, ajudando-as, ao mesmo tempo, a redimensionar os seus objetivos. Estamos preocupados, frequentemente, por ver jovens sem ambições, mas menos atentos para lhes compreender os sofrimentos escondidos quando, por exemplo, a ausência de possibilidade de projetar mascara, na realidade, um desejo onipotente de metas excessivas. A construção de um ideal apropriado e de estratégias adequadas para atingi-lo parece constituir um objetivo educativo capaz de conduzi-los a um melhor êxito na vida.

Modelo psicodinâmico-psicanalítico: escavar o passado

As terapias impostas a esse modelo aplicam os princípios da psicanálise freudiana, segundo a qual o verdadeiro conflito é interno ao indivíduo, mesmo que as suas manifestações macroscópicas compareçam no curso de realizações sentimentais ou em âmbito profissional. As terapias analíticas, mais do que as outras, insistem sobre a dimensão interior, encorajando uma mudança profunda da personalidade; e isso, na convicção de que os sofrimentos presentes tenham a sua origem essencialmente em acontecimentos passados, submetidos aos mecanismos psíquicos da remoção ou da negação e, portanto, regredidos ao nível inconsciente.

Patrizia tem 30 anos e entrou em crise alguns meses depois do nascimento da sua filha. O parto, que ela nos conta em detalhes, foi vivido como uma espécie de pesadelo, cheio de sofrimento. O anestesista custou a conseguir administrar a peridural; o trabalho prolongou-se além do previsto e foi necessário aplicar a ventosa na cabeça da criança. Patrizia teve a sensação de estar sendo "esvaziada", atingida na integridade do seu corpo. Essa atitude de fortes tons dramáticos, caracterizada por medos exagerados e incompreensíveis, apresenta-se também nos meses seguintes, durante os quais Patrizia teme a morte repentina da sua filha, de quem imagina os funerais. Em sonho, vê a água da banheirinha inundar o apartamento, causando a morte por afogamento da família inteira. Em face da recorrência desses pesadelos angustiantes, dominados pela presença da morte, optamos por uma psicoterapia de crise: assim, emergiu que o parto – difícil, em si – despertou velhos traumas e antigas tristezas. Conta sobre um irmãozinho morto ao nascer e o desaparecimento da mãe, que aconteceu quando ela ainda tinha oito anos, depois de prolongada doença que, além disso, tornou essa figura ausente e pouco disponível. Patrizia agora está convencida de que não será capaz de criar a filha, assim como aconteceu com a mãe dela. Mesmo assim, o marido está ao lado dela: atento e solícito, representa um apoio indispensável, diferentemente do pai, que a abandonou ainda adolescente para sair de casa com uma jovem mulher.

No curso da psicoterapia, Patrizia, que estava completamente insone, consegue finalmente dormir, mas se sente culpada, porque agora não tem mais leite para a filha à noite. Lentamente, compreende o fato de se ter identificado com uma figura materna débil e insuficiente, cuja vicissitude a influenciou profundamente; agora, mãe, por sua vez, está prisioneira de um pensamento mágico segundo o qual o passado é, também, o seu inelutável destino. Mostramos-lhe que, na realidade, essa era apenas uma convicção, não uma profecia destinada a se realizar; a presença afetuosa e tranquilizadora do marido era a prova de que a sua vida tomara um caminho diferente daquele da mãe. A sessão terapêutica duas vezes por semana ajuda-a, também, a ver os progressos da sua filha sob uma ótica positiva, como testemunho do fato de que a maternidade não é, para ela, um tabuleiro de xadrez, mas, ao contrário, uma experiência rica e adulta.

O papel do transfert

A relação terapêutica oferece a quem está mal um relacionamento emotivo particular, chamado *transfert*, considerado em psicanálise o verdadeiro fator de mudança. Enquanto as outras terapias são orientadas a modificar o comportamento ou o contexto, na psicanálise considera-se necessário fazer uma experiência emocional "corretiva". Em outras palavras, a pessoa deve enfrentar e reviver, com o terapeuta, as experiências negativas que pertencem ao passado, para depois podê-las transformar, dando-lhes um sentido diferente. No *transfert*, o paciente é encorajado a transferir ao terapeuta os sentimentos por ele nutridos nos confrontos com as figuras importantes da sua vida passada, que tinham sido removidos ou deslocados involuntariamente, na esfera afetiva e relacional da vida adulta.

Quando se diz que os pacientes ficam inelutavelmente atraídos pelo analista, incorre-se numa ingênua confusão entre atração e *transfert*: os limites são muito sutis e, no entanto, muito precisos. O terapeuta – submetido, por sua vez, a uma análise pessoal que lhe ensinou a reconhecer as ambiguidades que podem surgir na esfera da relação analítica – tem o cuidado de manter esses sentimentos numa dimensão terapêutica. O paciente, portanto, não se limita a compreender a sua experiência, mas a "vive" junto com o analista, verificando, sob sua orientação, que as situações podem conhecer uma evolução diferente daquela que se temeu.

Veremos esse modelo durante o trabalho no caso de Matilde: no decorrer da terapia, ela aprenderá que de fato o terapeuta tem uma atitude estável e imutável, não enfadonha como a dos pais, e que se lhe oferece como um "depositário" confiável. E é só ao preço dessa passagem, ou seja, por meio da relação transferida ao analista, que a verdadeira mudança afetiva poderá ter lugar. Para que o caminho se cumpra, a pessoa deverá, então, aprender a se livrar da dependência criada durante o tratamento; assim como a criança e o adolescente, embora continuando a experimentar respeito, afeto e reconhecimento pelos pais, evoluem para uma vida adulta autônoma. Mas vamos ao caso de Matilde.

Tem 37 anos, uma filha de dez, a profissão de médica, que exerce com brilhantismo e, mesmo assim, não é feliz. Apresenta-se para consulta vestida de modo descuidado, no limite do desleixo; fala de si como uma perdedora e manifesta pouca autoestima. Essa atitude está evidente principalmente na esfera afetiva, do interior da qual emerge uma tendência à sabotagem que a leva a viver situações sentimentais difíceis, com homens egocêntricos ou marginais que, diz ela, sempre a enganaram. A influência da família, de origem tradicional e conservadora, parece que se exerce apenas no plano profissional, mas não se faz sentir na vida privada. Foi seduzida por Max, que teve de enfrentar diversas dificuldades profissionais, até que, para evitar uma condenação, transferiu-se para o exterior. Matilde ajudou-o de todos os modos, até que ele foi morto misteriosamente aos 40 anos, durante uma rixa num bar do porto de Marselha. Ela o descreve como um narciso instável, sempre empenhado em empreendimentos fora do seu alcance; mais do que a figura de um *boss,* emerge a de um mitômano, que lhe declarava grande amor e lhe prometia uma vida de luxos, mas depois não pagava a conta do telefone.

Depois da morte de Max, Matilde continuou a embarcar em histórias erradas, alternando uma vida sentimental caótica e períodos de solidão. De um lado, é atraída por homens fascinantes mas não confiáveis, enquanto de outro, todas as pessoas estáveis que encontra – e com as quais poderia estabelecer uma relação contínua – lhe parecem mortalmente enfadonhas.

Matilde tem tendência a fazer seus os ritmos e tempos alheios, em vez de se colocar como protagonista da troca, fazendo valer as suas exigências, e se adapta docilmente às solicitações do companheiro da vez. Assim, concordamos com uma estratégia a adotar com o último candidato a uma história sentimental, para deixar claro que Matilde não estava sempre disponível. Lamentavelmente, a história acabou mal: o homem, depois que ela se recusou a lhe dedicar todo o fim de semana (como ele pretendia), não deu mais o ar da graça. Num primeiro momento, Matilde manifestou desilusão pela consequência da atitude, mas em seguida compreendeu que mais uma vez tinha escolhido um homem narciso, intolerante a qualquer frustração e, em definitivo, incapaz de amar realmente. Essa experiência lhe mostrou, finalmente, que ela pode ser protagonista – e não vítima – da própria história.

Muitas pessoas, como Matilde, ficam "fixadas" a uma situação infantil na qual lhe ensinaram que era importante comportar-se de modo a corresponder às expectativas dos outros, agradando os pais e professores. E foi exatamente isso que aconteceu a essa jovem mulher, cuja família de origem, fortemente conservadora sem ser patológica, não a ajudou a realizar a sua autonomia. Teria sido melhor para ela nascer na América, onde os jovens são impelidos a sair de casa para enfrentar a competição nos campi universitários, e procurar firmar-se na vida. Matilde, porém, depende ainda da família, considera os homens estáveis que encontra indivíduos incolores como os seus pais, e persegue o sonho da adolescência, de uma vida diferente, escolhendo pessoas não confiáveis. Por sorte, no decurso da terapia (ainda em aplicação), aprendeu que a continuidade da relação terapêutica podia ser vital, e não enfadonha. Pela primeira vez, compreendeu que uma relação confiável pode ser estimulante, e um apoio válido para o seu crescimento.

Entre os méritos da psicanálise, enumeram-se, seguramente, o de conseguir curar por meio de palavras, e o de ter aberto novos caminhos capazes de ajudar as pessoas a resolver as suas dificuldades. Até mesmo quem não está de acordo com as ideias de Freud deve conhecê-las, se pretende compreender a origem e o desenvolvimento das práticas psicoterapêuticas hodiernas. Na relação analítica, o psicanalista empreende um longo caminho com o paciente, conduzindo-o a conhecer melhor as pulsões inconfessas e as motivações profundas de muitos comportamentos que criam desconforto e mal-estar. Por intermédio da análise dos sonhos, as livres associações, a reemersão das lembranças, a identificação e a interpretação das resistências, o paciente torna-se progressivamente consciente dos aspectos fundamentais da sua psique.

Ainda assim, o método analítico, justamente por ser longo e penoso, foi criticado como uma oportunidade reservada a poucos privilegiados. Para outros psicoterapeutas, no entanto, o limite principal da psicanálise é representado pela atenção voltada exclusivamente aos conflitos intrapsíquicos, considerados a única fonte de todas as dificuldades, e a malograda consideração das variáveis ambientais. Ao contrário, é justamente nessas últimas que se concentram os apoiadores do modelo cognitivo-comportamental.

Modelo cognitivo-comportamental: mudar os comportamentos

Por intermédio desse tipo de psicoterapia, procura-se atuar sobre os comportamentos e sobre as representações mentais dos indivíduos. A ideia inicial, na qual estava baseada a teoria, consistia na convicção de que era suficiente mudar o próprio comportamento, para que se modificasse, por consequência, até a atitude mental: tratava-se de pôr em ação o que os americanos chamavam de *Body Mind*, ou seja, um processo que leva do corpo à mente. Em seguida, porém, deu-se conta de que, acima de tudo nos casos mais complexos, sem uma intervenção que envolvesse também a representação dos eventos, a mudança permanecia um fenômeno aleatório. Compreendeu-se, assim, que agir de modo diferente não basta, é necessário também *ver* com outros olhos.

Para superar ansiedades e fobias

Giovanni, um belo rapaz moreno, estudante de filosofia, apresentou-se ao centro de consultas da universidade porque acabara de ganhar a bolsa de estudos Erasmus. Deveria partir para Heildelberg, na Alemanha, mas não pode: sofre de ataques de pânico que o impedem de viajar sozinho. Foi acompanhado pelo pai. Donata ensina-lhe uma técnica de relaxamento muscular que pode ser praticada até em casa, e lhe pede para elaborar uma lista de situações em que as crises de angústia se apresentam, a começar por aquelas em que experimenta apenas um pouco de ansiedade, até as que lhe parece que vai desmaiar ou ter um enfarto. Nas seções seguintes, Giovanni, quando se sente relaxado, aprende a imaginar as cenas em que pensa estar viajando sozinho: sai de casa, toma o ônibus, compra a passagem na estação, entra no vagão do trem, até chegar o momento mais perigoso. Teme, na verdade, que, quando o trem passar num túnel, poderia ter um ataque de pânico e morrer sufocado.

No transcurso de dez seções, Giovanni consegue tomar os meios de transporte sozinho, e três meses depois, parte para a Alemanha.

A técnica utilizada no caso de Giovanni é chamada de "dessensibilização sistemática", e foi desenvolvida por Joseph Volpe, um dos pioneiros da psicologia comportamental. É usada principalmente para superar as fobias, mas tem resultado eficaz também para uma ampla variedade de situações que geram ansiedade (medo de enfrentar exames, obsessões, compulsões e gagueira).

Para aprender novos comportamentos (também sexuais)

Existe também uma estratégia de intervenção baseada na "modelagem" de um comportamento desejável, obtida por aproximações sucessivas. Essa técnica se baseia nas teorias comportamentais elaboradas por Watson, Pavlov e Skinner, nas primeiras décadas do século XX, em oposição à psicanálise. De acordo com esse estudiosos, nem todo comportamento humano é inato, é aprendido por meio de experiências negativas e positivas. Sob essa ótica, conclui-se que a psicopatologia se origine de modelos de comportamento não adaptáveis, que devem ser substituídos por outros mais adequados. O terapeuta em orientação comportamental procura, então, definir com exatidão o distúrbio que a pessoa manifesta quando se apresenta para pedir ajuda, e tenta ensinar-lhe novas habilidades. É, por isso, muito mais "diretivo" do que um psicanalista: por exemplo, pode confiar "tarefas" para fazer em casa, ou sugerir determinadas mudanças e estratégias para pôr em ação nas relações interpessoais.

O sucesso das terapias sexuais levadas a cabo por Masters e Johnson[3] depende justamente desse gênero de prescrições concretas a respeito de estratégias específicas voltadas a modificar o aspecto comportamental. Os casais que não conseguem mais fazer amor de modo satisfatório são convidados a mudar o contexto em que se encontram; por exemplo, indo fazer terapia numa cidade diferente. Devem, então, renunciar aos comportamentos sexuais que estão fracassando e substituí-los por formas de troca que ainda dão prazer. No início, pode-se tratar simplesmente da comunicação verbal, depois, do contato corporal – mas não genital – até praticar contatos genitais que tinham sido esquecidos. É, por isso, vedada a penetração, até que se chegue à descoberta recíproca do corpo, das carícias, dos gestos. As novas terapias sexuais de Masters e Johnson, embora criticadas por serem úteis nos casos menos graves, mas ineficazes nas situações neuróticas, são um ótimo exemplo de como uma situação operada na esfera do agir pode modificar também a atitude mental, até relançar o erotismo.

A abordagem comportamental pode ser eficaz também no caso de alguns conflitos sentimentais. Um exemplo disso é o caso de Luisa, uma paciente de Willy. Tem 38 anos, dois filhos pequenos, e é casada com Silvio, inteligente mas muito introvertido. Luisa descobriu por acaso que ele a traía com a secretária. Estavam juntos no carro e ela procurou um número de telefone no celular dele. Fazendo isso, viu que entre os últimos números memorizados constava o particular da secretária. Posta de sobreaviso, passou a fazer alguns controles, descobrindo que Silvio encontra-se com ela duas ou três vezes por mês, durante o expediente. Atazanada por um misto de angústia, pânico e raiva, Luisa veio à terapia. Não é de natureza agressiva, mas, infelizmente, depressiva e autoflageladora. Instintivamente, tenderia a usar a estratégia do "avestruz": fingir que nada está acontecendo e esperar que a situação se resolva por si. Mesmo assim, dirige algumas críticas pungentes a Silvio, obtendo, como único resultado, o de o tornar mais prudente e não menos determinado a continuar a história com a secretária.

Luisa não procurou mais adotar o comportamento oposto, ou seja, o da "bruxa" que põe em ação represálias, nos contatos com o companheiro traidor. Muitas mulheres agressivas e vingativas por caráter, ou dotadas de autoestima forte, não suportam o ferimento narcisista de uma traição; e por isso, até mesmo a custo de ter de suportar consequências piores, utilizam todas as armas disponíveis para se vingar da afronta e pagar na mesma moeda. Luisa, porém, parece incapaz de desempenhar esse papel. Os seus pais a educaram para ser uma boa menina, que sempre diz sim, e é daí que nasce a sua atitude sempre maleável e submissa.

Junto com a sua paciente, Willy explorou a possibilidade de uma terceira estratégia, definida de maneira irônica como "cortesã".

Observando o comportamento da secretária do marido, Luisa descobriu, de fato, que ela é uma mulher elegante, vestida de modo sedutor – coisa em que ela sempre relaxou. Lembrou-se ainda de que Silvio gosta de roupas sexies, pretas, o que ela considera ridículo. Willy, porém, encorajou-a, mostrando como o incidente sentimental do marido poderia representar, para ela, a oportunidade de recuperar de modo positivo o seu lado sedutor – de cortesã – próprio de toda mulher, e que Luisa reluta em reconhecer. Depois de uma tímida tentativa, alguns anos antes, de resto, o marido caçoara dela, perguntando-lhe se, por acaso, já chegara o Carnaval... Trata-se, agora, de retomar essa estratégia de modo mais persuasivo, dado que isso tem boas possibilidades de resultar vantajoso, tanto para o casal como para o crescimento pessoal de Luisa.

Nesse caso, Willy assumiu um papel muito "diretivo", propondo ativamente estratégias deferentes à paciente, responsabilizando-a e fazendo-a entrever as várias possibilidades de escolha à disposição dela.

A abordagem comportamental também se presta a uma consulta "veloz", até mesmo do "correio sentimental". As cartas que Willy recebe nas colunas que assina nas revistas *Grazia* e em *Oggi*, por exemplo, mostram, frequentemente, a dificuldade de mudar de atitude mental, requisito indispensável para conseguir modificar a realidade externa.

É o caso de Leona, que confessa que a sua depressão já estava presente antes de encontrar o último companheiro, oito anos mais jovem do que ela. Frente a uma situação de sofrimento e infelicidade, ele agiu como antidepressivo, fazendo-a sentir-se de novo viva e criativa. E desde o início ele foi mais necessário a Leona do que ela a ele, jovem e já comprometido. Por isso, quando ela começou a manifestar o seu sofrimento com uma atitude depressiva e lamentosa, ele a descartou. Mas se numa lógica egoísta tudo isso pode funcionar, Leona o acha profundamente injusto, porque ela está sozinha e "vazia". Na sua resposta, Willy frisou como um comportamento desse tipo é negativo e infrutífero: portanto, é preciso mudar o estilo e começar a usar armas positivas para procurar seduzi-lo e, eventualmente, reconquistá-lo. É claro que por carta não se pode fazer mais do que exortá-la a mudar; mas se houvesse a possibilidade de iniciar um tratamento comportamental, poderíamos utilizar a "modelagem", o "*role playing*" ou o "*training* afirmativo", que serve para simular as novas atitudes a adotar.

Mudar o modo de pensar

São também muito difundidas as terapias que desenvolvem a abordagem cognitiva, que precede a comportamental; o nosso comportamento, de fato, é mediado pelos processos cognitivos, e a mudança advém quando a pessoa compreende o que lhe está acontecendo. Mas podemos ver na vicissitude de Bianca o quanto os nossos pensamentos e as nossas convicções influenciam o modo pelo qual agimos conosco e com os outros.

Bianca tem 32 anos, e há cinco vive uma relação clandestina com Romeo, um homem casado, mas "separado em casa". Ele se diz desiludido da sexualidade de Bianca, que tem "apenas" orgasmo do clitóris. No curso do colóquio, emerge que essa queixa, atinente à esfera sexual, é, na realidade, apenas um pretexto, que esconde uma insatisfação mais geral, que envolve toda a história deles. Antes de tudo, a relação não amadureceu ao ponto de se constituir uma alternativa ao casamento de Romeo, e agora parece que chegou a um ponto morto. Bianca gostaria de se casar e ter filhos, enquanto ele, que já tem três, não deseja mais. Antes, gostaria de manter a situação inalterada, continuando, serenamente, a sua vida familiar e, em paralelo, levando adiante os encontros episódicos com a amante. Essa atitude induziu Willy a aconselhar à paciente uma verificação mais séria da relação. Na sessão seguinte, Bianca chega chorando e com o rosto pálido, contando que, com efeito, ele tem outra mulher há meses, e vive com ela uma sexualidade satisfatória. Em vez de se desculpar, Romeo acentua as críticas a Bianca, talvez para se proteger e evitar os seus próprios sentimentos de culpa.

Como reagiu Bianca a essa situação, que se precipitou de maneira tão rápida e inesperada? Primeiro, consumou a sua vingança, revelando toda a história à mulher e à nova amante. Depois disso, sentiu-se mais aliviada, e começou a ver Romeo com outros olhos. No passado, tinha terror de se sentir sozinha e vazia, porque estava convencida de que, perdendo o objeto do amor, morreriam também todas as esperanças que tinha depositado nele. Agora, em vez disso, sabe que deve repor as suas energias, para poder reinvestir em outro lugar. E, acima de tudo, aproveitar essa crise para compreender como foi possível cometer um erro tão grosseiro na sua escolha sentimental, uma vez que, na verdade, Romeo não era o homem que ela imaginara. E que acreditou nisso durante cinco anos.

Por isso, Bianca estava convencida de que, perdendo o seu amor, perderia tudo, e agia com base numa crença irracional e errada. Mudando essa convicção e afastando de si o fantasma de um fracasso total, conseguiu redimensionar a desilusão amorosa e repensar a sua vida.

Modelo humanístico existencial: mudar o sentido das coisas

As abordagens inspiradas na orientação humanista existencial – a terapia existencial, de Rollo May e Victor Frankl; a terapia centrada no paciente, de Carl Rogers; a terapia da Gestalt, de Fritz Perls, e a análise transacional, de Eric Berne – se impõem o objetivo não só de curar, mas, acima de tudo, de desenvolver a espontaneidade e a criatividade das pessoas, para lhes melhorar a qualidade de vida. Segundo essa perspectiva, os distúrbios emotivos não são o resultado de pulsões reprimidas, de traumas ou de um Eu doente, mas dependem da capacidade de identificar os significados da própria vida.

Para esses terapeutas, a doença contemporânea é a ausência de significados, é o vazio existencial. No entanto, o que distingue os seres humanos é a consciência de si mesmo, a autoconscientização, que permite refletir e fazer escolhas estáveis. Se o desejo é mudar, então é necessário assumir a responsabilidade pela própria vida, deixando de blasfemar o destino, os pais, o passado. Permanecer ligado ao que foi representa apenas um modo de não viver a experiência do presente, evitando tornar-se plenamente consciente das suas necessidades reais e, junto a isso, dos limites e das oportunidades ambientais. Os terapeutas que adotam essa orientação põem os pacientes em condições de operar escolhas existenciais competentes, ajudando-os a explorar os seus sentimentos e as suas sensações mais autênticas. Eles direcionam a atenção do indivíduo para o "como", em vez de para o "porquê" das experiências.

Dora, mulher de 27 anos que segue uma terapia gestáltica, conta que está contente de ter deixado o namorado. O terapeuta nota que ela tem uma expressão triste, e que os lábios lhe tremem. Interrompe-a e lhe pede para prestar atenção ao tremor e lhe dar voz: "Nós somos os lábios de Dora, queremos chorar, mas Dora não nos deixa chorar..." Sugere, depois, que ela use duas cadeiras, para experimentar plenamente ambas as suas sensações. Interpretando os dois papéis, emerge que Dora não se permite viver as emoções negativas; uma parte de si a nega e a outra se vinga, provocando-lhe forte enxaqueca. Nesse ponto, recorda que, quando era pequena, o pai sofria de enxaquecas que o levavam a se isolar, coisa que lhe provocava grande ressentimento. O terapeuta a encoraja a exprimir – aqui e agora – onde está localizada a sua raiva. "Nas minhas mãos, que têm um formigueiro", responde Dora. Sugere-lhe, depois, que represente uma fantasia, guiada pelas mãos... As mãos deveriam agarrar o pai, que está saindo, e imobilizá-lo. O terapeuta pergunta a Dora qual é a parte de si que está fugindo, e que ela gostaria de imobilizar. Ela responde: "a minha sexualidade". Na verdade, ela ainda é virgem e tende a romper as relações quando ameaçam tornar-se íntimas. Fazendo dialogar as partes opostas de si que querem e recusam um envolvimento emotivo, Dora consegue entender que não está, de fato, contente de ter deixado o seu companheiro e que, ao contrário, o seu desejo mais profundo é se casar e ter filhos. No fim da sessão, Dora declara querer chamar de volta o seu namorado, e que espera fazer amor com ele.

Esse fragmento de uma sessão terapêutica gestáltica ilustra parte da variedade de técnicas verbais e não-verbais, das quais o terapeuta pode se servir para dirigir a atenção aos sentimentos e pensamentos experimentados pelo paciente: fantasias guiadas, dramatizações, jogos de interpretação, congruência entre comunicação verbal e não verbal.

Modelo sistêmico relacional: mudar não o indivíduo, mas o sistema

Nas terapias chamadas familiares, ou sistêmicas, ou estratégicas, a mudança pode ser induzida por prescrições particulares ("prescrição paradoxal", "reenquadramento", "uso das metáforas" etc.) capazes de modificar o contexto, em vez de cada indivíduo. Assim, o objetivo da mudança é o sistema inteiro, e – como em diplomacia ou nas tratativas empresariais – introduzem-se novas variáveis, que permitam tornar a jogar de modo diferente as cartas do negócio.

As terapias sistêmicas relacionais afirmam, portanto, que a intervenção é deslocada do indivíduo para o contexto, na tentativa de modificar os comportamentos e as estruturas do núcleo familiar inteiro, às vezes até a abranger três gerações: avós, pais e filhos.

Para tanto, são examinadas as convicções que dominavam, na família de origem dos dois parceiros, os conflitos específicos entre as diversas gerações, os modos em que, nos vários núcleos, são resolvidos os contrastes, os modelos de comunicação verbal e não verbal, os mitos e ritos familiares, o grau de acordo ou desacordo sobre questões importantes para a história da família, sobre os valores e sobre comportamentos aceitáveis.

O objetivo não é mudar o indivíduo isolado, mas introduzir uma mudança nas relações e nas sequências de comportamentos entre os membros do grupo. Isso porque – como ilustra o caso de Valeria e Enrico – frequentemente as disfunções de um casal podem estar ligadas aos modelos das famílias de origem dos parceiros.

Enrico e Valeria têm 40 anos, são casados há quinze e não se suportam mais. Durante uma briga mais feroz do que as habituais, ela confessou ao marido uma traição de verão, e ele saiu de casa. Depois de um mês, os contatos foram retomados com o honroso pretexto de rever os filhos, e aos poucos o casal enfrentou a crise. De início, com as brigas costumeiras, e depois, com uma terapia que lhes permitiu compreender a diferença entre o velho e o possível novo modo de ficarem juntos.

Valeria vem de uma família estruturada de modo piramidal, à antiga, que exalta antepassados nobres; o pai e os tios são muito conhecidos na cidade onde vivem, figuras respeitáveis, há muito convencidas das suas ideias e dos seus valores. Ela compartilha essa vida de clã, onde introduziu o marido, que, ao contrário, viveu no exterior, em uma família deslocada e fragmentada. Enrico é arquiteto, um homem criativo e sensível, que tem sofrido profundamente pela separação dos pais, e sente saudades de uma grande família acolhedora.

Continua a desempenhar o papel de menino viciado e amado, enquanto, aos 40 anos, a mulher começa a lhe pedir que cresça e se comporte como chefe de família. Mas como se tornar um, num ambiente no qual foi acolhido na condição de abaixar a crista e aceitar as regras do grupo do qual passava a fazer parte? Eis, então, que surge o conchavo inconsciente desse casal. Valeria já tem uma família sua, muito importante para ela; escolhe um homem criativo e sensível, pouco inclinado a se impor, destinado a ocupar uma área preestabelecida. Enrico está em busca de uma família, e está bem contente por encontrá-la no clã de Valeria.

Entre outras coisas, ele tem dificuldades profissionais; quer permanecer criativo, e por isso aceita apenas trabalhos que julga interessantes. Isso se traduz, às vezes, em uma redução de ganhos, o que faz disparar críticas de parte da mulher. Durante a terapia, conseguimos convencer Enrico que deve, finalmente, mudar de papel e assumir o de chefe de família, para, talvez, enfrentar um conflito com outro clã, mas também, para recuperar a estima da mulher. Assumiu, portanto, uma atitude diferente até no campo profissional, aceitando encargos mais trabalhosos e de melhor remuneração, impondo-se como um homem cujo trabalho representa uma dimensão constitutiva da sua virilidade. Depois de uma dezena de sessões, o casal está se reconstituindo, à base de um nova relação, finalmente liberado dos modelos do passado. Valeria admite a importância da sua família de origem, mas não a ponto de sacrificar o relacionamento conjugal. Enrico compreendeu que não pode continuar a procurar um núcleo que o acolha, e deve, infelizmente, tornar-se o protagonista. Desse modo, transformam-se num verdadeiro casal.

Modelo corporal: desfazer os bloqueios do corpo

As psicoterapias que se enquadram no modelo biofuncional-corporal (terapia reichiana, vegetoterapia, bioenergética, *rolfing, primal therapy*, integração postural) consideram o ser humano uma realidade psicocorporal integrada. Tal perspectiva considera que cada evento psíquico se manifeste no corpo por meio de tensões musculares e somáticas, formadas como reação de defesa contra ansiedades e emoções negativas. Segundo Wilhelm Reich, existem bloqueios musculares que assinalam quais são as emoções reprimidas e como são abafadas. A observação da postura habitual e do modo como se configuram os bloqueios e os enrijecimentos musculares permite ao terapeuta traduzir as mensagens enviadas pelo corpo do paciente, entender-lhes o caráter e implantar as estratégias de intervenção mais adequadas para permitir-lhe tomar consciência do próprio corpo e liberar as emoções reprimidas. As resistências emotivas agem como uma "couraça muscular" que bloqueia os sentimentos, protegendo-nos de todos os estímulos dolorosos internos e externos.

Nas terapias corporais, portanto, o paciente fala de si por intermédio do corpo, e a interpretação daquilo que diz se torna menos relevante. Reich afirmava, aliás, que as palavras funcionam como defesa das emoções, e que por isso o silêncio é indispensável para permitir a sua manifestação.

Vejamos como isso advém, na psicoterapia bioenergética desenvolvida por Alexandre Lowen.[4] Andrea, um quarentão de belo aspecto, engenheiro, frequenta um grupo de bioenergética. Hoje, os outros membros estão sentados em círculo, silenciosos; ele está ao centro, em macacão de ginástica, e executa um determinado exercício, sob a guia do terapeuta. Este observa Andrea e lhe pede para respirar profundamente e prestar atenção a cada sensação ou emoção que experimenta. Andrea diz que sente um formigamento em torno dos olhos. O terapeuta lhe pede para arregalar os olhos. Depois de alguns minutos, Andrea emite um ruído surdo. E diz: "Estou com medo." Então, lhe pede para "fixar-se" na emoção e exprimi-la. Nesse ponto, Andrea solta um longo berro. Depois, desata a chorar copiosamente e senta no chão. O terapeuta o ouve em silêncio, massageando-lhe os ombros. Andrea murmura que se lembra de quando entrou um ladrão na tabacaria da família e ele, que tinha apenas três anos, ficou imóvel, porque sentia a mãe enrijecida e amedrontada ao lado dele. Em seguida, ele contou-lhe o episódio, dizendo que tinha sido muito forte e não tinha respirado até que o ladrão saísse. Na verdade, ele tinha bloqueado a sua vontade de gritar, e os seus olhos tinham-se arregalado pelo medo. Não se lembrava absolutamente do episódio, que aparentemente tinha removido, mas os exercícios bioenergéticos desbloquearam a tensão em torno dos seus olhos e o fizeram reviver a emoção daquele tempo. Depois dessa experiência, Andrea consegue se dar conta das situações em que experimenta medo, e evita expor-se continuamente a situações de risco ao praticar esportes extremos, que no passado lhe causaram várias fraturas e contusões.

Além da respiração, a abordagem corporal compreende exercícios físicos, relaxamento e técnicas focalizando a expressão de emoções fortes, como a raiva e o medo, que consistem na mobilização de várias partes do corpo (dar chutes, até que se identifica de quem ou do que se queria livrar; dizer *não* várias vezes, cada vez mais forte, pedir ajuda...). Efetua-se a intervenção, portanto, não só pela análise do conteúdo verbal, mas utilizando principalmente estratégias que permitam a expressão corporal do bloqueio emotivo, que está na base do sintoma. O relaxamento das tensões musculares libera as emoções reprimidas e faz emergir, ao mesmo tempo, lembranças e experiências frustrantes. A análise desses sentimentos permite ao paciente tornar-se consciente dos conflitos emotivos que fincam suas raízes na sua infância ou na sua vida atual.

Mas a psicoterapia serve mesmo?

Sim. Isso é dito unanimemente pelas pesquisas de estudiosos de vários paises.[5] Uma pesquisa recente, conduzida pela União Americana dos Consumidores, entrevistando diretamente os usuários,[6] encontrou evidentes melhoras naqueles que tinham se submetido a várias formas de psicoterapia. Mas será verdade também que, do ponto de vista da eficácia, não se encontram diferenças significativas entre as várias terapias?[7] Todas as formas de tratamento, como vimos, tentam favorecer a mudança servindo-se de instrumentos diferentes, partindo dos sonhos ou dos bloqueios corporais, dos comportamentos cotidianos ou das lembranças da infância. Cada pessoa pode, portanto, escolher a metodologia que considera mais adequada ou que lhe dá menos medo, tendo conhecimento da duração e do custo dos tratamentos propostos, dando atenção, porém, à escolha de um profissional de competência comprovada, e em cujo contatos experimente confiança e estima. Das pesquisas emerge, de fato, que a relação terapêutica, elemento comum a todas as formas de psicoterapia, representa o fator mais importante da orientação teórica; são fundamentais o calor, a aceitação, a confiança e a compreensão que o cliente sente na sua relação com terapeuta. Não esqueçamos, além disso, que a psicoterapia pode ter efeitos negativos, devidos a causas como incompetência e negligência, o abandono pelo paciente ou intervenções erradas do terapeuta, os abusos sexuais (os dados mencionam cerca de 5 a 10 por cento de quem se volta a esse tipo de cura).

É necessário também ressaltar que, hoje, muitos terapeutas utilizam uma abordagem eclética, que integra técnicas e conceitos provenientes de várias orientações de terapeutas.[8] Willy e Donata foram os primeiros, na Europa, a afirmar e difundir esse tipo de cura: em Genebra, Willy aplicou a sexologia, integrando a abordagem analítica com a corporal; enquanto Donata fundou, em Roma, na Associação para o Desenvolvimento Psicológico do Indivíduo e da Comunidade (ASPIC), uma das primeiras escolas de especialização e pós-graduação para formação de psicoterapeutas humanistas integrados e psicólogos clínicos de comunidades, isto é, pessoas capazes de intervir com diversas metodologias, tanto no indivíduo como no contexto social.

De fato, as psicoterapias, embora sejam eficazes em favorecer a mudança pessoal, não podem, ainda assim, incidir sobre os fatores sociais que influenciam a qualidade de vida. O tipo de apoio social que recebemos de parentes, amigos e colegas, a qualidade das vidas de trabalho e comunitária, das estruturas educativas, sanitárias e recreativas que frequentamos contribuem para nos fazer sentir melhor ou pior, para nos oferecer oportunidades de mudança ou, ao contrário, impedir-nos. Imprimir à nossa vida uma virada duradoura e satisfatória significa encontrar a coragem de nos modificar interiormente, mas, também, de saber ver as transformações em curso no mundo, para colher as novas oportunidades que se apresentam e minimizar os perigos de ter de sofrer mudanças indesejadas. Para poder direcionar melhor os nossos esforços individuais e coletivos, nos próximos capítulos exploraremos quatro setores da realidade italiana em que, ao nosso ver, é preciso ter a coragem de mudar, tornando-nos finalmente capazes de viver uma vida melhor e desfrutar plenamente as potencialidades do nosso belo país...

Segunda parte
MUDAR POR FORA

VII
O trabalho:
da obrigação à criatividade

Com a expulsão do paraíso, Adão e Eva não só foram obrigados a renunciar à felicidade do Éden, mas tiveram de se habituar a sofrer e a ganhar o pão de cada dia trabalhando. Desde então, como conta, num apaixonado ensaio, o sociólogo Domenico De Masi, os homens têm lutado para se libertar do esforço físico e intelectual que o trabalho comporta, mas nesse meio-tempo estão de tal forma moldados à sua condenação que muitos vivem, hoje, só para trabalhar.[1]

A palavra trabalho assumiu, de fato, ao longo dos séculos, muitos significados, e evoca em cada um de nós profundas e contraditórias emoções.

Na pré-história, o trabalho foi desenvolvido por homens e animais domesticados e, a partir da época mesopotâmica, pelos escravos. Na Grécia Antiga, os homens livres preferiam dedicar-se à política, à filosofia, à ginástica e às artes, e faziam executar por escravos, mulheres e homens estrangeiros todas as atividades materiais e de serviços. Na Idade Média, os servos da gleba e os artesãos substituíram os escravos, sem que, para isso, mudasse o juízo negativo a respeito do trabalho, considerado um esforço e uma penitência, como ilustra a filósofa francesa Dominique Meda.[2]

A partir da era industrial, a introdução das primeiras máquinas começa a aliviar o homem do peso dos trabalhos mais árduos. Mas é com o protestantismo, segundo Meda, que o trabalho adquire um novo significado: ele se torna, de fato, um meio para derrubar as barreiras sociais e subverter a ordem dos privilégios adquiridos com o nascimento. Estamos nos albores da sociedade meritocrática, que permitiu uma mobilidade social desconhecida às civilizações anteriores. A legislação nascida com a Revolução Francesa abre caminho à ideia de que o trabalho é um ato comercial, e que toda pessoa deve ser livre para praticar a arte, a profissão ou o ofício que mais lhe agrada. Com o advento da sociedade industrial, milhões de lavradores e artesãos se transformam em trabalhadores subordinados: operários, empregados, gerentes, que deixam suas casas para se dirigir todos os dias ao escritório ou à fábrica.

Pela primeira vez, o homem trabalhador sofre uma transformação radical da sua vida: não trabalha mais no seu ofício ou no seu campo, não dorme mais no bairro em que trabalha, não colabora mais com os seus familiares, mas com estranhos, não obedece mais ao pai, mas ao capataz, não consome mais a comida feita em casa, mas aquelas produzidas industrialmente, não se veste mais com roupas costuradas sob medida, mas feitas em série, não conhece mais os destinatários do que produz. O mundo da casa se torna das mulheres, o reino feminino. O mundo profissional, um mundo masculino. O trabalho já não é um meio de sobrevivência, mas adquire uma infinidade de significados pessoais e sociais, tornando-se, para muitos, o centro da própria identidade e da própria vida.

De castigo a privilégio

Durante séculos, o vértice da pirâmide social, os aristocratas, os proprietários de terra e as altas hierarquias eclesiásticas não têm trabalhado de fato: prestígio e riqueza não provinham de um ofício, mas do nome e das rendas. Hoje, ao contrário, empresário, administrador e diretor-geral trabalham muitas horas mais do que um operário ou empregado. Há algum tempo, quanto mais rico, menos trabalhava, dedicando-se a si mesmo, aos seus familiares e aos amigos. Hoje, em vez disso, com uma curiosa e às vezes paradoxal inversão, de castigo o trabalho se transformou em razão de vida e – cada vez mais frequentemente – em raro privilégio. De fato, nas últimas décadas, com as novas descobertas tecnológicas e informáticas, chegou-se ao fornecimento de produtos e serviços com uma contribuição humana cada vez menor e, por consequência, tornou-se difícil para muitos encontrar trabalho. Se na sociedade industrial o crescimento do consumo e a lentidão do progresso técnico permitiam ao mercado absorver tanto os novos trabalhadores quanto a velha mão de obra tornada obsoleta pela introdução das máquinas, na sociedade pós-industrial em que vivemos, as inovações tecnológicas se sucedem a uma velocidade tal que quebram o equilíbrio entre oferta e procura, criando um crescente superavit de pessoas em busca de emprego. Hoje, na Europa, há 30 milhões sem trabalho, e nas zonas mais deprimidas a desocupação atinge de modo particular os jovens e as mulheres. Na Itália, então, o *identikit* de quem está sem trabalho é fácil de traçar: é mulher, jovem, diplomada e vive no Sul. Os dados são claros: Ao Sul da Itália, os desocupados superam os 22 por cento; para as mulheres, o percentual chega a 21, entre os jovens, acima de 56 por cento e, considerando-se as mulheres jovens, até mesmo 65 por cento.[3]

Os desocupados aumentam: por quê?

Estamos assistindo hoje a uma crescente disparidade entre o número de pessoas em busca de trabalho e a quantidade de postos disponíveis. No passado, com o declínio e a mecanização da agricultura, as pessoas que trabalhavam no campo e nas fazendas foram absorvidas pela indústria: na Itália, no curso de um século desapareceram 80 por cento dos camponeses. Em seguida, gradualmente a mão de obra excedente da indústria encontrou emprego nos serviços. No nosso país, por exemplo, o número de operários diminuiu 20 por cento no período de 30 anos: já em 1990, uma empresa como a IBM Itália, dos 13.488 dependentes só 3.647 eram da área de produção; seis anos depois, de um total de 10 mil trabalhadores, só 600 desenvolviam tarefas operárias. E nas últimas décadas o pessoal excedente em serviços encontrou trabalho no setor de informática. Mas nem todos. Hoje, de fato, a tecnologia somada a uma melhor organização do trabalho permite às estruturas emergentes utilizar uma quota cada vez menor de pessoal altamente especializado, e por isso não são mais capazes de absorver a mão de obra excedente de outros setores, como aconteceu no passado. Além disso, há algum tempo eram as empresas em crise que reduziam o seu pessoal; hoje, até as empresas florescentes – as que se podem permitir tecnologias mais sofisticadas em substituição aos recursos humanos – dispensam pessoal.

O número de desocupados aumenta até porque cresce a população geral do planeta, são cada vez mais numerosas as pessoas de posse de um título de estudo para valorizar o seu currículo escolar, e continua o êxodo do campo para as cidades. A eles se juntam os habitantes de países em vias de desenvolvimento que, não encontrando oportunidade em sua pátria, emigram. De país de emigrantes, a Itália se tornou, ao longo de poucas décadas, um destino ambicionado por milhares de pessoas de outras paragens, na busca desesperada de uma vida melhor. Esses imigrantes estão dispostos a efetuar os trabalhos mais humildes, que os jovens italianos recusam, e ao mesmo tempo competem com os italianos menos instruídos por postos de atividade manual, cada vez mais escassos. O mesmo fenômeno se apresenta, de maneira muito mais maciça, em outros países europeus, como Alemanha, França e países escandinavos, que se transformaram, assim, em sociedades multiétnicas, com todos os enriquecimentos mas também os conflitos que tal desenvolvimento comporta.

Além disso, chegam hoje ao mercado de trabalho muito mais mulheres, antes ausentes de escritórios e empresas, que passaram a considerar essa atividade paga um meio de emancipação e liberação. Lamentavelmente, a desocupação é dramática justamente para as jovens mulheres do Sul da Itália, que não se contentam mais com o sonho caseiro de mulher e mãe, e aspiram a um trabalho que lhes dê não só autonomia econômica, mas também estímulos e realização pessoal. Mesmo assim, essas jovens vão ao encontro de uma dupla desilusão, pois frequentemente não encontram nem trabalho nem marido: a desocupação, como vimos, atinge os seus pontos mais elevados, exatamente no Sul. E são muitos, demasiados, os homens que não conseguem levar para casa um salário e criar uma nova família. Pois hoje os jovens têm, justamente, expectativas mais altas. E de fato aumenta a percentagem daqueles que continuam os estudos além da escola obrigatória; 60 por cento se diplomam e outros 20 por cento procuram fazer doutorado e laurear-se. De 1993 a 1998, a parcela de jovens de 21 anos com diploma superior passava de 48,8 para 59,8 por cento. Crescem, assim, tanto as ambições legítimas quanto a ilusão de que basta um diploma ou um título de doutor para encontrar trabalho. Na verdade, isso acontecia mais frequentemente há 30 anos, quando quem terminava os estudos não tinha dificuldade de se inserir no mundo profissional, com o único risco de não ficar satisfeito com o emprego. Mas agora, conseguir um título de estudo é apenas o requisito necessário para obter um trabalho que, porém, não se encontra.

Isso cria uma série de tensões pessoais e sociais que, no momento, no nosso país ainda não explodiram, graças, também, à existência de algumas estruturas paralelas ao Estado (como, infelizmente, a máfia), que funcionam como amortecedores sociais, canalizando algumas dessas energias, de outro modo dificilmente controláveis. O trabalho clandestino ou "informal", mediado por essas organizações paralelas ou por estruturas legais que agem de modo ilegal (trabalho negro) contribui para perpetuar a muito italiana *arte di arrangiarsi* (o "jeitinho" italiano). O preço psicológico a pagar é, porém, muito alto, porque continua a prosperar a cultura da astúcia, em detrimento da competência. Assim, o trabalho se torna barato, uma troca de favores.

O outro elemento que até hoje tem superado as carências da estrutura econômico-social é a família. Os jovens permanecem mais tempo em casa, participando da estrutura familiar, e isso resolve os problemas imediatos de subsistência material, mas não os conflitos familiares. Além disso, instala-se uma injusta e patológica dependência dos pais. Isso é o inverso do modelo americano, em que os filhos *devem* sair de casa antes dos vinte anos, pois isso é parte integrante do processo que conduz à autonomia e à realização de si. Na Itália, em vez disso, a presença mais prolongada ou a persistência em família não provoca atraso na vida sexual, mas na procriação, porquanto os jovens se casam mais tarde e, também, têm menos filhos.

Por que os postos de trabalho disponíveis crescem, hoje, a um ritmo mais lento do que o daqueles que estão em busca de emprego? Segundo De Masi, os motivos são claros: as novas tecnologias, aos poucos, substituíram o trabalho humano, não só nas atividades físicas e manuais, como nas intelectuais, dos profissionais. A contabilidade da Swissair, por exemplo, é feita nos escritórios da empresa na Índia, os softwares CAD (Computer Aided Design) substituíram milhares de desenhistas (embora valorizando o desenho e, assim, aumentando a produtividade de quem o faz), a automação tornou supérfluos muitos empregados... O progresso organizacional é responsável pelo aumento da quantidade de produção de mercadorias e serviços, com redução das horas de trabalho e do número de pessoas utilizadas.

E de fato, depois de um processo de "reorganização", muitas empresas reduzem a composição dos seus setores. A organização permite que as fábricas se localizem em lugares em que a mão de obra tem custos menores. A bela moda *made in Italy*, da qual, com justiça, nos orgulhamos, é, na verdade, produzida na China, na Índia ou na Indonésia, e nas fábricas italianas, às vezes, apenas se junta a etiqueta da grife. A Rollex contratou em Hong Kong a embalagem de seus relógios, por empreitada, enquanto o mercado de diamantes deslocou-se, em parte, de Antuérpia para as Ilhas Maurizio, onde a mão de obra, habituada pela tradição a trabalhos de precisão, produz com a mesma eficiência, a custos marcadamente inferiores.

Muito trabalho, pouco trabalho: de todo modo, estresse

Nos países ocidentais, aumenta, para uma certa faixa de profissionais, o estresse provocado por um trabalho excessivo e frustrante, que á causa de doenças psicossomáticas, de conflitos na vida privada, de falta de desejo. Uma pesquisa[4] conduzida numa amostragem de mais de 10 mil pessoas, em 21 países, confirmou que o estresse é o inimigo número um do amor. Muitos outros estudos documentam que homens e mulheres, cada vez mais estressados pelo ofício, voltam para casa muito cansados para ser pais (ou parceiros) adequados, e que alguns desses são de tal maneira dependentes do trabalho que permanecem em suas mesas, acumulando horas extras, até mesmo quando poderiam, tranquilamente, ir embora. Isso, infelizmente, é um traço tipicamente masculino. Em uma pesquisa sua, Donata documentou[5] como se passou dos pais dominadores aos pais ausentes e dos filhos oprimidos aos filhos abandonados.

Mas quem está sem trabalho está ainda pior. E não se trata unicamente de sobrevivência econômica. O desemprego – para dar um exemplo – salva o casal, mas mata a libido: é essa a conclusão de uma pesquisa recente efetuada em Genebra. Ficou demonstrado que, de fato, na presença de problemas econômicos os divórcios tendem a diminuir, e isso não é um indicador de felicidade, mas apenas de necessidade material. Ao contrário, o sentimento de valor pessoal vem a ser gravemente afetado, principalmente no homem, uma vez que quem está desempregado sente a falta de trabalho como uma verdadeira castração simbólica. Isso é particularmente observado na área anglo-saxônica, tradicionalmente mais ligada ao conceito de responsabilidade, enquanto no mundo latino a tendência é projetar para o externo o seu desespero, deslocando para o Estado a culpa da sua situação. Segundo vários estudiosos,[6] nos desempregados encontra-se uma baixa autoestima e um aumento do isolamento social e do abuso de álcool. Os filhos de desempregados têm notas mais baixas na escola, sofrem mais reprovação e têm maiores problemas em se reportar a uma autoridade. As mulheres, por sua vez, ressentem-se da presença invasiva do parceiro, e os conflitos aumentam.

Para muitos homens que já não são jovens, perder o emprego significa ser obrigado a estar numa casa sentida como o reino das mulheres; a sensação de estar fora de lugar provoca aviltamento, frustração, e leva a se fechar em si mesmo. A desocupação masculina provoca reações similares àquelas geradas nas mulheres pelo estupro: é frequente aqueles que perdem o emprego ficarem impotentes, enraivecidos e passarem a ser vítimas de depressão. Uma pesquisa feita para a Flint, em Michigan, nos Estados Unidos, onde muitos operários tinham sido dispensados depois do fechamento das instalações da General Motors, demonstrou que a taxa de criminalidade tornou-se mais alta do que a de Nova York, com um aumento vertiginoso de estupros, suicídios e da violência conjugal.

Efeitos menos evidentes, mas não menos destrutivos, aparecem nas expectativas das novas gerações, que temem não conseguir encontrar um trabalho. Numa pesquisa levada a cabo entre os jovens da região do Lácio, emergiu que uma minoria consistente tinha dificuldade até para imaginar um futuro, e muitos deles olhavam à frente sem desejo e sem esperança.[7] Em suma, uma "geração perdida": assim o diário *La Stampa* os batizou – e nós concordamos – comentando uma pesquisa efetuada entre uma amostragem de jovens na faixa etária de 15 a 24 anos.[8] Uma geração que se refugia na família e entre amigos, porque não tem mais qualquer confiança nas instituições; situação esta que acaba anulando as premissas de qualquer empenho social.

De Masi[9] defende uma visão menos pessimista, e descreve um grupo em crescimento: o dos "jovens digitais". Homens e mulheres jovens, que usam com agilidade o computador, o correio eletrônico, a internet, e estão satisfeitos com essa ubiquidade conquistada; têm confiança na engenharia genética, que permite modificar o corpo humano e o destino biológico; aceitam a androginia e a feminilização, graças à qual homens e mulheres são postos num mesmo plano, e veem favoravelmente a possibilidade de compartilhar valores que, antes, eram monopólio do outro sexo. São principalmente eles, os "jovens digitais", que estão conscientes de que o tempo livre tem importância pelo menos igual à que se atribui ao trabalho, e que o ócio é frequentemente mais criativo do que o ativismo. Para esses, já se tornou normal confundir estudo, profissão e tempo livre. A familiaridade com a desocupação frequente habituou-os a alternar períodos de trabalho precário com fases de estudo mais intenso, viagens e dedicação à família e aos amigos.

De Masi sustenta que a desocupação pode-se tornar uma oportunidade para ocupar de maneira diferente e mais criativa o tempo, assim, "liberado". A experiência clínica de Willy,[10] porém, mostra exatamente o contrário: quando o tempo livre não é escolhido, mas imposto, não só é difícil de ser gozado, mas constitui, ao contrário, uma pesada herança de insegurança e falta de fé.

Então, a diminuição do trabalho é uma liberação ou uma condenação? Para descobrir, Donata iniciou, em 1999, junto com De Masi, uma pesquisa que compara vários grupos de jovens: empregados fixos, *freelancers* com duas ou três atividades paralelas ou em trabalho temporário, e pessoas em busca do primeiro emprego. À espera dos resultados do estudo, ficamos propensos, sem dúvida, à hipótese positiva de De Masi: o trabalho, como organizador fundamental da vida, faz parte de um modelo tradicional e obsoleto da existência, que, uma vez em crise, poderá deixar espaço a novas fórmulas de subdivisão do tempo que privilegiarão cada vez mais as atividades hoje consideradas "marginais" e "improdutivas".

A situação, porém, não deixa de ser ambígua: Willy, por exemplo, não teve uma experiência tão positiva quando decidiu optar por uma pré-aposentadoria no hospital de Genebra. Naquela ocasião, de fato, foi objeto da crítica de um mundo da saúde, caracterizado pelo ativismo e dominado pelo Superego calvinista, que mal suportava que um médico "bem-sucedido" pudesse optar por viver de modo diferente o início da sua terceira idade, sem estar necessariamente deprimido.

Em outras palavras, a atividade de trabalho, como pilastra central do projeto de vida, começa a se desfazer? Ainda não sabemos para quantos de nós isso se realizará. O certo é que, no futuro, o trabalho mudará de forma, e o tempo livre terá um espaço maior na existência de um número de pessoas cada vez maior. Pensemos apenas que por volta da metade do século XIX um homem vivia, em média, 40 anos, e o trabalho absorvia quase a metade de todas as horas vividas. Hoje, uma pessoa de 20 anos tem à sua frente uma expectativa de vida por volta de 60 anos, vale dizer, cerca de 525 mil horas: dedicando 80 mil delas ao trabalho, 219 mil ao sono, ao cuidado do corpo e aos afazeres domésticos, terá à disposição, ainda, umas boas 226 mil horas livres.

Do emprego fixo ao arco-íris de possibilidades

Quantos de nós receberam dos pais o encorajamento para estudar, porque isso garantiria um emprego seguro? E a segurança obtida, ganha com o esforço de um trabalho manual ou de escritório, em muitos casos repetitivo e não necessariamente gratificante, resolvia, no mínimo, o problema da sobrevivência material. Como resume, sem enfeites, um antigo provérbio italiano: "França ou Espanha, desde que se coma."

A pesquisa do emprego fixo ofereceu-nos imagens inquietantes e frequentemente contraditórias. Pensamos nos concursos para vaga nos correios e como vigia urbano: milhares de candidatos atravancando as ruas, longas filas de pessoas à espera de entrar nas salas de testes. Mas em outros casos, a situação parece invertida: concursos como, por exemplo, para bedel ou gari são quase que esnobados, enquanto algumas fábricas do Nordeste recorrem a operários de outras partes, porque os filhos do bem-estar econômico se recusam a trabalhar na linha de montagem. A imagem do emigrante italiano disposto a cumprir tarefas menos nobres foi substituída pela de muitos conterrâneos que decidiram renunciar ao emprego fixo, se o nível econômico ou social não for satisfatório.

O trabalho era frequentemente escolhido não por interesse, mas como passatempo. Por exemplo, algumas professoras elementares do Sul da Itália escolhiam ensinar "à espera" de encontrar marido, e não por vocação ou por interesse pela pedagogia. Mais inquietante ainda eram alguns funcionários dos correios ou das bibliotecas nacionais, cujo tempo era usado para fazer outras coisas.

Em direção ao arco-íris

Parece que se delineiam dois novos cenários no provável futuro do mercado de trabalho: trabalhos que mudam com o passar do tempo e com a coexistência de tarefas diferentes uma ao lado da outra. Em alguns países, a movimentação profissional é na verdade valorizada, como sinal de competência. Um americano em sua carreira, em média, deve mudar de cidade ou de trabalho a cada cinco anos: movimentar-se é sinal de qualificação e habilidade. Ao contrário, nas estruturas públicas italianas, a continuidade era indicador de estabilidade moral e de apego à função, ainda que isso viesse em detrimento da criatividade e da iniciativa pessoal.

Além disso, assistimos a uma coexistência cada vez mais frequente de diversos "quebra-cabeças profissionais": muitas pessoas não ganham o bastante e têm alguma atividade paralela, muitas vezes, clandestina (ou durante o tempo livre), situações essas que sempre existiram. Um exemplo? Porteiro que se improvisa como bombeiro hidráulico ou "faz-tudo"; esteticistas que, ao lado do serviço normal e regular, atendem a clientes extras, em domicílio.

Paralelamente, está emergindo um outro grupo de trabalhadores "mistos": profissionais liberais que se ocupam de várias coisas ao mesmo tempo. Por exemplo, arquitetos que trabalham num ateliê de projetos, mas ao mesmo tempo escrevem sobre design de mobiliário em revistas especializadas. Ou jornalistas *freelancers* que também dirigem escritórios de imprensa. Ainda assim, esse novo modelo de trabalhar – dito "arco-íris" – requer dotes de adaptação psicológica que nem todos possuem. Enquanto o empregado não tem necessidade de planificar a subdivisão da jornada de trabalho, na configuração emergente de trabalhos concomitantes toma corpo a necessidade de gerir o próprio tempo, organizando-o de maneira mais autônoma.

A coexistência de ocupações variadas implica maiores oportunidades e uma experiência mais articulada, mas também o inevitável tributo de tempo perdido na transferência de um trabalho para outro. Além disso aumenta a invasão do particular, que passa a não estar mais separado da dimensão de trabalho, com a qual compartilha, aliás, uma zona obscura de superposição. Isso comporta, principalmente no âmbito gerencial, o fenômeno das férias "de trabalho", passadas em lugares escolhidos em função das oportunidades de uma socialização profícua. Nos Estados Unidos, por exemplo, são muito frequentadas as zonas da Nova Inglaterra e certos campos de golfe, porque podem ser feitos encontros úteis para os próprios negócios. Na Itália, no tempo de Andreotti, o submundo político democrata-cristão passava prevalentemente os meses de agosto em Cortina d'Ampezzo, enquanto o mundo comunista ia a Capalbio, e, na era Berlusconi, muitos políticos se deslocaram em massa para a Costa Smeralda, na Sardenha. Essas férias nunca são realmente férias, mas pretextos para realizar novos projetos de trabalho e entabular conhecimentos "úteis", criando sérias interferências também no âmbito das relações familiares. Um trabalho mesclado à vida privada, que acaba por superar sensivelmente as 40 horas semanais.

Velhos e novos nômades

Nômades foram, também, os nossos pais, ou os nossos avós, porque eram obrigados a emigrar. Hoje, olhamos com preocupação crescente os navios carregados de albaneses, que aportam nas costas italianas, ou os milhares de desempregados que se transferem do Marrocos ou das Filipinas para a Itália. E com uma memória social surpreendentemente curta, já nos esquecemos dos navios de emigrantes a caminho da América, dos trens diretos para a Alemanha ou para a Torino da Fiat.

Nós éramos nômades, e somos ainda hoje: no fim do segundo milênio, o fenômeno da emigração ainda é característico do nosso país, com um deslocamento sobretudo do Sul para o Norte. Trata-se dos rapazes sicilianos que se transferem para Módena, para trabalhar na Ferrari. Ou dos emigrantes da Apúlia, de condição abastada, que usam a Boconi, de Milão, como trampolim para uma carreira em Economia. Mas todos eles, sejam mecânicos ou os aspirantes a administradores, são obrigados a permanecer longe de casa, porque o Sul não oferece condições de trabalho nem de carreira.

Paralelamente a esses nômades forçados, começam também a ser encontrados na Itália os vagabundos por escolha: um fenômeno que, no passado, era nitidamente americano. Principalmente entre os jovens, aumentam os *rootless,* os "sem-raízes": essas pessoas encetam longos percursos profissionais que os levam para longe da família, de amigos e tradições.

Outras pessoas são nômades por escolha pessoal, e parecem utilizar o trabalho como pretexto para a sua movimentação. Michael Balint[11] os identificara na categoria dos *filobatici* (amantes da caça). Esse psicanalista elaborou uma teoria original, segundo a qual, no íntimo de cada um de nós existem duas tendências fundamentais, herança genética dos nossos ancestrais. Existem, assim, os *ocnofili,* pessoas que encontram satisfação na estabilidade, e que provavelmente herdaram os hábitos daqueles que defendiam a vida da caverna, e os *filobatici,* também chamados de "acrobatas de risco", que seriam os ancestrais da tendência contemporânea de viver a mudança como um recurso, mais do que como um risco.

Essas pessoas estão prontas a utilizar o trabalho, mas também as escolhas sentimentais, como pretexto para viver novas experiências. Não por acaso, os novos nômades são, frequentemente, filhos de casais mistos italianos e estrangeiros, que já receberam dos seus pais estímulos culturais e étnicos divergentes.

Adeus, escritório: o teletrabalho avança

Quantas vezes, pela manhã, você foi colhido pelo desconforto, ao pensar em ter de sair de casa para ir ao escritório, enfrentando o tráfego e o mau tempo? Agora, talvez alguns de vocês possam estar livres disso. Porque, por meio do teletrabalho – o trabalho a distância – é possível organizar-se de modo que as informações cheguem a você, em sua casa – ou numa sede contígua –, e não o contrário. Na Itália, os teletrabalhadores são, hoje, cerca de 700 mil, mas poderiam ser muitos mais, seguindo o exemplo de outros países. Mesmo porque, segundo recente pesquisa Censis, dois terços dos italianos estariam dispostos a essa novidade.

O teletrabalho pode ser organizado de formas bem simples, transferindo ao lugar preferido as práticas a desenvolver por meio de papel ou disco, ou mesmo utilizando o telefone, como já fazem os jornalistas, advogados do direito comercial e outros, e magistrados. Ou com o emprego de tecnologia mais sofisticada, com o envio de dados pela internet ou servindo-se de instrumentos como a videoconferência.

Os defensores do teletrabalho sublinham o fato de que as empresas se beneficiam de vantagens em termos de flexibilidade, produtividade e criatividade; os teletrabalhadores, por sua vez, economizam tempo, antes despendido nos deslocamentos, são autônomos, podem ficar mais tempo com os filhos, melhorar as relações familiares e amistosas, redescobrir a vizinhança. Algumas categorias, como os deficientes e os idosos, têm a possibilidade de acesso mais fácil ao trabalho. O trabalho doméstico favorece ainda a coletividade, pois permite uma redistribuição geográfica e social do trabalho, a redução da densidade de tráfego e congestionamentos (inclusive as despesas de manutenção viária!).

Existem, porém, diversos inconvenientes. Por exemplo, para homens habituados a manter amizades apenas nos locais de trabalho, pode ser difícil estabelecer relacionamentos em bases diferentes. Ou então, mulheres para as quais o trabalho representa a possibilidade de fugir à tirania caseira correm o risco de se ver novamente prisioneiras entra quatro paredes. Bastaria não impor o teletrabalho, mas oferecê-lo como escolha àqueles que o desejam.

Rumo ao escritório virtual

Até alguns anos atrás, os locais de trabalho eram altamente diferenciados, segundo a atividade desenvolvida. As fábricas, geralmente barracões feios, barulhentos e muitas vezes insalubres, abrigavam os operários. Por outro lado, o escritório-prisão de grotesca memória, que, ainda assim, os operários olhavam com inveja, serviu de fundo aos pesadelos diurnos de muitos empregados, obrigados a passar as melhores horas do dia em prédios um pouco menos feios e barulhentos do que as fábricas, mas também anônimos e tristes, e onde, além do mais, lutava-se para ter um espaço mais amplo, um projeto melhor, à espera de que chegasse um dia aos acolhedores andares altos, reservados aos dirigentes máximos, ou até mesmo aos arranha-céus construídos para enaltecer a glória e o poder do *top management*.

Os edifícios de representação de todas as grandes empresas erguiam-se, majestosos, como símbolo visível do poder e da estabilidade. Basta recordar os imóveis das empresas seguradoras e dos estabelecimentos de crédito, que deviam encarnar a segurança da boa administração do dinheiro a eles confiado. Os mais imponentes arranha-céus americanos ou de Hong Kong foram construídos justamente por bancos, também com essa finalidade simbólica. A solidez, além da opulência, era um sinal de continuidade, e atualmente, na Suíça, onde o conceito de estabilidade ainda é muito marcante, as construções têm paredes muito espessas, excessivas até para as mais rígidas temperaturas de inverno.

Na sociedade pós-industrial, a divisão por status nos locais de trabalho tornou-se menos rígida, principalmente nos países escandinavos e nos Estados Unidos. As salas destinadas a reuniões, por exemplo, são construídas com paredes móveis; não existem espaços fechados, mas um único espaço livre, modulável em função das exigências mutáveis da empresa. Também as fábricas modernas, automatizadas ao máximo, tendem a ser menos sujas, barulhentas e insalubres, e a ter espaços internos compartilhados por técnicos e dirigentes. Não existem mais mesas de refeições separadas para dirigentes e operários. E com a entrada maciça das mulheres na empresa, multiplicam-se as tentativas de tornar menos anônimos os locais de trabalho, com plantas, quadros e objetos de decoração.

Trabalhar em qualquer lugar, mas em ambiente agradável, está se tornando, assim, mais comum e, acima de tudo, possível, graças ao surpreendente desenvolvimento das modernas tecnologias de comunicação. A invenção do microprocessador, do computador pessoal e da internet permitiu a transmissão de dados e da voz, e levou à criação de novos instrumentos, para os quais convergem diversos meios de comunicação, como o videotelefone e a videoconferência. Muitos já trabalham "em rede", ou por meio de e-mails, às vezes entre pessoas que estão fisicamente em outros continentes e que provavelmente nunca se encontraram.

Donata, por exemplo, faz parte de duas *networks* internacionais, que desenvolveram pesquisas a respeito de como reduzir a violência e o vandalismo nas escolas, trabalhando exclusivamente por meio de debates em rede ou via e-mail, e se encontrando apenas uma vez por ano, em locais escolhidos pela beleza: Dublin, Roma, Mônaco, Viena, Bergen.

Os escritórios virtuais podem, assim, localizar-se em qualquer parte, em locais amenos ou estratégicos como um aeroporto. São muitas as multinacionais que organizam encontros entre dirigentes de vários países, justamente nas escalas em aeroportos, com base no princípio de que o local de trabalho deve ser uma estrutura mais funcional do que estável. Mas existe também o membro diretor de uma grande corporação que mantém muitos encontros de negócios no seu barco. Outros alugam escritórios provisórios em várias cidades do mundo e os utilizam talvez apenas para projetos temporários. Nós também, para discutir e escrever este livro, encontramo-nos nos lugares mais diferentes, usando as novas tecnologias, mais para intercambiar os documentos do que para estabelecer um "santuário" onde criar juntos.

À medida que o tempo do trabalho se desestrutura, um número crescente de pessoas obtém horários flexíveis, serviços parciais ou temporários, distribuição personalizada das férias. Deriva daí um esvaziamento progressivo das fábricas e dos escritórios, e o seu declínio como unidade de tempo e lugar fechada em si mesma.

Do chefe autoritário ao trabalho em rede

As mudanças físicas ocorridas nos espaços de trabalho espelham a evolução da organização do trabalho nas fábricas e nos escritórios, que se assiste neste fim de milênio.

Em um passado recente – e, infelizmente em muitos casos, ainda hoje – a hierarquia empresarial tornava-se visível, como dissemos, por uma rígida divisão espacial. Nessa organização piramidal, o clima, frequentemente, é de estilo feudal, com os grandes chefes que obrigam os colaboradores a ficar no escritório até tarde da noite para lhes fazer companhia, dando prova meritória de disponibilidade. Além disso, uma longa série de figuras intermediárias funciona como veículo entre quem tem o contato direto com o cliente – ou se ocupa da produção – e quem toma as decisões estratégicas, causando distorções, lentidão de decisão e perda de eficiência, além da escassa motivação e do estado de conflito feroz entre os vários níveis e as diversas funções.

Esse tipo de organização hierárquica requer pessoas obedientes, que executam aquilo que lhes é ordenado, levando para o trabalho somente a sua parte "racional", e separando a afetividade e a dimensão ética dos serviços profissionais.

As mudanças estruturais ocorridas na economia mundial deixaram obsoleta a velha organização do trabalho. E a valorização dos recursos humanos tornou-se – ou deveria tornar-se – objetivo primário para a empresa, porque o maior envolvimento da força de trabalho significa uma importante vantagem competitiva. Diminui cada vez mais a distinção entre produtos e serviços e as empresas devem apostar na velocidade com que transformam ideias em produtos e ofertas melhores.

Como declarou numa entrevista o presidente da Fiat, Paolo Fresco,[12] uma empresa constrói o seu sucesso oferecendo ao cliente – além da excelência dos seus produtos – um complexo de soluções e serviços acessórios. Não é necessário, portanto, apenas deter-se no veículo, mas pensar nas necessidades do consumidor ligadas à vida do produto, garantindo também o pacote financeiro e de seguro, ou reparos e trocas. Fresco conta que, há 36 anos, no tempo do seu ingresso na General Electric, o produto constituía 70 por cento do negócio, e o serviço, os restantes 30 por cento. Hoje a tendência se inverteu e a relação é de 20 para 80 por cento.

No futuro, a qualidade dos produtos e dos serviços e a variedade da oferta determinarão cada vez mais o sucesso econômico. Hoje, são requeridas dos trabalhadores criatividade, flexibilidade e a assunção de maiores responsabilidades individuais. Em 1992, Giovanni Agnelli declarou: "O sucesso de uma empresa joga-se na valorização da criatividade, na capacidade de empreendimento, nos conhecimentos de todos aqueles que operam na empresa. Os inimigos a derrotar são o excessivo *verticismo* de muitas empresas italianas, e os sistemas de administração dos recursos humanos que premiam mais o conformismo do que a inteligência criativa."[13]

As mudanças organizacionais têm produzido uma estrutura mais horizontal com um menor número de níveis hierárquicos, um aumento do fluxo de informações de baixo para cima, uma maior transparência na comunicação dos objetivos e dos resultados empresariais, e acima de tudo têm favorecido o *empowerment* dos trabalhadores diretamente envolvidos na organização dos serviços aos clientes e na criação de um produto, reorganizando-os em pequenos grupos e fazendo com que participem dos lucros.

As empresas que acolheram essas mudanças eliminaram também os símbolos de status da organização *verticista* de grotesca memória, fazendo desaparecer os estacionamentos reservados e as mesas de refeição separadas. Essas transformações, porém, frequentemente desejadas por um presidente ou um membro iluminado do conselho administrativo, encontraram resistência de velhos dirigentes, pouco inclinados a renunciar aos antigos privilégios.

A propósito, Donata conta uma anedota clarificante: elaborando uma pesquisa – que durou cinco anos – na sede italiana de uma multinacional americana que tinha imposto às suas afiliadas europeias a criação de ambientes de trabalho com alta participação, verificou que, na nova mesa de refeições única, os dirigentes reservavam tacitamente para si mesmos mesas separadas, nas quais nenhum funcionário ousava sentar-se. Até mesmo os chefes e outros medianamente graduados opuseram resistência a administrar de modo diferente os seus papéis. Habituados a comandar e controlar a conduta dos subalternos, mal suportavam que os trabalhadores decidissem por si os turnos de trabalho, as férias e as permissões segundo os interesses individuais. Alguns tentavam até sabotar a atividade das equipes, para demonstrar que os operários não eram capazes de programar o seu próprio trabalho de modo responsável. Só um longo trabalho de formação permitiu mudar o estilo de liderança.

Para passar da posição de chefe à de coordenador de grupo é necessário saber mediar os conflitos, sustentar o crescimento alheio e modificar a atitude nos confrontos com a autoridade; além disso, é essencial adquirir novas competências específicas. Nem sempre é um caminho fácil.

Uma "reorganização" do trabalho desse tipo foi promovida no interior de um banco importante. Um grupo de empregados que tinha péssimas relações com o chefe do escritório, desinteressado e autoritário, uma vez obtida a autonomia para gerir a sua própria jornada de trabalho, tomou uma decisão simbólica e provocativa. De fato, eles trabalharam com muita intensidade nas primeiras quatro horas da jornada, organizando, depois, uma festinha informal no escritório. Quando o chefe os surpreendeu sem fazer nada, distantes dos respectivos computadores, apressou-se a informar o acontecido aos responsáveis pela formação que tinha projetado a organização de trabalho da equipe. Depois, os empregados ridicularizaram o seu chefe, mostrando aos responsáveis que tinham realmente desobedecido muitas práticas, não só nas quatro horas por eles geridas como nas oito horas normais.

A passagem de formas de organização altamente hierárquicas e autoritárias para novas configurações estruturadas por projetos e por redes de projetos está criando oportunidades de crescimento e autonomia para muitos, mas ao mesmo tempo faz aumentar a ansiedade daqueles que se sentem postos de lado.

Em particular, os conflitos e medos se aguçam – como acaba acontecendo em muitas empresas – quando são impostos aos trabalhadores novos deveres e responsabilidades, sem lhes fornecer os instrumentos formativos necessários para aprender as competências requeridas. A tendência que surgiu na década de 1990, que levou a distribuir os lucros somente aos membros dos vértices administrativos, cria descontentamento e falta de motivação, mesmo em presença de configurações empresariais que permitiriam obter uma responsabilidade mais elevada. Os projetos das últimas décadas, formulados pelos experts em ciências organizativas, só tiveram sucesso quando usaram como alavanca a promoção de novas competências, mudando, além da organização do trabalho, também o sistema de comunicação formal e informal e o estilo de liderança. E ampliando a distribuição de lucros a todos os dependentes da empresa. Dois exemplos extremos permitem avaliar o quanto o chefe com o qual se trabalha é favorável à velha ou à nova cultura.

a) Numa grande organização, o diretor-geral convoca um por um os seus mais altos dirigentes. Deve-se decidir para onde serão transferidos alguns empregados, que ficaram disponíveis devido ao fechamento de um escritório. Cada um desses dirigentes pergunta à secretária do diretor, antes de entrar, quem já foi recebido, quanto tempo durou a conversa e, se possível, o que foi dito. Alguns deles, assim que saíram, telefonaram a outros. Está sendo cochichado que os empregados serão "dados" a Rossi, porque justamente dele depende a promoção de um protegido do diretor-geral. Uma semana depois se vem a saber, por meio de uma ordem de serviço, que, com efeito, grande parte dos empregados em excesso será posta à disposição de Rossi, mesmo havendo dois outros setores com mais necessidade. Descobre-se, também, que a pessoa "protegida" foi promovida à nova função. Muitos estão desiludidos, alguns até zangados, mas ninguém ousa contestar abertamente as decisões. Quase todos os dirigentes recebem lamentações de alguns colaboradores, particularmente contrariados pelas providências. Na semana seguinte, aumentam as faltas, os erros, os prolongados telefonemas particulares e os pequenos furtos. E a opinião é unânime: aqui faz carreira quem tem conhecimento e proteção; capacidade e empenho não são reconhecidos.

b) Numa outra grande empresa, sete altos dirigentes estão em reunião com o presidente para decidir promoções e prêmios que abrangem 150 pessoas. Um dos objetivos estratégicos do grupo é melhorar a liderança dos dirigentes no que concerne à motivação de suas equipes de colaboradores. No curso da reunião, depois de ter concluído os casos de promoções não controversas, os oito passam a examinar um diretor sobre o qual, dois meses antes, tinham estado em desacordo. Ele superou amplamente os objetivos de produção e venda, mas a situação com o seu pessoal não conheceu desenvolvimentos significativos. Por isso, decidiu-se protelar a sua promoção para o ano seguinte, e, no meio-tempo, ajudá-lo a desenvolver a sua capacidade de fazer crescer e motivar quem trabalha com ele. No fim da reunião, cada membro do grupo reúne os seus colaboradores e explica os critérios sob os quais os dirigentes foram avaliados e serão julgados novamente, no futuro. Todo responsável adota o mesmo estilo decisório e comunicativo com o seu quadro de colaboradores. Nessa organização, o grau de motivação é elevado, como a percepção de que se é promovido não só pelos próprios méritos e resultados, mas também pela capacidade de trabalhar juntos, por objetivos comuns.

E você, como pode mudar?

As grandes transformações em curso no mundo do trabalho podem oferecer enormes oportunidades, mas são, também, fonte de ansiedade e inquietude. Eis então algumas sugestões para compreender como e onde se pode agir na primeira pessoa. Sem ter medo do "lá fora que muda". E, acima de tudo, modificando os aspectos insatisfatórios do seu trabalho (a rotina, a distância e a escravidão do escritório, ou, mesmo, um chefe insuportavelmente tirano). Conselhos que valem não só para quem tem 25 anos e está acabando de chegar ao mercado de trabalho, mas também para quem tem 50, e talvez esteja frustrado pelo que está fazendo, ou está tendo de mudar à força.

Emprego fixo, adeus

Melhor do que perder tempo e energia preciosa para se assegurar de um dos raros "empregos fixos" ainda disponíveis é procurar entender as suas próprias atitudes, e assim poder desfrutar o mercado de modo autônomo. Para entender a coisa: é inútil ficar obcecado com a admissão, se o mesmo trabalho (ou outro do qual se goste mais) pode ser desenvolvido por *freelancer*. Ou ainda se existe a possibilidade de se constituir uma pequena sociedade, talvez com algum amigo. Já são muitas as leis e os financiamentos – do Estado italiano mas também da União Europeia – com o objetivo de agilizar a criação de novas empresas. Possibilidades que favorecem acima de tudo os jovens (abaixo dos 36 anos) e as mulheres, quem habita em "zonas atrasadas", ou o Sul da Itália; também por meio de cursos de formação ou de contribuições "a fundo perdido".[14]

É verdade que nem todos têm o estofo de grandes empreendedores, mas tornar-se patrão de si mesmo não é só um risco, é também uma fantástica oportunidade para assumir o controle da própria vida.

Trabalho temporário: uma nova chance

Nos Estados Unidos e em vários países europeus já existe há tempos, e oferece trabalho a milhões de pessoas, mas na Itália é uma possibilidade nova, que uma lei de dois anos atrás transformou em realidade. Assim, nasceram as sociedades de trabalho temporário, ou interino:[15] quase 40 agências, com várias filiais, no Norte como no Sul, que "alugam" trabalhadores às empresas que deles necessitam, por períodos curtos e a termo, em geral durante dois ou três meses. Não é um emprego seguro, mas pode vir a ser. E acima de tudo é um ótimo modo de entrar no mercado de trabalho (ou voltar a ele), e para fazer experiência.

Teletrabalho: já pensou nisso?

Trabalhar em casa não é uma utopia. É, infelizmente, apanágio de uma minoria. Porque ainda são poucas, na Itália, as empresas (entre elas, a IBM e a Italtel) que prevêm contratos com base nos quais os funcionários podem trabalhar em casa, graças ao computador, uma linha telefônica e um modem. E são cada vez mais numerosos os profissionais liberais que "inventam" para si um trabalho que possam exercer sem se mover de suas casas. É uma opção que muitas mulheres reputam interessante, porquanto lhes permite ter mais tempo para os filhos pequenos e para si. Mas que tarefas são compatíveis com o teletrabalho? Alguns exemplos: fazer traduções técnicas e as transmitir *online*. Colaborar com editoras, agências de publicidade, estúdios gráficos. É claro que se pretende um pouco de espírito empresarial. E, possivelmente, uma casa grande. Mas quem toma essa iniciativa, às vezes aproveita a ocasião para se transferir para o campo...

Quem tem medo das novas tecnologias?

Saber usar o computador e, preferivelmente, falar inglês: são esses os requisitos para quem quer manter-se à crista de um mercado de trabalho que está mudando. Para as novas "gerações digitais", não é problema, mas quem tem uma certa idade, ou simplesmente formação mais clássica, pode ter dificuldade para ombrear com o mundo dos chips e da internet. Para isso, é útil e urgente pôr de lado ansiedades e preconceitos e aproveitar cada ocasião para atualizar-se e "domesticar" o que lhe é novo e desconhecido. Não aprendemos todos a usar o celular?

É necessário mudar de atitude com respeito ao *hi-tech*, mesmo porque o novo mundo da multimídia está crescendo vertiginosamente, e é ele que, no futuro, oferecerá mais oportunidades de trabalho. E de carreira. Todas as pesquisas mais recentes confirmam isso. Mesmo na Itália, onde, segundo os dados Assinform, nos próximos três anos haverá cada vez mais procura de pessoal no setor ICT (Information & Communication Technology).[16] E não será fácil encontrá-las no mercado. Estamos falando de especialistas em sistemas de telecomunicação, especialistas de *network software* e técnicos em assistência a redes. Mas para muitos daqueles que procuram emprego, essas tarefas são apenas jogos enigmáticos.

Precariedade ou flexibilidade?

O quarentão de carreira no grande banco que larga tudo para abrir uma pequena loja de artesanato. A trintona publicitária *freelancer*, que decide dedicar-se a trabalhos mais instáveis, mas muito mais fascinantes, no mundo do cinema. São apenas dois exemplos. Mas você também, seguramente, conhece alguém não tão "jovem inexperiente", que deu uma virada na vida profissional. Obrigado por eventos externos (uma reestruturação empresarial, uma dispensa do trabalho), ou pela insatisfação ou frustração pessoal. Ou, simplesmente, impelido pelo desejo de um trabalho mais satisfatório. Às vezes, a virada dá ótimo resultado, inclusive em termos econômicos. Outras vezes, porém, encontram-se maiores dificuldades. Mas em um mundo profissional em contínua mudança, onde a instabilidade faz alastrar a mancha de óleo e a aposentadoria será uma miragem para todos, o importante é não ter medo da mudança. E vivê-la mais como flexibilidade. Como recurso, não como uma derrota.

VIII
O dinheiro:
nem deus nem demônio: aliado

Não importa quanto dinheiro você tenha no banco neste momento, se investiu as suas economias em bônus do Tesouro ou em ações, se é dono da casa onde mora ou se paga aluguel, ou se, neste momento, dispõe apenas de uma conta no vermelho... O mundo do dinheiro à nossa volta muda em grande velocidade, sem se importar com quanto temos no bolso. E se não faltar o que o célebre financista George Soros[1] chama de "fundamentalismo do mercado", isto é, a fé num câmbio livre, sem vínculos, o dinheiro se tornará um terreno de comparação obrigatório para muitos de nós, porque o teremos sempre a mais ou a menos, mas seremos sempre, de qualquer modo, obrigados a nos preocupar a respeito de como e quando ganhá-lo, economizá-lo ou investi-lo, e de que espaço reservar-lhe no nosso estilo de vida.

Basta mencionar um dado perturbador, do último relatório da ONU sobre o desenvolvimento mundial: três multibilionários – o onipresente Bill Gates, fundador da Microsoft; a família Walton, proprietária da cadeia de supermercados Wall-Mart; e o sultão do Brunei – possuem um patrimônio comparável ao produto interno bruto das 43 nações mais pobres do mundo, e fortunas que montam a uma cifra semelhante aos rendimentos conjuntos de 600 milhões de habitantes do mundo em via de desenvolvimento, de Moçambique à Etiópia.

Em suma, os ricos se tornam mais ricos e os pobres, mais pobres. E esse fenômeno se encontra no interior de cada nação, mesmo aquelas economicamente mais fortes. Nos Estados Unidos, por exemplo, 60 por cento do aumento de renda de 1980 a 1990 aconteceu aos mais ricos da população (1 por cento), enquanto a renda real dos 25 mais pobres é a mesma há 30 anos. E hoje, aquele 1 por cento ganha mais do que 40 por cento dos cidadãos que estão no fundo da pirâmide social. E não é só isso. Dois terços dos americanos têm salário com poder aquisitivo igual ou menor do que o salário de 15 anos atrás; 30 milhões deles vivem abaixo da linha de pobreza.[2] E, ainda que de modo menos evidente, nos últimos anos a divergência entre as linhas de crescimento de riqueza e pobreza tem crescido, em todos os países ocidentais. No Reino Unido, por exemplo, a diferença entre os trabalhadores com salário mais alto e os mais baixos é a mais acentuada registrada nos últimos 50. O fenômeno, que leva ao enriquecimento desmedido de poucos e à difusão paralela da pobreza em faixas cada vez mais amplas da população, assume proporções preocupantes em algumas zonas, como na ex-União Soviética.[3] E nem mesmo a Itália foge a essa tendência: segundo os últimos dados ISTAT, as famílias em "pobreza absoluta" são 950 mil (com um pequeno aumento em relação aos dados de 1997), e 65 por cento delas vive no Sul.

Os pareceres sobre as causas desse fenômeno são discordes. Mike Moore, ex-primeiro-ministro da Nova Zelândia, agora ministro das Finanças, defende que a liberação dos mercados financeiros que aconteceu nos últimos 20 anos por efeito da globalização levou à constituição de empresas multinacionais, como a IBM, que têm assumido um enorme poder. Das 100 maiores economias mundiais, apenas 49 têm base nacional, enquanto as demais estão em mãos de empresas transnacionais. E o faturamento das 200 maiores corporações supera a importância do produto nacional bruto de 182 países.[4]

Segundo Anthony Giddens, notório sociólogo inglês e conselheiro do primeiro-ministro britânico Tony Blair, a revolução nas comunicações e a difusão das tecnologias informáticas e de

O dinheiro: nem deus nem demônio: aliado   177

satélites têm conduzido a mercados monetários ativos 24 horas, favorecendo a expansão do papel das Bolsas. Nas transações monetárias são diariamente trocados milhares de bilhões de dólares a um ritmo de crescimento muito mais elevado do que aquele que se registra para as trocas comerciais. Portanto, os novos super-ricos são aqueles que foram capazes de fazer frutificar os seus capitais financeiros, ou os que inventaram novos produtos e serviços que conquistaram o mercado mundial: de George Soros a Bill Gates.

Segundo James Dale Davidson e William Rees-Mogg – banqueiro americano, o primeiro, e consultor financeiro britânico, o segundo –, na era da informação e da internet se tornará mais difícil taxar as transações financeiras e, por consequência, será tarefa árdua para os governos intervir na distribuição da riqueza.[5] Os ricos, portanto, se tornarão incrivelmente ricos. Hoje, só nos Estados Unidos, já existem 500 bilionários (isto é, pessoas cujo patrimônio monta a, pelo menos, um bilhão de dólares), e cerca de um milhão de milionários. Com os lucros derivados dos seus investimentos e com os novos instrumentos financeiros à disposição para jogar na Bolsa, como a arbitragem entre preços do leilão de títulos das diversas Bolsas, operações futuras, *puts and calls* (o leitor interessado em compreender melhor, de forma divertida, pode ler o *thriller* financeiro de Paul Erdman[6]), os super-ricos de hoje serão verdadeiros Tios Patinhas, com poderes econômicos superiores aos de muitos países.

Além disso, as vantagens oferecidas pelo giro de negócios em torno deles serão gozadas apenas por 15 por cento da população: os gerentes, os técnicos e os profissionais que terão em mão o saber tecnológico, e que formarão a "nova aristocracia". Em outras palavras, continuarão a prosperar os grupos sociais que, já nas últimas duas décadas, asseguraram para si a fatia mais consistente da riqueza produzida. Davidson e Rees-Mog exaltam essa nova era dos super-ricos, que viverão como senhores feudais nos seus enclaves, cercados por exércitos de guardas de segurança, enquanto os pobres e sem-trabalho deslizam ainda mais para o crime e as atividades ilegais, criando problemas de ordem pública similares aos existentes na Idade Média. No seu livro, os dois defensores do liberalismo mais selvagem são, além disso, pródigos em sugestões a respeito de como evitar pagar as taxas, encontrar lugares tranquilos onde viver gozando imperturbáveis a sua riqueza, e por aí vai.

Mas nem todos dão prova de tal cinismo. Muitos outros especialistas em finanças estão espantados com essa perspectiva, e sustentam que – como afirma o premier tcheco Václav Havel – depois da queda do socialismo real, demo-nos conta de que, se o comunismo fracassou, nem mesmo o capitalismo pode dizer-se vencedor. O sistema socialista tem, de fato, demonstrado ser capaz de distribuir a riqueza, embora não a saiba produzir, enquanto o capitalismo, por sua vez, embora seja capaz de produzir riqueza, não tem, ainda assim, os instrumentos para redistribuí-la. Para tanto, agora está expressa, por várias partes, a necessidade de se criar um "capitalismo solidário", ou de ir além do liberalismo, para encontrar um terceiro caminho. Como escreve Soros: "Dessa vez, o perigo provém não do comunismo, mas do fundamentalismo de mercado. O comunismo aboliu o mecanismo de mercado e impôs o controle coletivo sobre todas as atividades econômicas. Os fundamentalistas do mercado queriam abolir os processos de decisão coletivos e impor a supremacia dos valores de mercado sobre todos os valores políticos e sociais. Essas duas proposições estão – ambas – erradas. O que é mesmo necessário é um equilíbrio correto entre política e mercados, entre o dever de impor as regras e o de as respeitar."[7]

Quem tem mais poder: os financistas ou os políticos?

Mesmo segundo o notório economista Paolo Savona,[8] a atual fase do capitalismo internacional é caracterizada por um excessivo poder das finanças, cuja ação é de tipo exclusivamente especulativo. De fato, à falta de regras internacionais, a criação monetária para usos internacionais, ou "moeda *offshore*" continua a proceder substancialmente fora de controle. As altas finanças têm sob absoluto controle as taxas de juros, coisa que lhes permite fixar livremente o custo do dinheiro e estabelecer o câmbio aos níveis que preferem.

E os homens que controlam esse mercado não apenas têm maior poder do que os empresários, mas também do que o governo e que os bancos centrais.

Atualmente, segundo Savona, são os mercados que estabelecem a política econômica dos governos: mais precisamente, o controle econômico está nas mãos daqueles que "podem mover enormes massas de dinheiro de uma praça para outra (bancos internacionais, importantes fundos de pensão), usufruindo a liberalização dos mercados, a globalização da economia, a informatização dos sistemas e a abdicação das autoridades ao controle dessas massas eletrônicas. Elas condicionam a demanda e a oferta de trabalho, dos bens e dos capitais, bem como os seus preços... Um dia, operam no mercado de câmbio atacando a moeda mais fraca (como foi com a lira, em setembro de 1992), no outro dia, o mercado de matérias-primas (como foi para todos, em 1995), em outro dia, no mercado de ações. Se uma moeda está em dificuldades por motivos econômicos e políticos, saltam-lhe em cima, para especular, e não porque tenham intenção de armar um complô contra aquele país... É um mecanismo que desloca bilhões de dólares de uma praça para outra, que é despersonalizado e sem base territorial. O seu escopo é fazer negócios. E basta".[9]

Deveria ser dever da classe política estabelecer novas regras do jogo monetário e econômico internacional, mas atualmente ela não parece ter autoridade para fazê-lo. Quem alerta para essa situação é, também, uma fonte insuspeita, como a revista conservadora da Harvard Business School, que não hesita em descrever uma sociedade que corre para o *apartheid* econômico, em que setores restritos de ricos e abastados vivem num universo separado daquele da maior parte da população. E as transformações financeiras em curso, com a globalização, se concretizam todas em detrimento de quem é obrigado a trabalhar para viver.

Um exemplo concreto? Pensemos em privatizações, fusões e reestruturações empresariais, que frequentemente comportam um corte de pessoal. Ou na redução do salário-mínimo, praticada em muitos países, política que força as pessoas a ter dois trabalhos simultaneamente ou a levantar empréstimos. Ressanear as empresas e torná-las mais competitivas na Bolsa significa quase sempre reduzir as despesas com pesquisas e investimentos, favorecer a automação e o consequente "enxugamento" do pessoal. Essas manobras, que se traduzem em elevados lucros para os acionistas e compensações fabulosas para os gerentes, significam, porém, perdas de emprego e sobrecarga de trabalho para os que permanecem, com o mesmo salário.

Ao mesmo tempo, como já observamos, os políticos têm perdido poder. São muitos os especialistas em economia que sustentam: o neozelandês Tim Hazledine[10] afirma, por exemplo, que, depois do desmoronamento do comunismo, em 1989, em quase todos os países a classe política tem perdido influência e prestígio, sobrepujada pelos potentados econômicos.

A política-espetáculo cria a "telecracia", que premia pessoas hábeis no uso da linguagem das imagens, mais do que líderes capazes de elaborar programas e encontrar soluções para os problemas sociais. Por isso não conseguem emergir figuras realmente respeitáveis, dotadas de personalidade e carisma, capazes de motivar empenho e envolvimento. Fenômenos como a falta de afeição dos jovens pela política ou o crescente abstencionismo eleitoral contribuem para enfraquecer a classe política, incapaz de se opor ao superpoder de quem detém o controle da economia internacional.

Além disso, estão cada vez mais ralas as tradicionais diferenças entre a direita dos conservadores, defensora da orientação liberalista, e a esquerda dos progressistas, orientada para as intervenções governativas capazes de favorecer a justiça social e reduzir a desigualdade. Com a consequência que governos de esquerda, como aqueles no poder em muitos países europeus, perseguem políticas econômicas muito parecidas às liberalistas, propugnadas pela direita.

Outros estudiosos[11] acentuam como a classe política tem perdido prestígio e poder, em vantagem, de um lado, de organismos internacionais como a OTAN, a ONU e uma miríade de organizações não governamentais e supranacionais, e, de outro lado, a favor das comunidades locais, cidades ou áreas regionais. Na era da globalização econômica, parece que não resta à política senão o governo dos negócios locais. Se, de fato, o fascínio exercido pela possibilidade de ser cidadão da *polis* planetária faz com que muitos desejem trabalhar nas grandes empresas transnacionais, provoca, em outros, reações contrárias, exacerbando o medo da diversidade e o apego às tradições. É esse um dos motivos pelos quais os munícipes são percebidos cada vez mais como os novos agentes do desenvolvimento territorial, promotores de processos de revalorização da identidade local.

A classe política no governo, em outras palavras, sofre de uma crise de poder que se manifesta no plano dos processos econômicos internacionais, seja em âmbito local, onde as administrações, em nome da descentralização, chamam a si a maior parte das escolhas e das decisões. Esse fenômeno é confirmado indiretamente pelos resultados de uma pesquisa efetuada por Donata junto a alguns colaboradores da Universidade La Sapienza, de Roma, numa amostragem de 450 políticos operantes, em âmbito local, regional e nacional. De fato, encontrou-se uma insatisfação maior entre os deputados e os senadores: aqueles que trabalham duro nas comissões parlamentares se lamentam de ser desconhecidos do grande público, pois quem não vai às reuniões das comissões, em compensação, aparece frequentemente na TV... Além disso, está cada vez mais difundida uma sensação de impotência: as comissões produzem, por exemplo, quantidades de documentos que têm em geral pouca difusão e impacto ainda menor. Os políticos locais, no entanto, habilitam-se a realizar, pelo menos parcialmente, os seus projetos.

O poder do deus-dinheiro

À espera de uma legislação internacional que regule os mercados financeiros e se oponha ao superpoder das corporações, à espera de uma "terceira via" entre capitalismo e comunismo, que distribua saber, riqueza e poder de modo mais equitativo, podemos apenas registrar quão radicalmente a cobiça imperativa do dinheiro está modificando a sociedade.

Alain Minc, no seu livro emblematicamente intitulado *L'argent fou* (O dinheiro louco),[12] sustenta que na sociedade moderna a excessiva importância atribuída ao dinheiro acabou por obscurecer valores tradicionais como o patriotismo, a solidariedade, o empenho social. No passado, no mundo ocidental, a relação cotidiana com o dinheiro era mediada por sistemas de pensamento, convicções éticas ou religiosas, ideologias políticas; hoje, tudo isso foi jogado fora, e a única autoridade reconhecida é o próprio dinheiro. E assim, se no cenário mundial existem políticos impotentes frente aos diretores dos bancos centrais, na vida do dia a dia estamos à mercê do dinheiro, de nenhuma forma embaraçados com respeito ao desperdício, e talvez permitamos que os nossos filhos adolescentes andem por aí, tranquilamente, com meio milhão no bolso...

O fato de que o dinheiro se tenha tornado a suprema divindade se confirma pela difusão das loterias, como o *Superenalotto* italiano que, no início, fazia alarido quando distribuía centenas de milhões, enquanto agora um prêmio abaixo dos dez milhões não é sequer mencionado pelos jornais. O mesmo vale para os milhões distribuídos com muita leviandade pelos inúmeros jogos de perguntas ou *game shows* que afligem as nossas redes de televisão... E no entanto as pessoas apostam cada vez mais: em 1998, os italianos gastaram 428 mil liras *per capita* para tentar a fortuna.[13] Loto, apostas em cavalos e as demais apostas lotéricas são todos jogos que, contrariamente ao que se pensa, apaixonam do mesmo modo toda a Itália: no topo, Roma e Rimini.

Outro aspecto desse fenômeno está representado nos pagamentos faraônicos dos jogadores de futebol ou das *top models*. Falamos de Ronaldo e a primeira coisa que nos vem à cabeça não é a sua grande habilidade como craque de futebol, mas os bilhões pagos pela sua contratação.

Lamentavelmente, essa tendência não se limita às carreiras efêmeras: o princípio do *star system* estendeu-se também, na verdade, às categorias profissionais tradicionais. Pelo qual se procura e se paga ao cirurgião *top*, ao advogado de direito penal de sucesso, ao divorcista famoso, ao arquiteto da moda. Nomes na boca de todos: mesmo porque os *top ten* dos melhores – ou dos mais bem pagos – são periodicamente publicados (junto com as cifras dos seus ganhos bilionários) nas revistas para gerentes, como *Class* ou *Espansione*, ou nas novas revistas como *Panorama*.

O nó crucial da questão está no fato de que a desproporção entre os ganhos desses *outsiders* e os das demais categorias de trabalhadores se torna cada vez maior. Um conhecido guru do *management*, Charles Handy, conta o caso de um especialista financeiro cujo ganho atingiu, em um só ano, a cifra de sete milhões de libras esterlinas: mais de 200 bilhões de liras.[14] Na verdade, a sua compensação era proporcional àquela que fizera entrar na caixa da sociedade para a qual trabalhava, isto é, 42 milhões de libras esterlinas de lucros suplementares. Uma exceção? Não, exatamente. Em 1975, nos Estados Unidos, a relação entre o ganho de um *top manager* e o ganho médio dos empregados era de 41 para 1. Em 1992, os mil dirigentes de empresa mais bem pagos receberam, em média, um salário 157 vezes superior ao salário médio.[15]

Além disso – sustenta Handy –, enquanto as estrelas do esporte e do cinema geralmente devem o sucesso a esforços individuais, e partilham os ganhos com casas produtoras, patrocinadores e técnicos, os altos administradores atingem os objetivos empresariais somente graças ao esforço de equipes de colaboradores. Nesse caso, por isso, é particularmente iníqua a desproporção entre os seus ganhos fabulosos e as migalhas reservadas aos outros. Porém, segundo

Handy, esses *top managers* nunca acham que ganham o bastante, porque compensam com o dinheiro – cada vez mais dinheiro – outras inadequações existenciais. Será porque – supõe Donata – um desejo excessivo de poder e dinheiro esconda uma virilidade frágil? E por isso uma necessidade desesperada de se afirmar, de serem os primeiros, para demonstrar aos outros machos – em cuja comparação se vive uma feroz competição – quanto se vale?[16]

De todo modo, nem todos estão dispostos a subscrever passivamente essa filosofia do "dinheiro em primeiro lugar". Até na América – lembra Willy – nasceu um movimento contra a corrente, que se diz promotor da *"simple life"*.[17] Uma vida mais simples, mais "lenta", menos frenética e, acima de tudo, menos consumista. Esse movimento reúne mais de meio milhão de pessoas, tem uma revista própria e se opõe ao princípio segundo o qual não existe limite à possibilidade de ganho e à avidez.

Na Itália, surgiu um movimento análogo, por iniciativa dos ecologistas, mas também por pessoas interessadas numa melhor qualidade de vida: publicam-se revistas e livros, organizam-se encontros e projetos. Existe ainda um Banco Ético, nascido em Pádua, que investe o dinheiro dos seus correntistas, unicamente em iniciativas de caráter social. É coligado a uma rede de negócios em todo o território italiano, que promove um comércio igualitário e solidário, sustentando projetos de solidariedade no Terceiro Mundo. Assiste-se, portanto, não apenas a uma crescente rachadura entre ricos e pobres, mas também à afirmação, na sociedade, de tendências diferentes, que vêm se contrapor àqueles que consideram a riqueza o árbitro absoluto da existência e critério com o qual avaliar o próximo, e que, em vez disso, crê necessário sujeitá-la a valores éticos superiores.

O papel cada vez mais importante assumido pelo dinheiro é de promover a passagem da nossa sociedade de uma economia agrícola a uma industrial. Pelo menos, é o que sustenta o estudioso Francis Kinsman.[18] De acordo com a sua tese, na sociedade agrária as pessoas se empenhavam principalmente em alcançar a segurança financeira e social: para elas, o dinheiro era um instrumento para exorcizar o medo da pobreza, do fracasso sempre temido. Na sociedade industrial, ao contrário, os indivíduos procuram acima de tudo os símbolos de status, sinais exteriores do sucesso. O dinheiro torna-se um instrumento para adquirir objetos e serviços que mostrem aos outros os privilégios alcançados. Porém, são cada vez mais numerosas as pessoas para as quais o importante é ter tempo para crescer, para se realizar como indivíduos e exprimir os seus talentos ou as suas convicções. Esses últimos preferem ganhar menos, mas ter mais tempo para gozar o estilo de vida de que gostam. Pois bem, segundo Kinsman, em cada um de nós estão presentes, em maior ou menor medida, todas essas atitudes face ao dinheiro. E a partir do momento que o emergir de um ou de outro está condicionado pelas mudanças da sociedade em que vivemos, é provável que num futuro próximo, para muitos de nós, o dinheiro venha a servir para adquirir tempo: tempo para investir nas nossas vidas, para aprender coisas novas, para estar com os amigos, para gozar os prazeres pequenos e grandes da existência.

As emoções "dentro" do dinheiro

Acenamos para o fato de que, para um homem, o dinheiro pode representar o equivalente simbólico da virilidade. Não é, obviamente, o único aspecto ligado ao dinheiro. Na verdade, é possível distinguir ao menos três significados principais: o dinheiro-potência, o dinheiro-ostentação e o dinheiro-segurança.

Para alguns indivíduos deprimidos e fundamentalmente frágeis, o acúmulo de riqueza pode transformar-se num fator de estabilidade, uma vez que permite adquirir uma maior autonomia, funcionando como dique à insegurança nervosa. Por exemplo, quando uma pessoa consegue comprar a casa onde mora, tem uma renda suficiente e alguns milhões de reserva no banco, a sua necessidade de dinheiro-segurança poderá ser quantificada e delimitada (diferentemente, como veremos, do dinheiro-potência). Existem, porém, indivíduos neuróticos que dão a impressão de que nunca têm o bastante. São os inseguros, ansiosos ou deprimidos, que projetam a sua angústia até mesmo no mundo do dinheiro. Essas mesmas pessoas estão convencidas de não receber bastante afeto dos seus entes queridos, e vivem, tanto no plano afetivo como no econômico, a síndrome do "poço sem fundo". Esses não conhecem o significado psicológico da suficiência, estão frequentemente enredados no seu próprio sucesso, querem cada vez mais das mesmas coisas, como se "mais" significasse "melhor". Na verdade, muitas vezes para crescer e amadurecer novas experiências é necessário aprender a dizer não, a renunciar.

Hoje, no entanto, a síndrome do "nunca o bastante" está em crescimento, porque a simbologia do dinheiro-segurança foi substituída pela sua simbologia fálica, mausoléu ou obelisco da virilidade de quem o produziu. E não se trata de um fenômeno exclusivamente masculino: há também mulheres que fizeram sua essa perspectiva fálica. Como veremos, contrariamente aos homens, são levadas mais a gastar do que a acumular; "nunca o bastante" torna-se, então, impulso incontrolável para comprar.

Existe também, obviamente, o dinheiro-ostentação. E sem que seja necessário incomodar os habituais excessos americanos, podemos estudá-lo também na Europa, onde se passou dos caprichos do *nuveaux riches* árabes aos dos enriquecidos russos. O dinheiro árabe, proveniente dos ganhos fáceis dos poços petrolíferos, tinha arriscado poluir, em algumas cidades europeias, a relação normal entre compra e venda nos negócios. Em Genebra, por exemplo, os guias turísticos acompanhavam os árabes ricos em *tours* pelos shoppings de luxo, voltando depois, rapidamente, para receber, como num *suk* do Norte africano, a sua comissão. Situações similares são verificadas, também, com os automóveis: não era mais suficiente ter uma Ferrari, porque muitos já tinham uma, era necessário ter pelo menos duas. Em Puerto Banus, na Espanha, um fenômeno parecido repetiu-se com os barcos, objeto de ridícula competição sobre quem era o proprietário do maior deles. A simbologia é até muito evidente. Os barcos são atracados todos de popa, de modo que se torna fácil avaliar não apenas o luxo ou a altura dos mastros, mas também o comprimento. Qual não foi a desilusão de José, amigo de Willy, quando um barco atracou ao lado do seu, exibindo que podia ser mais longo do que o dele pelo menos um metro. Podem não acreditar, mas passados 18 meses, José vendeu o seu barco para comprar outro, maior do que o do vizinho!

Agora, de todo modo, o dinheiro-ostentação não é mais de procedência árabe, mas russa. O jornal *La Tribune*, de Genebra, publica todo mês um encarte dedicado aos leilões de quadros e joias, que são uma das características da cidade. Pois ultimamente essas peças aparecem não mais com texto em inglês, mas em russo. Além disso, diversos *night clubs* estão sendo adquiridos por personagens russos, provavelmente também para desenvolver o ambíguo mercado dos salões de "massagem" e da prostituição dos países do Leste. Inútil sublinhar que – confirmando o que dizíamos antes sobre a divergência entre ricos e pobres – nos últimos anos a Rússia sofre de um drástico empobrecimento devido ao desmoronamento da economia, que não poupa ninguém, exceção feita a uma elite restrita, que enriqueceu enormemente no período de poucos anos. Willy encontrou no avião com a mulher de um homem de negócios, em viagem de Moscou a Paris apenas para ir ao cabeleireiro! Depois do que, iria se encontrar com o marido em Londres, onde estavam recomprando de árabes uma parte dos imóveis adquiridos com dinheiro também fácil. Porém, como o dinheiro russo, mesmo que de procedência duvidosa, reanimou o mercado imobiliário – em crise em boa parte da Europa –, olha-se com bons olhos um jogo sujo, modificando a tolerância moral sobre a qualidade, a favor da quantidade.

Falamos do dinheiro-segurança e do dinheiro-ostentação. E o dinheiro-potência? Podemos dizer que o conhecemos bem: trata-se, na verdade, de um modelo americano exportado para todo o mundo. É a glorificação do texano do petróleo, ou do advogado bem-sucedido que ganha parcelas fabulosas numa causa célebre, enchendo as páginas dos jornais internacionais.

A questão é, então, procurar a harmonia entre o desejo de se afirmar por meio do dinheiro e o respeito aos outros e a si mesmo. Um bom exemplo do deslumbramento provocado pelo deus-dinheiro é o comportamento dos bancos suíços com respeito às contas abertas pelos judeus durante o período do nazismo. Na verdade, é claro que deveria ser dever deles procurar ativamente os herdeiros dos judeus assassinados nos campos de concentração.

Mas o ponto é que uma relação distorcida com o dinheiro acaba por quebrar as normas éticas que deveriam transmitir as nossas relações humanas e sociais, e provoca a erosão daquilo que o economista neozelandês Tim Hazledine chama de "capital social": a capacidade de confiar nos outros, de cooperar, de criar aquele tecido social indispensável para a qualidade das nossas vidas. A riqueza excessiva ou, ao contrário, a pobreza extrema destroem até as relações mais sagradas, como as familiares: a crônica reporta frequentemente episódios de crianças vendidas a pedófilos por irmãos ou irmãs, de mães que obrigam as filhas de dez anos a se prostituir... O último romance de Dacia Maraini, *Buio* (Escuro), ilustra, com ternura e sábio desdém, histórias desse gênero, inspiradas na crônica policial da Itália dos últimos anos.[19]

Dinheiro = "sujos" negócios de família

As nossas atitudes com o dinheiro são frequentemente ambíguas e, em grande parte, inconscientes, porque fincam as suas raízes tanto na nossa história familiar como na cultural, da riqueza. Michael North[20] demonstrou como, no curso da história, o dinheiro modificou profundamente a sua natureza e as suas funções: de bem de segurança a fonte de prestígio, de investimento a meio de troca. Mas mudaram também os significados culturais atribuídos ao dinheiro.

Na era vitoriana, por exemplo, o dinheiro era uma coisa vil e no limite para ser suja, e da qual não se devia falar. Freud foi o primeiro a sublinhar a analogia inconsciente entre o dinheiro e os excrementos. Essa posição leva a perseguir diversas formas de realização pessoal, delegando o contato com o mundo "vil" do dinheiro a instituições (os bancos) ou a especialistas (advogados do direito comercial ou consultores financeiros).

O comportamento de alguns artistas que se tornaram famosos é típico: os mercadores de arte, intuindo-lhes o talento, garantiram a eles a tranquilidade econômica necessária para trabalhar, em troca do monopólio sobre suas obras. Modigliani, por exemplo, retratou várias vezes o amigo e mecenas polaco que lhe pagava, em Paris, um estipêndio semanal, a troco dos seus quadros. E Jean-Michel Basquiat, um dos últimos "malditos" da arte contemporânea, estava completamente na mão do seu *marchand* suíço.

Em outros casos, a simbologia negativa do dinheiro de não ser tocado e de poupar dá lugar a uma representação *funcional ou instrumental do dinheiro*. Essa modalidade faz com que se tenha uma relação "neutralizada" com o dinheiro, aceitando as vantagens, os prazeres e a liberdade interior e exterior de que ele é veículo. Porém, esse posicionamento instrumental – a nosso ver, o mais sadio – foi substituído, nos países ocidentais, por uma hipertrofia do deus-dinheiro, que surge como símbolo do valor pessoal, do poder e da inteligência que permitem arrebatá-lo a outros, na luta pela sua conquista. Em outras palavras, muito dinheiro se torna *chave de sucesso*.

É surpreendente notar que pessoas que progrediram de modo pouco claro recebam do ambiente que as cerca sinais evidentes de aceitação, valorização e interesse, antes impensáveis. Não se trata só de oportunismo, mas de admiração pelo sucesso, misturada ao sentimento de inveja por quem alcançou uma meta cobiçada.

Por sorte, não é sempre assim: um famoso banqueiro que enriqueceu tinha procurado, em vão, entrar para o clube de golfe mais prestigioso de Genebra, propondo até mesmo financiar a construção da piscina. Infelizmente para ele, o seu superpoder econômico despertava inquietação, e a sua oferta foi recusada. E isso foi possível porque os demais membros do clube já eram suficientemente ricos, para não ter necessidade de que alguém patrocinasse a piscina.

Sexo e dinheiro — argumentos-tabu

O valor que a sociedade e a cultura atribuem ao dinheiro, portanto, condiciona fortemente a nossa atitude em relação a ele. Mas o comportamento que adquirimos no ambiente familiar também é determinante. De um modo geral, pode-se sustentar que cada um de nós desenvolveu, em relação a isso, sentimentos complexos e ambivalentes, pequenas ou grandes neuroses: meio como para o sexo. E foram os nossos pais, encorajando-nos a poupar para o amanhã ou, ao contrário, a gozar o dinheiro sem pensar muito no futuro, que nos transmitiram as modalidades fundamentais de relacionamento com o dinheiro, induzindo-nos à responsabilidade ou à leviandade.

Uma senhora de 150 anos, de ótima família, recorda que até a idade de 18 anos nunca teve dinheiro no bolso; na pequena cidade onde cresceu, deixava contas a pagar em qualquer lugar, que o seu avô pagava pontualmente. "Na minha família, as mulheres gastavam, mas não se preocupavam de onde vinha o dinheiro", conta ela. "Nisso pensava meu avô. Ainda hoje, lamentavelmente, tenho as mãos furadas, mas já não há nenhum avô para cuidar de mim."

Frequentemente, os nossos sentimentos com o dinheiro são uma reação — ainda que inconsciente — ao comportamento do ambiente em que crescemos: assim, a insistência sobre a poupança ou a prodigalidade, a disponibilidade econômica ou a restrição que temos vivido desde pequenos podem ter produzido em nós atitudes opostas. Falar de dinheiro pode ser tabu, como falar de sexo; em outros casos, ao contrário, é o assunto principal. Em muitas famílias abastadas, os filhos aprendem que quanto mais dinheiro se possui, maior é o medo de o perder. O dinheiro gera ansiedade e sentimentos profundos. E por dinheiro se briga, em muitas famílias e em muitos casais.

Na verdade, frequentemente os parceiros têm posição diametralmente oposta em relação ao dinheiro. Paul Auster, célebre escritor americano, conta na sua autobiografia[21] como o pai e a mãe se separaram justamente porque tinham atitudes completamente diferentes com relação ao dinheiro. O pai, criado nos anos da Grande Depressão, era dedicado à poupança; a mãe, que vinha também de uma família pobre, experimentava, porém, um imenso prazer em gastar, e cultivava o shopping como forma de arte. O filho se lembra, com ternura, que entrar em uma loja com a mãe era perceber que "desejos inexprimíveis, necessidades intangíveis e nostalgias sem nome passavam pelo tilintar da caixa e se tornavam coisas reais, objetos palpáveis, que se podia pegar com a mão". O autor explica que, na realidade, a sua mãe não desperdiçava, que simplesmente lhe agradava gastar por aqueles luxos que se podia, finalmente, permitir, enquanto o pai era obcecado pela ameaça iminente de ruína. As brigas familiares duraram anos, até que o marido proibiu a mulher até de fazer as compras da casa, ocupando-se disso pessoalmente três vezes por semana, nas lojas de descontos. Poucos meses depois, os dois se divorciaram.

Italianos: dos BOT à Bolsa

E os italianos, que atitude têm com o dinheiro? Atualmente, estão numa fase de transição: dos BOT – Bônus Ordinário do Tesouro – para a Bolsa, da poupança para o investimento. O extinto povo dos "BOT-*people*", habituado a viver com os juros do livreto postal e dos títulos de Estado, está em crise. E isso não só porque a renda dos bônus e CCT está fortemente reduzida, passando de cifras superiores a 10 por cento para os atuais 3 ou 4 por cento, mas também porque esse fato pôs a nu uma atitude baseada na dependência. Na verdade, a maior parte dos italianos confiava tanto no salário, que chegava pontualmente no dia 27 de cada mês, como numa renda fixa e tranquilizante. Hoje, vivem a nova tendência da Bolsa e a subida dos títulos de ações com respeito às obrigações, mais como uma ameaça do que um recurso. Essa mudança lhes dá medo, pois que, para ganhar como antes, devem correr um risco que nunca tiveram de enfrentar.

A ansiedade e a confusão estão agora mais evidentes entre as pessoas menos habituadas à gestão do dinheiro. Lauretta, 50 anos bem vividos, apreciadora dos amigos e das boas coisas, nunca se preocupou com dinheiro, porque o patrimônio herdado do pai, investido em BOT e em obrigações, sempre lhe garantiu uma elevada renda mensal. Recentemente, essa renda caiu à metade, obrigando-a a desfalcar o capital para fazer face às despesas. Isso é, para ela, fonte de angústia, pois é como se "desfalcasse" a memória do pai. No mais, Lauretta, como muitas outras mulheres, foi educada na convicção de que alguém mais (o pai, o Estado ou algum empregador) estaria ocupado com o problema dinheiro.

Para as mulheres, tradicionalmente menos habituadas a gerir os investimentos, será mais difícil. Ainda assim, essa mudança épica, que obriga a passar da segurança dos BOT a operações financeiras mais arriscadas, obriga-nos também a compreender melhor a nossa relação com o dinheiro. Está aqui, na verdade, a "pedra de toque" necessária para compreender se queremos decidir do melhor modo, em sintonia com a nossa personalidade.

Existem pessoas, por exemplo, para as quais o dinheiro é uma entidade que foge ao controle; essas pessoas vivem perenemente atormentadas pelo pensamento de não possuir o bastante, são obcecadas pela sua falta, fazem débitos continuamente, resultando que as suas contas nunca fecham. Atitudes desse gênero tornam difícil jogar na Bolsa, porque se caracterizam pelo impulso de vender logo, para realizar um lucro e pela incapacidade de tolerar a ansiedade gerada pela flutuação de valores das ações. Essas pessoas acabam, assim, por vender e comprar com muita frequência. Comportamentos desse tipo não fazem outra coisa senão favorecer os intermediários financeiros, que enriquecem com as comissões dos seus ansiosos clientes.

Outros, em vez disso, experimentam sujeição frente ao dinheiro e quem quer que o represente, e isso os leva a comportamentos autolesivos. Uma amiga nossa tinha subscrito, há um ano, um empréstimo a longo prazo para a casa, a uma taxa fixa de 14 por cento. Quando as taxas baixaram, ela esperou meses antes de renegociar o seu empréstimo, só porque estava aterrorizada pelo medo de discutir com o funcionário do banco.

Existem ainda aqueles que temem ser embrulhados, são desconfiados e vivem com pavor de perder tudo; assim, tendem a escolher somente obrigações de grandes empresas "confiáveis", a salvo, assim, de se arrepender por ter perdido oportunidades melhores, oferecidas por outros gêneros de investimentos.

As pessoas que têm uma atitude de desprezo pelo dinheiro são irritadas pela ideia de ter de se ocupar disso. Para elas, os BOT eram a solução ideal, porque permitiam não ter de cuidar demais de questões materiais. As mudanças do mercado os têm, com frequência, colocado nas mãos de consultores sem escrúpulos, que prometem altos ganhos, nos quais confiam sem refletir o suficiente, justamente para se livrar do peso de ter de pensar em como investir as suas economias.

Por fim, existem aqueles que investem para experimentar a embriaguez do jogo de azar: estão felizes que o desmoronamento dos BOT lhes tenha dado uma ocasião de investir as economias familiares em especulações de alto risco. Muitas vezes, porém, a excessiva fé em si mesmos os leva a tomar decisões arrojadas.

Esta era de mudanças, portanto, nos obrigará a refletir na nossa relação com o dinheiro. E a mudar, se necessário, dosando com equilíbrio, risco e prudência, generosidade e parcimônia, capacidade de poupar e de gozar o dinheiro, aprendendo a utilizá-lo como único instrumento para melhorar a qualidade da nossa vida.

As previdentes "formiguinhas" descobriram o prazer do risco, e as cigarras de mãos esburacadas terão a satisfação de conseguir economizar, ou de não se deixar atemorizar pelo dinheiro. A nossa amiga também experimentou uma alegria profunda e uma empinada na autoestima quando, finalmente, conseguiu entrar no banco e renegociar o seu empréstimo.

As mulheres e a shopping-terapia

Até este momento, não contamos histórias no feminino: não é por acaso. A necessidade de aprender a investir o dinheiro seguindo a evolução do mercado resulta mais difícil às mulheres que, na maior parte dos casos, têm sido, de longa data, dependentes da gestão alheia do dinheiro.

Ainda hoje, na Itália, são pouquíssimas as mulheres titulares exclusivas de uma conta-corrente pessoal (30 em 100, segundo pesquisa Eurisko, de 1993). Isso significa que, em geral, têm uma conta-conjunta com o marido; não são elas que assinam cheques ou ordens de pagamento, contratam taxas de juros, solicitam empréstimos. E menos de 10, em 100, têm cartão de crédito. E não é tudo. Se é verdade que as mulheres de hoje também ganham dinheiro, ainda têm o "vício" de pagar, de tirar do próprio salário as despesas para a empregada doméstica, a babá, a creche. Quase como se sentissem em culpa por estar fora de casa e não poder, assim, absorver as tradicionais tarefas domésticas. Mas isso também, embora lentamente, está mudando. Nem sempre de forma positiva.

As mulheres de hoje incluíram no relacionamento com o dinheiro uma variável meio doida: a shopping-terapia. Muitas delas, de fato, quanto mais ganham, mais gastam, sem conseguir economizar. Um vestido novo, outro par de sapatos representam um antídoto ao estresse, um antidepressivo, um calmante. De resto, a coisa parece que funciona até para os homens, visto que, segundo uma recente pesquisa, 32 por cento dos italianos faz compras para combater o estresse.[22]

Existem, no entanto, mulheres tomadas não só pelo frenesi do shopping, mas vítimas de uma verdadeira compulsão ao desperdício, que se torna uma expressão da sua riqueza. Eis, então, os grandes jantares com vestidos usados uma única vez, que se tornam importantes pelo menos quanto à ostentação das joias. Nesse caso, parece que se pode dar razão ao cínico que diz: a mulher gasta sempre mais dinheiro do que o marido quer, para fazer saber aos outros que o seu marido ganha mais do que os outros imaginam! Ele, por sua vez, exibe como símbolo de status, também, a capacidade de gastar da mulher que, assim fazendo, dependerá cada vez mais da gestão produtiva do dinheiro, que permanece a cargo dele. Esse tipo de mulher entrará em dificuldade no momento em que tiver de enfrentar situações de autonomia e propriedade, no trato com o dinheiro. Ornela, por exemplo, viveu sem traumas o seu divórcio, enquanto o ex-marido lhe passava um cheque regularmente, mas entrou em crise, no momento em que lhe coube ter de gerir um capital com o qual nunca se preocupara.

Mudar de atitude em relação ao dinheiro, deixar de delegar, é difícil. O caso da atriz americana Colette Dowling é emblemático: depois de ter ganho mais de um milhão de dólares com o seu livro *A síndrome de Cinderela*, comportou-se exatamente como o seu personagem, delegando a outro – o "príncipe" – a gestão do seu sucesso. Uma série de investimentos errados levou-a a ficar em dificuldades econômicas. Nesse caso também, para dizer a verdade, entra em jogo um outro fator, o do enriquecimento repentino. De fato, geralmente quem ganha na loteria, na loteria esportiva ou nos programas de perguntas da televisão, não ganha a propriedade do dinheiro, e muito menos a felicidade.

De qualquer modo, Dowling descreveu, depois, a sua experiência, num livro[23] dedicado à relação feminina com o dinheiro, em que sublinha como muitas mulheres têm um grande medo de acabar "embaixo da ponte"; vale dizer sozinhas, abandonadas e sem dinheiro. E por trás do medo de não saber gerenciar o balanço, esconde-se frequentemente um prejulgamento, ou talvez uma esperança inconfessa: a verdadeira mulher sabe encontrar alguém que tome conta de si... Atitudes que se traduzem, na verdade, em comportamentos autolesivos. Por exemplo: só 30 por cento das mulheres americanas entre os 45 e os 64 anos (contra 47 por cento dos homens) economizam para a velhice. Outras têm a autoestima muito baixa, o que as leva a se considerar incapazes de gerir o seu dinheiro ou, de algum modo, pouco inclinadas a experimentar novos caminhos.

Os jovens e o dinheiro "invisível"

No nosso país, ainda não se atingiram os excessos dos jovens universitários americanos, que desde os 18 anos pagam tudo com "dinheiro de plástico", os cartões de crédito. Com a cumplicidade dos bancos, eles os multiplicam até ter uns dez no bolso. Desse modo, antes ainda de ter um trabalho fixo, acumulam milhões em débitos. Na sociedade consumista, em que o tempo parece estar reduzido à única dimensão do presente, o cartão de crédito dá a ilusão de riqueza, diferindo, num futuro difícil de se imaginar, da inevitável prestação de contas.

Isso, porém, não é senão um aspecto de um fenômeno muito mais complexo: as transformações sociais e econômicas fazem com que os jovens de hoje entrem muito mais tarde no mundo do trabalho; aos 30 anos, frequentemente ainda vivem com os pais e, mesmo que ganhem alguma coisa, não têm a menor ideia do que significa se manter. Por outro lado, o fim da época do emprego fixo os obriga a enfrentar a alternância de períodos em que se recebe um rendimento e outros em que não se recebe nada. Isso implica uma gestão do dinheiro muito diferente daquela que se aprendeu numa família na qual quem trabalha leva para casa regularmente o salário, todo mês. E os incidentes de percurso logo se veem. Há jovens recém-formados que, tão logo recebem as primeiras remunerações por trabalhos temporários, desperdiçam-nas alegremente em viagens ao exterior, até se verem sem o dinheiro necessário para pagar o IVA e as taxas, poucos meses depois. Um deles, rindo, se lamentava de que o "dinheirinho" que chegava da mamãe e do papai pontualmente, todo mês, não o habituara a planejar as suas entradas e saídas para períodos muito longos...

Aposentadoria privada: da fé na Divina Providência ao provérbio "Ajuda-te, que Deus te ajuda"

Além disso, os jovens se encontrarão frente a um cenário absolutamente inédito: a necessidade de um seguro previdenciário privado. Se a era do emprego fixo terminou, também terminou a da aposentadoria assegurada. E as mudanças demográficas, em particular o aumento do número de idosos, devido à elevação da longevidade média, e a redução da quantidade de jovens e de ocupados, puseram em crise o sistema previdenciário oficial italiano. Num futuro não muito distante, a desproporção entre o número de trabalhadores e o de aposentados será tal que não permitirá o pagamento das pensões para os idosos. Torna-se necessário, portanto, prover a velhice de forma diferente, por exemplo, economizando e investindo em fundos de pensão privados.

O problema é que essa mudança inevitável contrasta com a mentalidade assistencial, que ainda caracteriza os italianos. Segundo Savona,[24] creem na Divina Providência, personalizada pela Fada Azul da conhecida fábula do Pinóquio, e não no provérbio "Ajuda-te, que Deus te ajuda". A esperança messiânica de que o Estado, mediante a taxação das classes mais ricas, providenciará que todos tenham raízes culturais profundas. E com isso, jovens e menos jovens terão de contar.

E você? Como pode mudar?

O dinheiro, como já vimos, ocupa um lugar importante na nossa sociedade. É certo que também existe uma contracultura da vida simples, que retoma alguns conceitos da ecologia e da *New Age* (ainda que esta última tenha assumido conotações fortemente comerciais), mas trata-se de posições claramente minoritárias, com respeito àquela que faz do deus-dinheiro o verdadeiro motor de muitos comportamentos humanos. Por isso, aprender a ter uma posição diferente em relação ao dinheiro, evitando tanto a passividade desdenhosa como a atual cobiça ativista, implica uma série de mudanças.

A formiga que canta e dança

De onde provém a nossa relação com o dinheiro? De um pai tacanho e avaro, contra o qual quisemos nos rebelar, tornando-nos pessoas de mãos furadas? Ou de pais parcimoniosos, que nos transmitiram a obsessão pela economia?

E para nós, o que representa o dinheiro? Dá-nos segurança, aborrece-nos com a ideia de termos de nos ocupar com ele, causa-nos ansiedade?

É importante reexaminar a nossa posição em relação a ele, procurando compreender o que assimilamos da família e do ambiente cultural, de modo a poder identificar os nossos pontos fortes e os nossos lados fracos.

A necessidade de ficar mais ativos, partícipes e responsáveis na gestão das rendas e das economias pode oferecer a cada um de nós uma ocasião para crescer e para redefinir os seus valores. Cada um poderá verificar o quanto tem de formiga e o quanto tem de cigarra, procurando fazer suas as características positivas de ambas: conseguindo, quem sabe, ser uma "formiga que canta e dança" ou uma "cigarra que trabalha".

No casal: as contas voltam?

Segundo dados STAT relativos à separação, os contrastes que giram em torno do dinheiro são citados, muito frequentemente, entre os motivos de crise que levam à dissolução do casamento. Por isso, é importante entender se o dinheiro é ou não terreno de conflito: esclarecer quem paga o quê (é justo que ela tenha a carga da empregada?), se os parceiros estão de acordo sobre os investimentos (quem decide se comprar casa ou trocar de carro?), ou se

O dinheiro: nem deus nem demônio: aliado   199

é melhor "recontratar" esses aspectos da vida em comum e operar as mudanças.

Se ela entra no banco

Como vimos, as mulheres mostram, frequentemente, mais aversão ao falar de dinheiro. No casal, delegam a gestão do balanço ao marido. No trabalho, ficam embaraçadas de ter de pedir um justo aumento de salário. No banco, não se interessam nem por investimentos, nem por uma eventual aposentadoria complementar. É tempo de mudar: a autonomia passa, também, por uma gestão sensata das próprias finanças. Com um olho no futuro. E para alguns, poderia ser útil frequentar cursos de planejamento financeiro, que deem igual atenção aos aspectos técnicos e aos psicológicos da questão das poupanças.

Invistamos num banco ético

Se queremos colaborar em incidir na distribuição da riqueza e dos investimentos, podemos depositar o nosso dinheiro num "banco ético", que financie iniciativas respeitosas do meio ambiente e dos direitos civis.[25]

IX
A escola:
do ensino ao aprendizado

O que têm em comum a prisão de Alcatraz, o Titanic naufragado no oceano e as muralhas do inferno de Dante? São todas metáforas da escola: pelo menos, segundo 4.208 rapazes de 240 colégios e institutos técnicos e profissionais da Itália, a quem foi pedido para contar como vivem em classe. E, geralmente, todos os desenhos e símbolos utilizados para descrever a experiência escolar revelam sentimento de raiva, desespero e expectativas traídas.[1]

Na realidade, só uma minoria (15 por cento que, porém, em algumas escolas atinge pontuações mais elevadas) exprime um desconforto muito intenso. Mas é um mal-estar que carrega consigo um perigoso potencial de violência, que se manifesta cada vez mais abertamente em muitas escolas dos países ocidentais, com formas que vão do vandalismo (importunando com molestamento e extorsão os companheiros e professores), até os horríveis morticínios que agitaram bem umas dez universidades americanas. Esses episódios extremos são apenas a ponta do iceberg, na verdade, o desconforto está muito difundido. Até porque a escola, evidentemente, não consegue mudar com a velocidade suficiente para acompanhar o passo das transformações épicas que – como vimos nos capítulos anteriores – se verificaram no mundo do trabalho e, mais em geral, na sociedade inteira.

É necessário, porém, recordar que a escola, como a família, exerce a sua influência em uma idade tão delicada como é a formativa, e que, portanto, muitos destinos se decidem entre as suas paredes. Hoje, os genitores, e em especial as mães, empenham-se na busca de estruturas melhores. Mas para escolher bem é necessário entender quais são os problemas mais graves das salas de aula tradicionais e as oportunidades oferecidas pelas instituições mais avançadas.

Renovemos a escola com a educação emotiva

Marco tem 13 anos, frequenta a terceira série média e não tem vontade de estudar. Perturba os companheiros na classe e frequentemente acaba na diretoria. Os professores afirmam que ele é inteligente, mas que não é aplicado; ele diz que quer deixar de estudar porque a escola é enfadonha.

Valeria está na quarta série do ginásio. Durante os exames de grego, se a menina não sabe a resposta a uma pergunta, a professora espera, calada, até cinco minutos contados. Valeria enrubesce, fica nervosa e não consegue pronunciar uma palavra sequer. Há algumas semanas, sofre de dores de estômago matinais que a impedem de ir à escola. Ela também está pensando em deixar de estudar ou de mudar de escola, porque se sente incompetente e estúpida.

Marco e Valeria representam só dois problemas, mas são muitos os jovens que, nas nossas instituições tradicionais, vão mal. E poderiam, em vez disso, aprender com alegria, em contextos diferentes. Na escola de hoje, está em curso, de fato, um grande debate entre tradicionalistas e inovadores. Estes últimos sustentam que os métodos didáticos clássicos acabam por incutir passividade, penalizando a autonomia e a criatividade, isto é, não desenvolvendo duas das características mais requisitadas pelo novo mundo de trabalho e da sociedade pós-industrial. Na verdade, a didática tradicional está mais centrada sobre o docente do que sobre o aluno, celebra a hegemonia do professor, do livro de texto, da lição catedrática, e confia numa grande estrutura disciplinar. Como escreve Franco Frabboni, um dos maiores entendidos na matéria: "A forma catedrática, que resume oralmente o quanto se encontra escrito no livro de texto, torna-se uma presença difusa e totalizadora do ensino, em detrimento do aprendizado. Hoje, cada vez mais a complexidade dos deveres e dos problemas requer respostas inovadoras, que sejam desenvolvidas por meio de um aprendizado experimental. O assunto deve ser percebido pelo estudante como pertinente aos seus objetivos, e envolvê-lo, tanto emocional como intelectualmente."[2]

No modelo tradicional, as classes são organizadas segundo o princípio da eficiência formal, obtida com o ensino contextual e simultâneo, por todos os alunos de cada uma das classes. A educação é considerada uma necessidade social, e o seu fim predominante consiste em transmitir aos jovens o respeito à autoridade e um mínimo de competências predeterminadas. Sob essa ótica, é atribuída importância à hierarquia, às regras, ao saber livresco. Os alunos são agrupados em classes, não porque se valorize o grupo, mas por razões práticas, porque custa menos pagar um único docente que ensina a muitos alunos ao mesmo tempo.

Esse modelo pedagógico remonta à Idade Média e nega a contribuição dos antigos, que tinham desenvolvido métodos didáticos muito criativos. Como observa Malcolm Knowles, pioneiro da pedagogia de adultos, nos Estados Unidos, as primeiras experiências de educação sistemática na história humana foram realizadas pelos adultos.[3]

Confúcio e Lao-tse, na China Antiga, os profetas do Antigo Testamento, como depois Jesus, nos Evangelhos, Aristóteles, Platão, Sócrates, Euclides e, em seguida, Cícero ensinavam a adultos, e por isso reconheciam a experiência como um recurso precioso para a aprendizagem. Por isso, puseram em ação técnicas aptas a envolver os indivíduos em processos mentais ativos. Os antigos chineses e os judeus inventaram o "método dos casos críticos", em que um líder descreve uma situação problemática, frequentemente sob forma de parábola, depois do que, todos juntos exploram as suas características e as possíveis soluções. Com os gregos, nasce o diálogo, no qual quem conduzia a disputa punha uma questão ou um dilema; todos os participantes levavam a sua contribuição em pensamentos e experiências, procurando juntos uma resposta ou uma solução. Em vez disso, os romanos preferiam o encontro direto e organizavam desafios, durante os quais procurava-se afirmar o próprio ponto de vista contra um adversário, que sustentava o oposto.

Só muitos séculos mais tarde foram fundadas as primeiras escolas para crianças, orientadas para a preparação de meninos para o sacerdócio. Tendo de ensinar aos meninos o conteúdo da fé e dos ritos, desenvolviam-se estratégias de ensino baseadas em alguns pressupostos chamados de "pedagógicos". No século XIX, esse modelo foi adotado nas escolas públicas, às quais se confiou a tarefa de transmitir os valores cristãos e de preservar uma sociedade hierárquica e autoritária como a eclesiástica, que a inspirara.

Na base desse modelo educativo, existe a convicção de que os meninos não gostem de aprender, e são, por isso, obrigados. Devem aprender exatamente aquilo que o professor julga oportuno, sem necessidade de saber o quanto lhes servirá na vida futura, ou de entender quais são as inclinações de cada um. Essa é, ainda hoje, a concepção dominante nas escolas, particularmente das de ensino fundamental até a universidade.

Desde o início do século XX, os esforços conjuntos de pedagogos, psicólogos da idade evolutiva e especialistas da aprendizagem de adultos têm levado à elaboração de um novo modelo, que tem as suas raízes teóricas no pensamento de Maria Montessori, Rudof Steiner, Célestin Freinet, Peter Peterson e Carl Rogers, e que foi amplamente experimentado e adotado em larga escala, principalmente nas escolas maternais e elementares. As suas características principais são:

a) Ênfase na função escolar de emancipação do indivíduo.
b) Atenção ao contexto ambiental.
c) Adoção de uma estrutura flexível, a partir do momento que existem diversos modos de ensinar o mesmo assunto.
d) Ênfase nos sentimentos e encorajamento do aluno.
e) Utilização de todas as potencialidades do cérebro humano.

f) Experimentação dentro e fora da classe.
g) Convite à comunidade, a fim de que demonstre propósito e seja partícipe.
h) Abandono do grupo-classe fixo, criação de grupos temporários e móveis e adoção de métodos mais individualizados.

A aula de emoções

Nos últimos anos, diversos estudiosos propuseram até mesmo que a escola abandone a primazia de enfoque ao aspecto cognitivo, considerando em primeiro plano a dimensão emotiva. É preciso, então, encorajar o desenvolvimento daquela que Daniel Goleman chamou de "inteligência emocional", e que possui um quociente seu, chamado de QE para distingui-lo de QI, o quociente de inteligência que se mede com enigmas e testes.[4] E por que se fala tanto nisso? Em parte, porque a inteligência emotiva resultou mais importante do que a cognitiva, na determinação do sucesso profissional. Trabalhar em grupo para resolver os conflitos é uma característica crucial, assim como a disposição de se adaptar à mudança. Progride quem é capaz de aprender, ouvir, comunicar, gerir os conflitos e superar os obstáculos. Ao contrário, os fracassados são frequentemente arrogantes, autoritários e incapazes de se adaptar às mudanças.

Receber uma boa educação emotiva já nos bancos da escola torna-se, por isso, indispensável para enfrentar esse mundo em mudança. O famoso consultor de gerenciamento Charles Handy conta que depois de ter frequentado, na Inglaterra, as melhores escolas privadas e uma prestigiosa universidade, conseguindo enfim um diploma em letras, ficou de posse de noções utilíssimas para ser aprovado nos exames, mas privado da competência necessária ao mundo do trabalho, no qual é preciso colaborar com os outros e não ter as primazias de uma estrela.[5] O autor sustenta que existem sete qualidades indispensáveis no mundo do trabalho: confiança, curiosidade, intenção, autocontrole, capacidade de comunicar, de cooperar e de delegar. Uma escola em que não se adquirem também essas competências, em grande parte relacionais e emotivas, além de cognitivas, já não será eficaz.

Portanto, o que é a educação socioafetiva? Define-se desse modo aquela parte do processo educativo que se ocupa dos sentimentos, das atitudes e das emoções dos estudantes. Implica uma atenção para o desenvolvimento pessoal e social dos alunos e para a promoção da sua autoestima. Os sentimentos que os estudantes experimentam por si mesmos e pelos docentes podem, de fato, influenciar o seu rendimento de maneira até maior do que a sua habilidade cognitiva. Além disso, a educação socioafetiva permite às crianças aprender a respeitar e estimar a si mesmos e aos outros, apreciando as vantagens oferecidas pela resolução dos conflitos com métodos não-violentos. Ensina a ser tolerante e assumir a responsabilidade do seu comportamento. Funciona – e as pesquisas o demonstram – até mesmo em motivar os meninos que vão mal na escola ou que têm problemas interpessoais, e com indivíduos que abandonaram os estudos e têm dificuldades ligadas ao consumo de drogas. E não é só. Faz com que as crianças "normais", frequentemente brilhantes nos maternais e elementares, e que perdem gradativamente todo o interesse pelo estudo,[6] reencontrem o prazer de aprender.

Em muitas escolas italianas, de elementares a superiores, a educação socioafetiva tornou-se parte do ensino, graças, acima de tudo, aos esforços de alguns docentes. Mas a sua difusão ainda é discricionária. Por isso, a nosso ver, é preciso que os pais se informem antes de inscrever os filhos. Enquanto muitos compreenderam o quanto é importante estudar línguas estrangeiras ou aprender a utilizar o computador, poucos ainda se preocupam em escolher a escola segundo a atenção que ela dedica ao desenvolvimento das características socioemotivas nos alunos. Ainda assim, esse é um fator crucial, tanto que as instituições mais avançadas de alguns países europeus já a introduziram há tempo nos seus padrões de qualidade.[7]

Procuram-se desesperadamente professores do sexo masculino
Se quem nos lê tem mais de 50 anos, encontrou, na sua vida escolar, docentes masculinos: certamente, no segundo grau e superior, e talvez, até, no primeiro grau. Quem está por volta dos 30 poderia, em vez disso, ter tido somente professoras, principalmente no primeiro grau. E as crianças que iniciam a escola hoje poderiam não ter, nunca, um professor, pelo menos até a maturidade. Nas escolas italianas, de fato, os docentes masculinos tornam-se cada vez mais uma espécie em vias de extinção: deveriam estar protegidos pela entidade protetora mundial! É possível?

Vamos dar um passo atrás. Durante séculos, estudar e ensinar foi privilégio reservado às elites, e os professores eram todos do sexo masculino. Na Antiguidade, em Esparta ou em Roma, por exemplo, depois da primeira infância as crianças eram confiadas a professores masculinos, e durante séculos, os preceptores de reis e nobres foram unicamente homens. Foi apenas no século XIX que algumas mulheres tiveram acesso ao ensino, nos primeiros estabelecimentos femininos: em seguida, muito lentamente, entraram também nas escolas para jovens.[8] Nos últimos trinta anos, enfim, cumpre-se uma revolução silenciosa: muitos homens abandonam o ensino em favor de profissões mais remunerativas. É certo que a feminilização da escola tem tido numerosos efeitos positivos. Nas classes maternais e elementares, onde a presença da mulher é preponderante, em todos os níveis, têm sido aplicadas importantes experiências, integrando os aspectos cognitivo e afetivo da educação, com resultados notáveis. No ensino médio e no superior, a maciça presença feminina ofereceu modelos positivos para muitas moças, levando-as muitas vezes a escolher o ensino como profissão.

Porém, a feminilização da profissão levou a uma desvalorização social. Na verdade, tradicionalmente o trabalho da mulher tem menos prestígio e menos poder, na nossa sociedade, como Donata sublinhou no seu ensaio *Amore e potere (Amor e poder)*.[9] Não esqueçamos que as profissões que têm a ver com o cuidado à criança (babá, professora de creche e orfanato, professoras e assistentes sociais) estão entre as de mais baixa remuneração. As escolas de maior prestígio procuram admitir também homens: às vezes, como no caso dos estabelecimentos privados, pagando melhor, ou oferecendo-lhes outros encargos além dos didáticos (subdiretor, chefes de projeto, para alguns cargos organizacionais). Mas têm dificuldade de encontrar candidatos eficientes e motivados. A qualidade e o número de docentes masculinos numa escola é, por isso, outro indicador importante para escolhê-la, principalmente se o seu filho é um menino.

O drama dos adolescentes masculinos: viver numa sociedade sem pais

Mas por que é tão importante que meninos e meninas não tenham apenas docentes mulheres? Porque estamos vivendo numa sociedade "sem pais". E geralmente privada de figuras masculinas de referência.

A instabilidade matrimonial, o número sempre crescente de divórcios, as famílias com apenas um dos genitores, nas quais quase sempre uma mãe separada procura se arranjar, enquanto o ex-marido se omite ou desaparece, ou uma mãe solteira; mas também as famílias normais, em que os pais estão cada vez mais ausentes... Tudo isso contribui para desgastar cada vez mais a identidade masculina. Não queremos, obviamente, dizer que a crise da virilidade se deva somente à ausência do pai. Porém, como afirma o canadense Guy Corneau,[10] a falta de um modelo de referência tem levado, entre outras coisas, ao aumento da insegurança masculina e a uma crise de identidade.

É certo que um professor não pode substituir um pai que não existe. Mas seguramente a sua presença ajuda. Pensemos num filme como *A sociedade dos poetas mortos*, em que a figura de um professor queridíssimo, interpretado por Robin Williams, ilustra bem a importância que pode ter um docente masculino num grupo de adolescentes que o admiram. E não nos esqueçamos que são os adolescentes masculinos os que estão em maior risco: os comportamentos em desvio, de fato, são muito mais comuns entre os meninos, que geralmente interrompem os estudos antes das suas companheiras, são reprovados com mais frequência e dão mais problemas disciplinares.[11]

A situação piora mais tarde, se em torno de si um rapaz potencialmente difícil encontra apenas mulheres.

A confirmação dessa observação é do estudioso dinamarquês Niels Krieger,[12] principalmente na primeira adolescência, isto é, na idade compreendida entre os 11 e os 16 anos, quando o aluno que quer afirmar a sua virilidade e avaliar os seus limites comparando-se com os demais encontra sérias dificuldades, quando à sua frente há só docentes mulheres.

Esses rapazes provêm, o mais das vezes, de situações familiares difíceis em que, geralmente, têm pais física ou psicologicamente ausentes; rebelam-se às perguntas das professoras e não lhes reconhecem a autoridade. Esse modo de desafiar as figuras femininas para se proclamar macho pode traduzir-se em diferentes comportamentos: não estudar, ficar agressivo ou indisciplinado, usar uma linguagem grosseira e vulgar. Nos casos mais graves, os adolescentes formam bandos para extorquir os companheiros, bater nas professoras ou praticar atos de vandalismo nos componentes da estrutura escolar. Todas essas, expressões da raiva provocada por ter de se submeter à autoridade de uma mulher, que frequentemente lembra-lhe a autoridade da mãe. Esse medo de ser "contaminado" por um mundo feminino leva os adolescentes a recusar em bloco algumas características positivas da intimidade, vivida como pouco viril (amar e ser amado, cuidar de alguém ou também deixar-se cuidar).

E esse é um momento muito difícil e delicado, no caminho que leva à formação da identidade. O filósofo Axel Honneth afirma que as crianças conseguem se construir como indivíduos apenas se são (ou se sentem) "reconhecidas" pelos outros.[13] Ou seja, tornam-se conscientes da sua individualidade por meio de uma gama cada vez maior de reconhecimentos provenientes do ambiente em que vivem. A confiança em si mesmo constitui-se no pressuposto psíquico de todas as posteriores atitudes positivas. Mas ela nasce de uma troca concreta e estabilizada de sentimentos de amor e de apreço da parte do adulto, expressos tanto por meio da comunicação corporal como da linguagem verbal. A relação com a figura feminina torna-se, assim, o pressuposto da empatia e da capacidade de se reconhecer nos seus semelhantes. Se, em vez disso, essa figura está presente de modo excessivo, mesmo no mundo externo ao núcleo familiar, no qual, além disso, como frequentemente se dá no âmbito escolar, propõe-se como sancionadora e autoritária, isso pode agravar situações já marcadas por uma relação conflituosa e tumultuada com a mãe.

Muitas professoras não compreendem o quanto os comportamentos de alguns alunos servem para experimentar a sua masculinidade, especialmente em determinados contextos sociais. Discutir asperamente, brigar, empurrar-se, além de ser sarcásticos e vulgares fazem parte do modo de estar "entre machos". Segundo algumas pesquisas efetuadas por estudiosos dinamarqueses,[14] as professoras têm medo de perder o controle da situação e intervêm intempestivamente para evitar as discussões, não têm senso de humor e ficam nervosas pelo contato físico "manual", predileto, porém, dos rapazes. Os professores, ao contrário, ficam mais à vontade e aceitam com maior facilidade os comportamentos exuberantes, pondo, ao mesmo tempo, limites e regras claras. O problema está, então, no fato de que muitos adolescentes não têm, nem em casa nem na escola, figuras masculinas de referência, capazes de lhes ensinar a lutar – mesmo fisicamente –, a ser fortes e assertivos sem se tornar violentos, isto é, mantendo o senso de medida das consequências das suas ações. Esses rapazes crescerão incapazes de exercer um autocontrole eficaz e permanecerão emotivamente imaturos.

Recentemente, Donata participou do programa europeu *Youth Start*, dedicado aos adolescentes difíceis que tinham abandonado precocemente a escola.[15] Esses rapazes, malgrado tivessem apenas 17 anos, se comportavam como crianças de 4. Corriam atrás uns dos outros dizendo palavrões, eram incapazes de se concentrar e de trabalhar de modo autônomo, mesmo apenas por alguns minutos, discutiam com ferocidade, às vezes se agredindo por motivos fúteis. Não respeitavam nenhuma regra: a proibição de fumar cigarros ou baseados, ou de sair sem permissão, era regularmente ignorada. Era como se tivessem sido habituados a satisfazer imediatamente cada uma de suas necessidades, pensando exclusivamente no momento presente. Não por acaso, era impossível para eles imaginar o futuro, sentido com ansiedade e medo. Somente um lento trabalho de reeducação emotiva e cognitiva, e a presença constante, afetuosa e severa, juntos de um referente masculino autoritário permitiram atingir o objetivo: torná-los capazes de enfrentar, de modo responsável, um aprendizado profissional.

Se as escolas são muito "isoladas" do contexto social

No século XIX, as "antepassadas" das modernas escolas públicas tinham entre os seus objetivos o de preparar os indivíduos para ir à fábrica e ao escritório. Encerrar os rapazes nos mesmos aposentos durante longas horas por dia era, por isso, um procedimento ideal para os habituar, mais tarde, a passar um dia similar numa fábrica ou escritório. Hoje, que o trabalho – como vimos – se desestrutura no espaço e no tempo, os antigos prédios escolares se tornaram obsoletos, como as velhas fábricas. De fato, são frequentes as construções feias e decrépitas, parecidas com prisões ou hospitais. Além disso, nas últimas décadas, por economia, muitas escolas foram agregadas, tornando-se lugares enormes onde convivem centenas (e às vezes, nas superiores, milhares) de alunos e professores. Exatamente enquanto escrevíamos, discute-se, na Itália, a eliminação de metade das 60 mil escolas existentes. De um ponto de vista financeiro, essa decisão apresenta algumas vantagens, mesmo que a economia não seja tão elevada como se poderia pensar, tendo em conta os custos decorrentes da necessidade de transportar os alunos que moram longe dos centros escolares. E do ponto de vista psicossocial? Pesquisas bem conhecidas demonstraram que as escolas grandes têm como consequência a diminuição da participação, a redução das possibilidades de os jovens serem os protagonistas, o aumento dos episódios de violência e a formação de subgrupos de marginalizados.[16] Parte desses fenômenos se deve ao fato de que o escolar tem a sensação de ser apenas um número, ao cansaço provocado pelas longas horas transcorridas na condução e ao isolamento social, do qual são vítimas numerosos alunos que moram longe do local onde estudam. Além disso, muitas escolas são estruturas destacadas, quase sem relação com o mundo que as cerca. Uma "separação" exagerada, que provoca mal-estar tanto nos alunos como nos professores, como aparece numa pesquisa conduzida em 240 estabelecimentos de ensino superior.[17] A maior parte dos 5 mil estudantes interpelados não conhecia a realidade econômica, social e cultural – e às vezes nem a geografia – dos bairros em que a escola se inseria.

A muitos jovens, aprisionados durante anos entre as paredes escolares, falta, hoje, oportunidade de aprender observando os adultos que exercem atividades reais, como era possível no passado. Esse distanciamento entre escola e mundo do trabalho está assumindo proporções preocupantes. De uma pesquisa conduzida junto a alunos da escola média inferior, por exemplo, apurava-se a influência predominante da televisão: todos os tipos de trabalho que não se viam na tela eram desconhecidos ou considerados irrelevantes, e isso era acompanhado por uma ignorância total sobre os trabalhos reais desenvolvidos nas áreas de proveniência dos alunos.[18]

As escolas mais avançadas estão buscando remédio rápido, e descobrem a importância de envolver outras estruturas sociais e produtivas no processo educativo. De fato, hoje não é mais possível pensar que a escola sozinha possa educar globalmente, e sim que é necessário estender a responsabilidade pedagógica a toda a sociedade.

Nós – na primeira pessoa – podemos fazer isso com as crianças e os adolescentes que conhecemos: os nossos filhos, mas também os sobrinhos e os filhos dos amigos. Além disso, têm sido preparadas algumas experiências-piloto. Nos Estados Unidos, por exemplo, as associações de voluntariado conseguiram viabilizar relacionamento de colaboração com diversas empresas, que permitem aos seus funcionários servir como "tutor", uma hora por semana, em horário de trabalho, a crianças e jovens com dificuldades escolares e relacionais.[19] Na Itália, a universidade de Lecce[20] propôs um programa elaborado nos Estados Unidos chamado "Mentors", que forma uma rede de escolas, famílias, administração provincial das escolas, empresas e universidade. Depois de se terem "formado", os trabalhadores de algumas empresas locais tomaram sob suas asas, cada um deles, um rapaz de risco, acompanhando-o uma vez por semana, durante um ano escolar, no horário normal de trabalho: tanto a autoestima quanto o rendimento escolar dos rapazes aumentaram. Em Israel e na Grã-Bretanha, avós e pessoas idosas foram envolvidas num projeto de *tutoring* para rapazes em desvantagem.[21]

Na Itália, algumas comunas criaram *le leve giovanili* ("os recrutamentos juvenis"), isto é, pediram a jovens para se tornaram "tutores" de adolescentes em dificuldades. Os prefeitos de várias cidades toscanas convidaram, por carta, todos os residentes de idade compreendida entre 19 e 29 anos a participar da iniciativa: muitos deles empenharam-se quatro horas semanais durante dois anos, com o objetivo de ajudar meninos em risco de abandono escolar. Em troca, a comuna ofereceu formação e supervisão.[22] Para avaliar os resultados desse projeto, implantado numa comuna próxima a Florença, manteve-se um convênio durante o qual emergiu que a iniciativa teve resultados positivos, não apenas no que tange a meninos com dificuldades escolares e emotivas, mas também para os jovens empenhados. Essas experiências poderão se estendidas, envolvendo, por exemplo, alunos de escolas superiores em programas de apoio a alunos dos cursos médios inferiores, valendo-se também de instrumentos como aqueles oferecidos pelo ministro Luigi Berlinger, que decidiu que algumas atividades de voluntários podem representar pontuação de crédito escolar para a maturidade. Não é uma novidade: no exterior, isso acontece há décadas, por exemplo, em algumas escolas da Suíça e anglo-saxônicas.

Entre os países que têm procurado preencher a lacuna entre escola e mundo do trabalho, e estender a função educativa a toda a comunidade, a Islândia é o que tem realizado as experiências mais interessantes. Todo verão, as crianças da escola elementar trabalham numa horta comunal, plantando frutas e verduras que podem levar para casa, quando amadurecer. Os meninos maiores, dos 11 aos 16 anos, têm ainda a possibilidade de desenvolver trabalhos socialmente úteis, como limpar estradas e cemitérios, ou fazer aprendizado entre os artesãos. Em todos os casos, durante não mais do que quatro horas por dia. Desse modo, tiram-se os meninos das ruas e se lhes dá a oportunidade de fazer experiências com as diferentes tarefas dos adultos. E não só isso. Há também ocasiões em que se permite aos adolescentes conhecer outros adultos, fora do círculo familiar, e iniciar com eles relacionamentos amigáveis, que frequentemente se estendem além do período de verão, contribuindo para os inserir numa rede mais ampla de relações sociais.

A insatisfação dos alunos... e dos professores

Durante muito tempo, a escola teve a função de selecionar os alunos melhores e permitir a ascensão social dos mais meritórios, que provinham de contextos desfavoráveis. Nos últimos anos, isso não tem acontecido mais. São muitos os desocupados que têm um diploma, ainda que, com muita frequência, não preparados para as exigências do mercado.

A instituição escolar tem fracassado, portanto, no seu dever ético de transmitir uma cultura de base mínima, que permita a todos tornar-se cidadãos do seu tempo, participando da vida social e produtiva. E as razões disso são múltiplas. Em muitas nações ocidentais, cresce a diferença entre escolas prestigiosas, reservadas aos filhos das classe dirigentes, e escolas péssimas, em geral, públicas, frequentemente situadas em bairros degradados, que não fornecem nenhuma preparação profissional atualizada, nem uma educação global satisfatória. A escritora francesa Viviane Forrester, num livro que suscitou muita polêmica,[23] descreveu bem a vida alienada dos meninos de periferia, que frequentam escolas em ruínas, e não têm futuro.

No curso do seu trabalho, a própria Donata pode ver "por dentro" com se vive nessas estruturas degradadas. Mas é possível mudar. Uma das suas pesquisas investigativas levou-a ao Sul da Itália, considerado "difícil", caracterizado, entre outros fatores, por uma taxa de abandono escolar mais alta do que a média. A situação falimentar era vivida com a mesma intensidade por professores e alunos: particularmente entre os docentes – à exceção de um pequeno grupo – fermentava um forte sentimento de inutilidade, percebido, obviamente, pelos estudantes. Uns e outros tinham escolhido a escola como última praia, e sentiam-se "descartados"; 57 por cento dos meninos tinha sofrido uma ou mais reprovações. A atmosfera estava muito tensa, qualquer mínima divergência servia de pretexto para desencadear absurdas brigas entre professores, bedéis e alunos. No interior de cada grupo transpirava muita raiva, mascarada por uma atitude aborrecida e indiferente. A pesquisa envolveu 84 docentes, 360 alunos, 23 auxiliares (bedéis e outros) e 185 pais. Ajudados a se confrontar mediante técnicas participativas especiais, os vários grupos identificaram os pontos fracos e fortes de suas escolas. No início, cada um mostrou uma tendência de acusar os outros pela situação de crise: por exemplo, enquanto os professores sublinhavam o fato de que os abandonos à escola se deviam à "imitação" de amigos e coetâneos, à perda de motivação e de interesse, aos insucessos pregressos e à falta de vontade de muitos meninos, estes últimos, por sua vez, consideravam fatores decisivos a atitude autoritária, ofensiva ou humilhante de alguns professores, a falta de clareza e a arbitrariedade nos critérios de avaliação, e a escassa motivação de muitos professores.

Além disso, durante o confronto notou-se que existiam, na realidade, muitas outras razões de desconforto. Algumas no âmbito social e ambiental, como a falta de meios de transporte cômodos para muitos estudantes residentes a grandes distâncias de suas escolas, a presença de pontos de drogas e delinquência juvenil próximas à escola, a existência de vários pais desocupados, o alto índice de famílias separadas ou desagregadas. Outras causas nasciam de problemas funcionais internos ao estabelecimento (turnos dobrados, disfunções organizativas como a alternância contínua de suplentes, o isolamento da escola na área).

Depois, cada grupo formulou possíveis remédios para os vários tipos de problema. Os pais solicitaram o aumento de relacionamento com o mundo exterior e a formação de grupos de discussão, para melhorar a relação com os filhos. Todos destacaram a necessidade de programas mais adequados ao mundo do trabalho, de melhores relações entre docentes e alunos e dos alunos entre si, de sistemas de avaliação mais transparentes e objetivos, e de um clima escolar mais sereno.

Aproveitando a autonomia concedida recentemente às nossas escolas, professores, estudantes, pais e pessoal administrativo têm dado vida a uma série de projetos, ativando até mesmo um "centro de consulta" para alunos com dificuldades psicológicas, coligado aos serviços sociais e grupos de voluntariado presentes na área, e elaborando projetos de iniciação ao trabalho, em colaboração com os empresários e os artesãos das várias comunas de referência.

Professores ou assistentes sociais?

Lamentavelmente, são muitas as escolas-gueto desse tipo: sem projetos, sem esperanças. Não só na Itália, mas em toda a Europa, e isso principalmente porque as classes de alunos refletem muitos problemas da sociedade. Todo ano é atribuída ao docente uma nova esfera de intervenções: a educação para a saúde e para a sexualidade responsável, a prevenção à dependência às drogas, a informação sobre os riscos da Aids. Além disso, a escola deveria ocupar-se da recuperação dos incapacitados, da reinserção dos impossibilitados de resolver problemas do dia a dia, dos problemas de aprendizado (mas também dos emotivos) criados nos filhos da separação ou do desemprego dos pais...

Porém, os professores não estão preparados para desenvolver todas essas tarefas. Muitas escolas funcionam graças ao "voluntariado" de um pequeno grupo de docentes, supermotivados e empenhados, que assumem todas as tarefas extraescolares, acabando frequentemente estressados, cansados, compadecidos dos colegas já desanimados. Inúmeras pesquisas revelam que muitos professores compreendem não ter instrumentos e poder para responder a todas as diferentes necessidades dos alunos, sentem-se socialmente desvalorizados, e cerca de 15 por cento deles declara abertamente querer aposentar-se.[24]

Muitos professores insatisfeitos são exemplos vivos, para os seus estudantes, de que estudar e se formar não compensa, em termos econômicos, de status social nem de sucesso profissional. Não podemos, por isso, surpreender-nos, se muitos meninos não têm qualquer apreço pela escola e pela cultura.

Aconteceu a Donata ver, numa escola superior da província de Nápoles, alunos que chegavam com a Mercedes do pai e com motos de alta cilindrada e zombavam dos professores que viajavam em seus carrinhos baratos. E colheu as confidências de inúmeros professores: "A maior parte dos estudantes pensa que nós ensinamos como recurso para nos sustentar, porque alguém a pé não viria à escola", confessam, amargamente.

A classe-caverna ainda funciona?

Na escola italiana, impera o modelo classe-central. As nossas crianças têm os mesmos companheiros durante cinco anos nas classes elementares, durante três anos nas médias, e cinco, nas superiores. Saindo-se bem, fazem amigos para a vida. Se, porém, vão mal, ficam à margem, se têm algum companheiro prepotente, são tapeados durante cinco anos em situações que podem não só torná-los infelizes, mas também levar a graves descompensações emotivas. Ainda assim, existe outro modelo possível: aquele no qual os meninos fazem parte de um grupo-base, mas, paralelamente, frequentam algumas matérias com companheiros diferentes em idade e habilidade. Dessa maneira, podem fazer amizades diferentes, ajudar os menores e deixar-se ajudar.

Outro fator a considerar na escolha de uma escola que prepare para um futuro em que será necessário confrontar-se com a diversidade é a composição étnica e social. Junto com a possibilidade de frequentar grupos mistos em idade e competência, durante as atividades escolares, culturais e esportivas, essa característica faz de um estabelecimento uma boa escola para os nossos filhos.

Alunos mal avaliados, professores não avaliados

Há dez anos, o marido de Donata, de origem americana, perguntou à professora da filha (que frequentava um severo ginásio de Roma) qual o método didático que deveria seguir. A docente replicou, indignada, que ele não tinha nenhum direito de lhe fazer semelhante pergunta. Então, ele perguntou por que, na seção A, a melhor nota era nove, enquanto na seção C, era oito, quando as notas, nominalmente, na Itália, vão de zero a dez. De novo lhe foi respondido que cada professor se comportava do modo que achava mais conveniente. Nesse ponto, o marido rebateu que, se nos Estados Unidos os professores tivessem avaliado os alunos de modo tão heterogêneo e arbitrário, haveria uma sublevação popular! E não muito depois, naquele ano, o ministro Berlinguer teve de pedir aos professores que dessem 9 ou 10, quando merecidos, para não penalizar os nossos meninos para a maturidade.

É apenas uma anedota pessoal: todo pai (e todo estudante) tem milhares dessas para contar, ridículas e trágicas. Mas todas têm a ver com o problema da avaliação. E além das neuroses pessoais de alguns professores, os nossos meninos têm razão de se queixar da arbitrariedade das notas que recebem, em geral, na escola. Não por acaso, a tão esperada maturidade, que entrou em vigor em

1999, introduziu os enigmas, tornando possível, assim, avaliar segundo critérios objetivos e iguais para todos.

No banco dos réus, certamente, a interrogação oral. Segundo Gaetano Domenici, um dos maiores especialistas italianos em avaliação, diversas pesquisas mostram que os interrogatórios em exames orais não são uniformes, ao longo do mesmo dia, ou em dias diferentes, e que as perguntas são confiadas a uma improvisação contínua.[25]

Em muitos países europeus e nas melhores escolas italianas, usam-se outras provas de verificação, que servem não apenas para fazer um juízo do aprendizado, mas também para colher os pontos fracos e fortes de cada aluno, de modo a poder aplicar uma didática personalizada. Em suma, basta do terror de tirar quatro! A avaliação deve ser um instrumento de diagnóstico e de ajuda ao aprendizado do aluno, um momento de reflexão comum; e não, como é muito frequente, um modo – às vezes arbitrário – de exercer a autoridade.

Quem dá nota ao professor?

Trata-se de um toque doloroso: nenhuma escola italiana avalia com eficiência, de fato, o seu corpo docente. Todos recebem a mesma compensação por serviços muito diferentes, e aqui está um dos nós mais difíceis de desfazer, se a intenção é realmente mudar. Infelizmente, a mais recente proposta ministerial prevê premiar os professores que demonstram saber fazer direito a habitual lição catedrática, ignorando que, já há alguns anos, em outros países, os docentes são avaliados pelos resultados obtidos pelos seus alunos.

Nem as escolas se dão nota. A maior parte das instituições de ensino italianas, de fato, não possui qualquer informação sobre o percurso (mesmo profissional) empreendido pelos seus ex-alunos. Os pais, embora desejando profundamente um bom futuro para seu filho, podem escolher apenas com base no que ouviram dizer, confiando em opiniões mais ou menos aceitáveis de professores ou de outros pais. Em outros países, ao contrário, estão disponíveis (também na internet) informações sobre as diversas escolas: na Inglaterra, por exemplo, desde 1992 publicam-se listas de instituições de ensino, repletas de notícias sobre os padrões educacionais, e foram identificados parâmetros de comparação entre as várias escolas. Com a ajuda de tais elementos, é redigido um relatório para cada uma delas, que permite elaborar uma escala de graduação de mérito. Na Espanha, o Instituto Nacional da Qualidade e da Avaliação tornou acessível pela internet a avaliação das escolas. Na Itália, bastaria tornar operativo, finalmente, o decreto ministerial número 307, de 1997, que institui um sistema nacional para a qualidade da instrução.

Ainda assim, também no nosso país as escolas começaram espontaneamente a participar dessas experiências de avaliação, redigindo planos e examinando periodicamente as metas atingidas e as não atingidas.

Sim aos computadores de classe

Umberto Eco[26] acredita que num futuro não muito distante a nossa sociedade será dividida em duas classes, a "alfabetizada" e a "iconizada". A primeira classe, dita alfabetizada por ser capaz de dominar a linguagem do computador, terá em mãos o poder; enquanto a segunda, chamada de "iconizada" porque se limitada à linguagem das imagens, deverá contentar-se com a televisão. Essa teoria constituiria uma boa explicação do motivo pelo qual a telinha tende a se nivelar por baixo: quem sabe, preparando-se para ser o canal de comunicação para os "escravos" do futuro? Nesse cenário hipotético, as hierarquias sociais assumirão uma configuração diferente: o poder dependerá cada vez menos da riqueza e cada vez mais da capacidade de gerir a informação. As diferenças de classe se estruturarão não tanto em torno da possibilidade de adquirir bens quanto, principalmente, na capacidade de acesso livre ao conhecimento e ao saber.

Para evitar permanecer confinado na classe "iconizada" é fundamental, portanto, saber dominar as modernas tecnologias. De fato, para fazer funcionar um CD-rom ou para navegar na internet são necessárias novas competências, enquanto a televisão é passivamente assimilável, sem necessidade de conhecimentos específicos. Mas o alfabeto da informática é ensinado em classe? No momento, ainda não. Com raras exceções, a mudança permanece fora das salas de aula, mesmo que 90 por cento das escolas tenha recebido um computador em dotação.

Para compreender o motivo desse fenômeno, pode ser útil dar um passo atrás. Não se pode esquecer que, na verdade, na época pré-eletrônica, a escola sempre manteve uma indiscutível centralidade na transmissão do saber e das competências alfabéticas. Em seguida, com o advento da *mass media* (jornais, rádio, mil canais de televisão), perdeu terreno e poder progressivamente, vítima de uma verdadeira perda da legitimidade educativa.

Os meios de comunicação de massa assumiram o status de escola paralela, sem exames nem avaliações, graças, também, aos aspectos estruturais de multimídia da sua linguagem (imagem e som), e ao caráter lúdico e emocionalmente envolvente das mensagens que transmitem. O que se vê na televisão é mais agradável de acompanhar, e se aprende com maior facilidade, em relação às noções veiculadas pela linguagem verbal, características do ensino típico da escola.

Essa última, por sua vez, reagiu de modo diametralmente oposto à difusão dos novos meios: com aversão e recusa, ou dotando-se de instrumentos tecnológicos de vanguarda, sem, porém, estar capacitada a utilizá-los de modo criativo. Segundo o especialista Guido Micheloni, foram feitas inúmeras tentativas em classe para educar ao uso da mídia, valendo-se de subsídios audiovisuais em apoio à didática tradicional,[27] principalmente em áreas como o ensino de línguas, da matemática e das ciências. Ainda assim, poucas escolas superiores revolucionaram os seus métodos de ensino, como as novas técnicas interativas permitiriam.

Somente a partir da década de 1980 foram introduzidos novos instrumentos didáticos capazes de permitir aos alunos maior consciência e autonomia no curso de sua formação. Agora é possível, servido-se do *Computer based learning,* projetar combinações ótimas. Elas permitem o aprendizado individualizado, o aprendizado "colaborativo", junto com outros estudantes que trabalham em rede no mesmo projeto, e o aprendizado à distância, acompanhado por um tutor. Em suma, desfrutando os recursos oferecidos pelas novas tecnologias, é finalmente possível encontrar para cada aluno as modalidades de aprendizado mais adequadas a ele, abandonando o modelo da aula catedrática e dos questionários, que é pouco flexível e frequentemente inibe as potencialidades criativas dos alunos.

Nesse meio-tempo, iniciou-se na Itália, finalmente, o programa de desenvolvimento das tecnologias didáticas 1997-2000: o Ministério da Instrução Pública destinou verba suficiente para dotar as escolas de computadores e de acesso à internet, instituir cursos de atualização para o corpo docente e lançar alguns projetos-piloto na universidade.

Se você tem de escolher escola para os seus filhos, portanto, avalie não só a presença de computadores, mas, principalmente, o uso que se dá a essas novas modalidades didáticas individualizadas e de grupo.

Da escola obrigada à *life long learning*

As pesquisas e os estudos avançados chegam todos à mesma conclusão: o aprendizado não pode mais limitar-se à escola, como preparação para entrar no mundo do trabalho, deve, em vez disso, tornar-se um processo que acompanha o ser humano ao longo de toda a sua vida.[28] E isso se entende não apenas no sentido da aquisição natural de conhecimentos por meio da experiência, mas precisamente como aprendizado intencional e almejado. Os exames não acabam nunca, portanto, pois o futuro nos quer atualizados.

Será necessário, então, aprender bem, depressa e continuamente. O filósofo Ermano Bencivenga sustenta que a educação deve se tornar o fulcro da comunidade humana próxima vindoura, na qual estaremos todos perpetuamente empenhados em nos formar e potencializar o nosso bem-estar interior.[29] O aprendizado do futuro será orientado em sentido fortemente colaborativo. Na Austrália, por exemplo, já estão em curso experiências do gênero, com a criação de redes que coligam entre si centros de educação permanente à distância. Também a Irlanda e o Canadá estão à vanguarda nesse campo.[30] E a Itália? A grande afluência de público verificada por ocasião de um curso gratuito organizado pela comuna de Milão, no inverno de 1998-99, para ensinar o uso da internet aos "acima de 65" (os pedidos foram tantos que o curso será repetido) leva a pensar que continuar a aprender não é apenas necessário, mas também pode ser divertido.

Portanto, muitas são as razões que nos levarão a uma formação que se prolongue por toda a vida. Eis as principais:
a) O desenvolvimento tecnológico, que nos obriga a aprender a utilização de instrumentos sempre novos.
b) O crescimento exponencial do saber, inserido no circuito de comunicação, que se redobra já a cada 7 anos, contra os 100 anos, do início do século XX.
c) O aumento da probabilidade de que cada adulto mude de trabalho duas ou três vezes em sua vida profissional.
d) O fato de que a passagem do desemprego para o trabalho ocorra mais facilmente, em presença de uma base informativa sólida.
e) A necessidade de evitar a mobilidade descendente.

O relatório Cresson, da Comissão Europeia,[31] também acredita que o futuro levará a uma sociedade fundamentada no saber. Ela deverá preparar os seus membros para ter:
a) uma boa base de cultura geral
b) contínua disposição para aprender
c) uma acentuada atitude em mudar de ocupação durante a vida.

E você, como pode mudar?

As transformações em curso na escola e, mais em geral, no sistema educativo, envolvem todos: de fato, é nas salas de aula que as gerações se formam. Eis, então, alguns conselhos dedicados aos pais (e filhos).

Escolher uma escola que prepare o futuro

Esse é o ponto de partida, porque uma boa escola deve:
1) Oferecer uma educação que seja também socioafetiva.
2) Assegurar uma presença considerável de professores do sexo masculino.
3) Dar espaço à informática e, possivelmente, ao uso dos computadores como instrumentos para novas modalidades didáticas, individualizadas e de grupo.
4) Avaliar periodicamente os seus objetivos: na Itália há escolas onde existem projetos avaliativos de instituições de ensino.
5) Educar para a diversidade.

E depois da maturidade?

Dois terços dos inscritos no primeiro ano da faculdade não se formam: um fenômeno todo italiano, esse. E segundo uma pesquisa levada a efeito em 13 universidades e 28 mil novos formandos, apenas 8 por cento conseguem concluir os estudos.[32] Outros 23 por cento acumulam 5 anos de atraso, e outros, ainda mais. Mas não é tudo: os dados provenientes de recentes pré-inscrições efetuadas pela internet dão conta de que os jovens escolhem principalmente engenharia, economia e medicina; e depois, talvez não consigam nem mesmo superar a barreira do limite mínimo estabelecido.

Como evitar, então, que a universidade se transforme num estacionamento? Antes de tudo, não é preciso escolher "por inércia", por ouvir falar. Em segundo lugar, é importante compreender que a formação pós-diploma não prevê só a formatura básica: há também as escolas parauniversitárias, cursos de formação profissional (frequentemente organizados pelas Regiões ou com financiamento do Fundo Social Europeu), e principalmente as famosas *lauree brevi*, diplomas universitários que duram três anos e quase sempre oferecem melhores possibilidades de inserção no mercado de trabalho. É melhor, portanto, informar-se antes, escolhendo a oportunidade que mais lhe convenha.

X
A saúde:
da doença ao bem-estar

Todos nós, talvez, gostaríamos de ter um médico pessoal, como se usava na antiga China, pagando regularmente para que ele se ocupasse em manter boa a nossa saúde (que, de fato, era a sua tarefa), e não para nos curar de uma doença.

A realidade, infelizmente, é muito diferente; ao lado de episódios de má assistência, existem médicos excelentes; a incurável hipocondria que leva ao uso descontrolado de remédios convive com o desejo cada vez mais difundido de curas "suaves" e alternativas... Como se orientar? Nesse caso, também, assim como nos casos do dinheiro e do trabalho, para compreender melhor é necessário recuar no tempo.

Na verdade, até poucos anos, imperava em medicina a abordagem "excepcionalista",[1] segundo a qual as pessoas adoecem por causas acidentais, ou comportamentais, ou por um conjunto de fatores imprevisíveis. Uma visão desse tipo permite que se intervenha somente quando a doença se manifesta, curando-lhe os sintomas. No máximo, é possível melhorar o diagnóstico precoce do distúrbio. Os que sustentam essa teoria veem a doença como o problema de um indivíduo que precisa de cuidados altamente especializados. Estar doente constitui uma anomalia, uma fenda no estado de saúde normal.

Essa ideologia ainda é largamente compartilhada por quem trabalha nos serviços sociossanitários, em que, até hoje, tem dominado o "modelo médico" da doença. Os recursos foram por isso utilizados, em sua maior parte, para criar lugares de tratamento, ou no máximo de reabilitação, para preparar médicos e outros especialistas muito caros, para introduzir instrumentações e tecnologias diagnósticas cada vez mais aperfeiçoadas, para produzir e distribuir uma ampla gama de remédios destinados aos distúrbios mais diferentes. Sob essa ótica, o doente é um paciente que deve depender do médico, ter nele confiança absoluta e seguir as suas prescrições escrupulosamente.

Esse filão da medicina tradicional levou a progressos espetaculares. Conseguimos debelar as mais graves epidemias que perseguiram os nossos antepassados. Técnicas cirúrgicas cada vez mais sofisticadas permitem intervir na criança ainda no ventre materno, ou prolongar a vida de pessoas de idade muito avançada. Os transplantes já estão largamente difundidos: de coração, de rins, até mesmo de fígado e de pulmões. Mas não é tudo. É necessário lembrar que hoje não se morre mais de parto, e que existem meios extremamente eficazes de combater a esterilidade. E que novos remédios têm permitido, se não debelar a Aids, pelo menos, bloquear a progressão da doença. Ou que, graças à psicofarmacologia, chegou-se a manter sob controle os mais graves distúrbios mentais.

Trate-se de remédios, de tecnologias cirúrgicas ou de meios de diagnosticar mais precoces e precisos, é inegável que essa abordagem da medicina permitiu a efetivação de extraordinários progressos. Mas, como sempre, toda medalha tem o seu reverso, e a medicina mais moderna também apresenta vários inconvenientes. Vamos citar somente dois.

1) *Quando o hospital faz a doença* – O termo científico soará desconhecido à maioria: patologias iatrogênicas e infecções nosocômicas. De que se trata? Das doenças infecciosas que nascem justamente no âmbito hospitalar, onde se fica internado para ser curado. Damos dois exemplos disso, tirados da nossa experiência pessoal:

O sogro de Donata sobreviveu a uma delicada intervenção cirúrgica (a remoção de um tumor do intestino), depois morreu de pneumonia viral, contraída justamente durante a permanência no moderníssimo hospital texano onde estava internado.

Heinrich, o sogro de Willy, alpinista provecto, com 68 anos decidiu submeter-se a uma operação na anca para inserir uma prótese que lhe permitiria continuar a esquiar e caminhar no alto da montanha. Infelizmente, a cirurgia, perfeitamente resolvida, foi comprometida por uma infecção bacteriana contraída clinicamente; a septicemia obrigou os médicos a remover a prótese e bloquear definitivamente o quadril. Por causa disso, agora Heirich tem uma perna mais curta, e teve de renunciar definitivamente à sua paixão, o alpinismo.

2) *Se o bisturi é muito "fácil"* – Alguns tipos de intervenção cirúrgica são praticados em larga escala, baseados em critérios que não são necessariamente aqueles da saúde do cidadão. Por exemplo, a histerectomia (ou retirada do útero) às vezes é inevitável, no caso de fibroma ou tumor, mas torna-se discutível quando praticada para eliminar dores menstruais ou menstruações muito abundantes. Uma conhecida pesquisa de J. F. Domenichetti (publicada na prestigiosa revista científica *Lancet*) demonstrou que no cantão Ticino, na Suíça, o número de histerectomias era proporcional ao de ginecologistas que abriam consultório particular.

Os dados provenientes dos Estados Unidos, além disso, revelam que esse tipo de intervenção é menos frequente se o ginecologista é mulher, e que o percentual se reduz posteriormente, se antes de decidir é solicitado o parecer de um segundo cirurgião.

No congresso europeu de ginecologia de Paris, em 1998, o presidente, professor Maurice Bruhat, defendeu de forma explícita a necessidade de regras éticas para limitar, também na Europa, essas intervenções cirúrgicas, que às vezes beiram o mau atendimento.

Dos remédios ao estar bem, juntos: o modelo social

Até recentemente, portanto, prevaleceu na saúde o "modelo médico", mas nos últimos anos, o "modelo social" começou a obter apoio cada vez maior. É uma abordagem de característica universal, segundo a qual muitas patologias individuais são favorecidas por condições socioeconômicas especiais, que por isso podem, em certo sentido, ser prevenidas. Está amplamente documentado, há algum tempo, que nos países pobres a expectativa de vida é menor em relação aos ricos, e que, elevando-se os padrões mínimos de vida, melhora também a saúde da população. Além disso, nas sociedades mais desenvolvidas, as pessoas pertencentes às classes menos favorecidas têm taxas de mortalidade duas a três vezes mais elevadas em relação às que se encontram entre as faixas ricas da população. É claro que um fator como renda insuficiente pode ter um impacto direto sobre a saúde, porque implica uma alimentação inadequada, habitações úmidas e mal aquecidas e carência de atendimento médico.

Apesar disso, Richard Wilkinson, num brilhante ensaio, demonstra que, abaixo de um certo patamar de desenvolvimento socioeconômico, a simples elevação do padrão material de vida não comporta melhoras posteriores do estado de saúde da população.[2] Considerando-se, por exemplo, os países ocidentais, é possível notar que a incidência de doenças é menor onde o tecido social é mais compacto e as diferenças de renda, menos acentuadas, onde o "capital social" (dado pelo relacionamento entre as pessoas) é mais elevado, onde o espaço público é um lugar socializante, que envolve grande parte da população em atividade. A partir de um certo nível de renda, então, a saúde melhora, não apenas se tomamos mais cuidado conosco, como indivíduos, mas se o tecido social que nos cerca funciona. Inúmeros estudos epidemiológicos acentuam os efeitos positivos sobre a saúde produzidos pela rede social: quem tem mais contatos humanos e participa ativamente da vida da comunidade em que está inserido está melhor do que quem leva uma existência isolada.[3]

Existem, por outro lado, situações de elevado desconforto, como, por exemplo, o fenômeno do *mobbing*, uma situação de violência moral no local de trabalho, causada pela vergonha e a humilhação infligida por superiores ou colegas. Quem é vítima disso sofre de estresse crônico, que pode chegar a afetar os processos endócrinos normais e o sistema imunológico. Contrariamente ao que se poderia pensar, não se trata de casos raros. Segundo algumas estimativas recentes, na Europa o fenômeno do *mobbing* atinge 12 milhões de trabalhadores, envolvendo, na Itália, 5 por cento da força de trabalho, ou cerca de um milhão e meio de pessoas. Outras pesquisas puseram em evidência a ligação que existe entre uma situação estressante no escritório, devida a relações interpessoais tensas e frustrantes com colegas ou chefes, e o aumento de doenças cardiovasculares e psicossomáticas.[4]

O trabalho incide profundamente sobre a saúde, portanto. Inclusive a dos nossos filhos. As crianças pertencentes às classes menos favorecidas, por exemplo, sofrem de obesidade em número sete vezes maior do que as suas coetâneas ricas. E isso não apenas porque a falta de dinheiro impede que haja a atenção necessária à atividade esportiva e a uma alimentação equilibrada, mas também porque sobre elas pesa a insegurança do trabalho, o desemprego ou o subemprego dos pais, causa de estresses, conflitos, ansiedade, depressão e alcoolismo.[5]

Nos países ocidentais, além disso, as relevantes diferenças de renda são posteriormente observadas pela *mass media* e, principalmente, pela publicidade, que insiste sem trégua no apelo da riqueza e do consumismo, parecendo querer criar uma atmosfera de "inveja social". Esse fenômeno provoca humilhação e baixa autoestima naqueles que não conseguem acompanhar os outros, sentindo-se, por isso, psicológica e socialmente excluídos. O que, obviamente, contribui para determinar situações de tensão e de estresse crônico, que incidem profundamente no estado de saúde de quem sofre tal sentimento. Isso é confirmado por uma série de dados, segundo os quais, nas nações em que a lacuna econômica entre ricos e pobres é mais acentuada, a taxa de mortalidade é mais alta, devido ao elevado número de óbitos por cirrose (uma doença crônica do fígado), por acidentes de trânsito, abuso de álcool e drogas, e crimes violentos.[6] A ligação entre a saúde e a diferença de renda, além disso, apresenta aspectos de natureza psicológica e cognitiva que vão além da situação econômica real dos indivíduos: pesquisas feitas na Austrália e na Irlanda demonstram que, mais do que a pobreza ou a efetiva falta de dinheiro, o fator que provoca os distúrbios e doenças é a experiência subjetiva de se preocupar com o dinheiro, a sensação de não ter o suficiente.[7] Por esse motivo, os defensores da abordagem social da saúde denunciam por que, na busca das causas que provocam as doenças, é de fato importante o mecanismo de "inculpação" da vítima: atribuir o estado de saúde unicamente às características e ao comportamento do indivíduo acaba, na verdade, ocultando um conjunto de fatores sociais e ambientais que têm, pelo menos, a mesma importância que os fatores individuais. Acima de tudo na Europa e no Ocidente, onde o progresso médico reduziu drasticamente a influência das doenças infecciosas, em favor de objetivos e estratégias de intervenção adequados às condições atualizadas, que influenciam o bem-estar ou o mal-estar da população. Logo, se ainda é essencial responsabilizar principalmente os indivíduos, a fim de que cuidem da sua própria saúde, é também urgente pressionar a classe política para agir de modo a aumentar a coesão social, fornecendo instrumentos capazes de corrigir a excessiva lacuna entre as rendas, favorecendo o desenvolvimento de redes de apoio e criando oportunidades de trocas emotivas positivas.[8] Só assim, agindo também sobre os aspectos sociais e psicológicos, poderá melhorar a saúde de todos.

O epidemiologista britânico J. Winter demonstrou o impacto que os fatores sociais exercem no prolongamento da longevidade média.[9] Examinando as décadas de 1900 a 1990, ele notou que durante as duas guerras mundiais a expectativa média de vida cresceu em seis a sete anos para homens e mulheres, contra o aumento de um a dois anos, nos outros períodos. Winter supõe que a razão desse fenômeno tenha sido o fato de se terem elaborado as pesquisas em plena época do emprego das drásticas reduções de renda que caracterizaram os anos de guerra; esses elementos, potencializados pelo clima de solidariedade e de empenho conjunto contra o inimigo comum, criaram um sentimento de coesão social desconhecido em outras épocas, posteriormente apoiado por políticas governamentais que visavam a promover a cooperação e um sentimento comum de propriedade.

A importância desses macrofatores sociais para a saúde emerge também de outra interessante pesquisa conduzida na pequena cidade de Roseto, nos Estados Unidos, que estudou a evolução de um grupo de imigrantes italianos entre os anos 1930 a 1990.[10] Na década de 1930, essa comunidade apresentava taxas de mortalidade muito mais baixas em relação aos grupos sociais próximos; isso era verdade, especialmente, no que dizia respeito ao infarto, ainda que os fatores de risco – como dieta, fumo e falta de exercício físico – fossem os mesmos. O que tornava os habitantes de Roseto mais saudáveis e longevos era a presença de redes familiares e sociais muito fortes, um profundo sentimento de participação na comunidade, o diminuto valor atribuído aos símbolos de status. Quando, na década de 1960, os habitantes começaram a acumular bens materiais, adquirindo automóveis e outros símbolos de riqueza, abandonando, ao mesmo tempo, as tradicionais redes de apoio social para perseguir o sucesso e a carreira, os índices de morte por infarto aumentaram, atingindo valores parecidos com os encontrados em outras comunidades estadunidenses. Por isso, os pesquisadores chegaram à conclusão de que as características culturais de Roseto e a alta qualidade da sua estrutura social tinham criado um ambiente emocionalmente protetor, capaz de reduzir o risco de infarto; ao contrário, a ausência ou a desagregação das redes familiares e amistosas, a redução do grau de solidariedade e de um papel social definido revelaram-se fatores de risco.

Essas conclusões são confirmadas por outros estudos elaborados em países do Leste Europeu, antes e depois do desmoronamento do comunismo, e no Japão. Mesmo nesse caso, foi possível traçar a relação entre a queda das diferenças de renda e o aumento da coesão social, ao se prolongar a expectativa de vida média, e vice-versa. O Japão, por exemplo, é o país em que a expectativa de vida é mais elevada, e as diferenças de renda, menores, entre todos aqueles estudados pelo Banco Mundial.[11]

A caminho de uma nova definição de saúde

Levando em conta esse novos dados, a OMS – Organização Mundial de Saúde – que agrupa 160 países – procurou ir além de um conceito absolutamente médico da saúde, definindo-a como um estado de completo bem-estar, constituído por um benefício complexo entre as três dimensões da existência: biológica, psíquica e social. A primeira dimensão compreende a interação entre fatores genéticos e adquiridos e o processo de adaptação biológica. A segunda se constitui da representação subjetiva e das experiências sociais e relacionais. A terceira envolve os sistemas sociais que englobam os hábitos individuais: por exemplo, as condições ambientais (poluição, tipo de habitação, vizinhança e áreas verdes) e ritmos de trabalho. É possível também definir a saúde em termos de *empowerment*, isto é, de um processo no qual o indivíduo assume, de forma progressiva, o controle e a gestão direta das condições que determinam o seu bem-estar ou, ao contrário, o seu desconforto. Nessa evolução, que leva a uma abordagem integrada em relação aos problemas de saúde e em geral, com a sua prevenção, encontram-se, como sempre, reações contrastantes.

Existem aqueles que aderem com entusiasmo às mudanças. Um exemplo? O *boom* das férias sob a bandeira do bem-estar físico e mental, transcorridas nas *beauty-farms*, nos centros de talassoterapia (tratamento pela água do mar ou por climas marítimos) ou, mais simplesmente, em estâncias termais. Eis, portanto, que dedicar uma ou duas semanas ao corpo, desfrutando o poder benéfico da água, não é só um modo de prolongar as férias por conta do Estado, mas um projeto voltado a uma melhor qualidade de vida. O sucesso de iniciativas como aquelas, realizadas nas termas de Saturnia, onde o cuidado do corpo é atrelado a uma atenção específica ao bem-estar psicológico, graças também à consultoria de especialistas como Willy, demonstra uma atenção crescente por um conceito mais amplo de saúde.

Por outro lado, a tão difundida necessidade de uma melhor qualidade de vida colide com resistências psicológicas muito radicais, tanto na classe médica como na atitude do paciente tradicional. O médico, habituado a desempenhar um papel de especialista detentor de um conhecimento superior, ao qual o doente confia a própria vida, numa espécie de fé cega nos seus poderes, está hoje preocupado com o redimensionamento da sua própria influência, tanto no plano da imagem pública como no das vantagens econômicas. Não é necessário, portanto, admirar-se com o fato de que os barões da medicina se oponham à mudança com todas as forças. O professor Charles Hahn, célebre cirurgião cardíaco suíço, chega a se vangloriar de não falar com os pacientes, porque o seu precioso tempo deve ser limitado à intervenção cirúrgica, enquanto as fases pré e pós-operatória eram delegadas aos assistentes. Em outras palavras, uma verdadeira robotização do papel profissional. De resto, são muitos os médicos que não escondem a irritação ou o aborrecimento frente às perguntas e às dúvidas de quem está mal. No entanto, o diálogo com o paciente, princípio fundamental da psicologia médica, é a pedra de toque para a transformação da identidade profissional da classe médica: e essa indispensável renovação passará especialmente pelo médico genérico (o médico de base), que na Itália ainda é visto como uma figura de segunda classe, um escritor de receitas, ou um "despachante de encomendas" para os especialistas. O projeto positivo consistirá em lhe dar um papel de médico de família, sábio acompanhador do bem-estar de todos os seus componentes.

Outro exemplo dessa evolução no conceito de saúde é a organização dos grupos "Menopausa e qualidade de vida", promovidos na Itália por Willy. O princípio fundamental é simples. A pessoa que prescreve o tratamento não tem, a priori, o monopólio das ideias. Ou seja, os grupos de consultoria para a menopausa não devem necessariamente ser dirigidos por ginecologistas, pelo simples fato de serem os especialistas na prescrição das terapias hormonais. No Canadá, por exemplo, os responsáveis por esses centros, ativos há já algum tempo, têm formação psicossocial e se valem da colaboração de médicos especialistas. Desse modo, evita-se confiar 30 anos da vida de uma mulher a um médico que, talvez, não possua os instrumentos necessários para enfrentar problemas que envolvem aspectos complexos da pessoa.

Com Enrica Bonaccorti e com a ajuda da empresa farmacêutica Schering, são mais de 15 mil mulheres italianas que conheceram essa nova fórmula. Numa primeira fase, organiza-se um encontro num teatro ou cinema da cidade, durante o qual são explicados os princípios fisiológicos da menopausa e as duas implicações médico-sociais. Em seguida, com a direção de médicos psicólogos especialistas em dinâmica de grupo, formam-se grupos compostos de 20 mulheres, nos quais, graças à intervenção de figuras como especialistas em dieta, endocrinologistas, especialistas em osteoporose reúnem-se e se aprofundam nos problemas ligados a essa fase da vida feminina. A dinâmica de grupo representa o verdadeiro processo de mudança, até mesmo no plano motivacional, e as mulheres são capazes, assim, de elaborar as suas inquietudes (principalmente ouvidas no nosso país), relacionadas com o papel misterioso dos hormônios. Podem também orientar-se no sentido de tratamentos alternativos, a fitoterapia hormonal, por exemplo. Em todo caso, a abordagem médica e farmacológica, embora constituindo um momento importante no enfrentamento da menopausa, está integrada num processo mais amplo, que leva em consideração também os seus aspectos culturais e psicossociais.

Por outro lado, a experiência desses grupos de consultoria para a menopausa confirma que as resistências à mudança não são apenas da classe médica, mas também das próprias pacientes. Fica a impressão de que na nossa cultura sejam necessários terremotos ou outras catástrofes naturais, para que se descubra que era possível prevenir. Essa atitude encontra-se, também, no âmbito sanitário, em que a tentativa de promover um novo modo de enfrentar os problemas da saúde colide com a habitual tendência de delegar a especialistas – ou até mesmo à Providência – a solução de todo problema.

É, a força do destino... Bom exemplo disso é a interrupção da gravidez: com muita frequência, as mulheres que recorrem, com angústia e sentimento de culpa, ao aborto, poderiam ter "prevenido". E escolher "antes" um contraceptivo seguro, como a pílula. Por que não fazem isso? Entre os vários motivos está também o fato de que a contracepção implica um planejamento racional, "a frio", enquanto a interrupção da gravidez, solução justificada pela emergência, enquadra-se naquela visão fatalista (e seguramente mais irresponsável) da vida da qual se falou.

Não faltam outros exemplos desse desinteresse pela prevenção. Veja-se, então, a atual moda da lipoaspiração, que é, na verdade, uma solução tardia para a adiposidade excessiva. Melhor seria, em vez disso, uma correta prevenção, mediante exercício físico e dieta, que deveria começar com uma educação alimentar nas escolas.

Pensemos, ainda, na farta divulgação dos remédios antidepressivos, que combatem o sintoma, sem identificar as suas causas. Ou no extraordinário sucesso dos produtos de beleza *anti-aging*, anunciados como milagrosos contra os sinais de envelhecimento. Em 1998, o mercado mundial de cosméticos oferecia 1.700 cremes diferentes contra rugas. Em 1993, a venda desses produtos somava cerca de 325 milhões de dólares. E à medida que envelhecer a geração dos *baby boomers,* nascidos entre 1946 e 1964, esse mercado se expandirá, mesmo estando toda a eficácia dos produtos por ser demonstrada. Mas, evidentemente, é mais fácil espalhar um creme no rosto do que alimentar-se de maneira sadia, praticar esportes, aceitar a própria mortalidade, ou pedir ajuda e apoio a um especialista.

Hospitais em *tilt*, médicos em crise

A excessiva "medicalização" da saúde foi acelerada pelo declínio do sistema de assistência social e pela sua consequente delegação aos profissionais da cura. Há anos, quando os tratamentos eficazes ainda não estavam disponíveis, o doente permanecia em casa, não tratado, mas assistido amorosamente. Hoje, graças às conquistas da medicina e da cirurgia, frequentemente ligadas ao desenvolvimento de tecnologias sofisticadas e dispendiosas, as estruturas hospitalares ampliaram progressivamente o seu campo de atuação, com a consequente necessidade de se encarregar também de todos os problemas psicossociais conexos ao evento doença. Transformação essa que pôs em crise o sistema de saúde, que ficou tendo de escolher como utilizar os recursos financeiros à sua disposição: para novas tecnologias de ponta, reservadas a poucas doenças, ou para uma assistência médico-psicossocial mais ampla.

Mas a mudança teve consequências também nos sistemas informais de apoio social, a assim chamada "rede" de amigos íntimos e vizinhos de casa, que tinham um grau de conhecimento e confidência tal que permitia uma ajuda recíproca nos planos emotivo e prático. Quando alguém adoecia, aqueles que estavam em torno se movimentavam para levar-lhe de comer, acudi-lo, fazer o seu trabalho, encorajá-lo, emprestar-lhe dinheiro. Essa função tornou-se progressivamente estranha ao contexto familiar, passando a sobrecarregar as estruturas hospitalares, que já encontram dificuldade para responder às exigências médicas primárias; e que, acima de tudo, não dispõem de recursos – nem em termos de pessoal nem de orçamento – que possam satisfazer essa necessidade crescente de assistência psicossocial.

A crise da saúde se deve, assim, a um duplo fenômeno: de um lado, a maior disponibilidade de tecnologias e terapias cada vez mais caras e, de outro, a um aumento de encargos sociais que recaíram nas estruturas assistenciais. Segundo Peter Ellyard, os sistemas de saúde de todos os países do mundo estão em crise, com custos médicos e hospitalares superiores aos recursos econômicos dos indivíduos e dos Estados.[12] Até mesmo nas nações ricas, as minorias que não têm possibilidade de acesso a serviços sanitários adequados estão em contínuo crescimento, e são comuns as polêmicas sobre as listas de espera, sobre a disponibilidade de leitos em hospitais e sobre a carência de enfermeiros. Isso porque 95 por cento do orçamento da saúde destina-se a financiar os serviços médicos de tratamento, enquanto só 5 por cento cobrem programas de prevenção, que visam a manter e promover a saúde. A crise das estruturas sanitárias que se observa em todo o mundo deve-se, assim, em grande parte ao predomínio do modelo médico imposto ao tratamento do indivíduo, no uso (ou abuso) de internações, nas novas (e dispendiosas) tecnologias.

O fenômeno do envelhecimento da população, então, não faz senão agravar a situação: principalmente nos países ricos, a elevação da expectativa média de vida traz problemas muito sérios à gestão tradicional dos assuntos de saúde. Será necessário encontrar, a curto prazo, uma solução diferente do hospital para as patologias geriátricas de que sofrem as pessoas da terceira e da quarta idades, cada vez mais numerosas.

Além disso, submetido a pressão excessiva, o pessoal da saúde tende a entrar em crise e sofrer de *burn out*, isto é, uma perda progressiva de idealismo, energia, motivação e interesse, consequência das condições em que é obrigado a desenvolver o seu trabalho.[13] A exaustão física é acompanhada de uma sensação de vazio, da falta de empenho e fechamento do indivíduo em si mesmo, comportando ainda cansaço psicológico e irritabilidade. Médicos e enfermeiros retraem-se emotivamente, assim, do seu trabalho e dos pacientes, tratando-os de modo impessoal e mecânico. O *burn out* pode ser deflagrado ao mesmo tempo por fatores individuais, organizacionais ou sociais. Muitos dos que tinham começado com entusiasmo e paixão estão agora desiludidos com a progressiva desvalorização da profissão. Houve tempo em que os sacrifícios eram aceitos em troca da auréola que o mister levava consigo, mas... e agora?[14] Cada vez mais médicos se espantam com a ideia de perder prestígio e satisfação profissional, sem que haja sequer um retorno em termos econômicos. Ao contrário, as competências sociais deles requeridas são cada vez maiores, assim como a variedade de situações que são obrigados a enfrentar, frequentemente sem uma preparação adequada; aumentam, também, as expectativas dos pacientes que, como já vimos, pedem informações e uma relação mais paritária.

Em suma, aumenta a lista de deveres e de estresses profissionais, enquanto a imagem do médico missionário e salvador vai se tornando cada vez mais ofuscada. Para isso, contribuem as acusações cada vez mais frequentes contra os profissionais da saúde, como sendo pessoas mais atentas à carreira e à carteira do que à sorte dos pacientes. Isso é rebatido vigorosamente num livro publicado recentemente, escrito justamente por um médico e assinado com pseudônimo,[15] que documenta casos exemplares de nomeações políticas furtos de jalecos e aventais, equipamentos e instrumentos cirúrgicos transferidos dos hospitais para clínicas particulares, concursos públicos em que se classificam parentes ou protegidos, negligência e abusos tolerados por uma categoria profissional excessivamente corporativa.

Vem dos Estados Unidos uma denúncia posterior, sobre a cobiça da classe médica: doutores pagos pelos laboratórios farmacêuticos para recrutar os pacientes e submetê-los a estudos experimentais sobre o efeito de novos medicamentos. Cada médico recebia – sem o conhecimento do paciente – 1.200 dólares da Bayer para ser incluído numa pesquisa sobre a vaginite; 2.995 dólares da Merck para estudar a hipertensão; 4.420 dólares da Smithkline Becham para pôr em ação novos remédios contra o diabetes. E há quem tenha ganhado, desse modo, até um milhão de dólares no ano. Um médico chegou ao ponto de falsificar as cartelas clínicas de alguns de seus pacientes, para poder incluí-los nas lucrativas listas dos laboratórios farmacêuticos.[16]

Além da ausência de ideais e da desvalorização da imagem, a crise dos médicos deve-se também ao mau funcionamento organizacional das estruturas do serviço de saúde. Muitos são obrigados a fazer o papel de gerentes ou – pior ainda – burocratas, procurando tapar as falhas de uma administração tradicionalmente ineficiente. Espalham-se os problemas decorrentes da sobrecarga de trabalho, mas também da inadequação dos reconhecimentos, das competências e dos serviços diferenciados, da incapacidade de trabalhar em equipe, da precária mobilidade profissional, de estilos diretivos inadequados (autoritários em demasia ou excessivamente indulgentes). Pesquisa realizada em 115 postos da ASL italiana (Agência de Saúde Local) revelou carência generalizada no desenvolvimento de funções-chave, como planejamento a médio e longo prazo e controle de resultados.[17]

Velhas soluções para novos problemas

Como resolver esses problemas e "acompanhar" uma mudança positiva da saúde? Os defensores do "modelo médico" procuram resolver a crise pedindo mais fundos para a pesquisa, melhores profissionais e hospitais mais equipados, tentando assim resolver um novo problema, voltando a propor velhas soluções. Segundo Elyard,[18] todos os países avançados já investem uma grande fatia dos seus recursos para pagar remédios, médicos e hospitais já existentes. Porém, poucos fundos são destinados aos programas cujo objetivo é criar saúde, melhorando as condições básicas de bem-estar: dieta equilibrada, exercício físico, ambiente saudável. Além disso, são necessários programas contra o abuso do álcool, o uso de drogas e, em geral, para combater todos os hábitos perigosos que enchem os hospitais de doentes.

Alguns médicos estão de acordo. Mas, segundo Wilkinson, ainda muito poucos compreenderam, nas sociedades avançadas, que seja necessário mudar de paradigma e entender a relevância que têm as causas psicossociais das doenças e do bem-estar.

Na realidade, as opções de tipo preventivo e de fôlego transcendem a competência da classe médica e põem em jogo a "responsabilidade do governo". Nas nossas repetidas experiências com políticos, tem saltado aos olhos como o termo "social" – que aparece frequentemente em seus discursos – tenha função exclusivamente demagógica; o fato é que estão mais interessados em se mostrar paladinos de soluções visíveis, como a inauguração de um hospital, do que promover campanhas preventivas que se realizem em um período extenso. Existem ainda outros obstáculos difíceis de se superar. Os laboratórios farmacêuticos, os proprietários de clínicas particulares e hospitais e as ordens médicas se opõem a qualquer mudança que possa ferir os seus interesses.

Voltamos, porém, por um momento, às mudanças que se estão verificando no mundo escolar e no mundo do trabalho: se têm reflexos aqui, é possível identificar pontos comuns, similaridades. Encontramos na saúde, em parte, o fenômeno que já descrevemos para a escola: a mudança em curso leva, de fato, à desinstitucionalização, isto é, a procurar saúde e bem-estar fora das estruturas tradicionais. E, assim como está acontecendo a algumas categorias de profissionais no mundo do trabalho, no âmbito da saúde a tendência é também abandonar a verticalidade hierárquica, passando a se orientar, de preferência, no sentido de uma "horizontalização das mudanças", nesse caso, na relação médico-paciente. Além disso, parece cada vez mais evidente que os cidadãos devem ocupar-se por si mesmos de manter a sua saúde, e não só esperar receber cuidados do sistema de saúde. É esse, portanto, o caminho a percorrer. E é essa mesma via que já milhões de pessoas estão escolhendo: procurando informações sobre o seu corpo, a respeito de como ele funciona, como se tratar ou manter-se sadio.

Pensemos nas dezenas de revistas sobre saúde; no sucesso de programas de TV como *Medicine a confronto* (Medicinas em confronto), *TG2 Salute, Check-up*. Mas, também, no aumento vertiginoso dos centros que oferecem uma abordagem alternativa para o corpo, frequentemente inspirada na tradição oriental: Ioga, meditação, massagem Shiatsu. As medicinas alternativas (acupuntura, homeopatia, Florais do Dr. Bach, "cristaloterapia", massagem de articulações, aromaterapia, só para citar algumas), reunidas sob o guarda-chuva complacente da *New Age*, são cada vez mais difundidas. E, paralelamente, prosperam as estruturas para os cuidados do corpo, segundo o modelo mais tipicamente americano, como ginásios e academias. Todos esses elementos fazem pensar que as pessoas comuns se tenham antecipado ao tempo e às estruturas públicas, que permanecem, ainda, ligadas a uma versão "medicalizada" da saúde.

A atual atenção aos alimentos naturais ou àqueles provenientes de cultivos biodinâmicos participa também dessa tendência. Os produtos "verdes" já não são mais reservados a poucos estabelecimentos especializados, encontram-se em todos os supermercados. Além disso, com a Europa unida, já estamos nos habituando a pensar em termos de macrofatores sociais, a, por exemplo, considerar em uma dimensão mais global o impacto dos fatores poluentes. O frango belga "à dioxina", além de criar pânico, ensinou-nos a dar mais atenção ao que comemos, a entender que certos processos de produção e tratamento do alimento são altamente perigosos. Isso talvez se traduza numa maior consciência da nossa saúde, não apenas à mesa.

Não somente remédios, mas também experiências revitalizantes

Para construir um futuro saudável é preciso, portanto, adotar uma abordagem que passe pela comunidade, além de pelo indivíduo. As pessoas que têm uma rede mais ampla de relacionamentos afetivos e sociais, como vimos, vivem melhor e adoecem menos. Sabemos também que os solteiros – não por escolha, mas por obrigação – são mais sujeitos a distúrbios psicossomáticos ou psíquicos, de tipo ansioso ou depressivo. Qual é a solução, então? Além do esforço individual, voltado à construção de uma rede afetuosa e solidária e visando à busca de um estilo de vida mais sadio, é preciso que a sociedade, no seu conjunto, dê vida a iniciativas estimulantes e revitalizantes. E para fazer isso é preciso transferir uma parte dos financiamentos do tratamento de doenças à promoção da saúde, adotando em larga escala aqueles procedimento de prevenção que tiveram sucesso (como o kit contra o fumo e os *spots* contra o abuso do álcool). Por exemplo, uma fundação para prevenção de doenças cardiovasculares patrocinou, em alguns países, uma campanha publicitária que elogia o exercício físico; enquanto isso, surgem iniciativas inéditas, como a da Vic Helth Foundation, uma associação que promove concertos e festivais para ampliar as redes de relacionamentos sociais.[19]

Bons resultados tiveram, também, os recentes seminários de terapia pelo riso, apresentados na França por Rubinstein e, na Itália, por Farné, docente de psicologia médica de Bolonha. E já se tornou legendário – graças a um filme protagonizado por Robin Williams – o seu personagem (real) Patch Adams, um médico que cuidava de crianças gravemente doentes, sofrendo de leucemia, por exemplo, brincando e se travestindo de palhaço.[20]

Mas podemos também experimentar fazer uma lista ideal de tudo aquilo que nos serve para viver saudáveis. Segundo Stephen Boyden,[21] esses são os principais ingredientes:

1) *Água e ar limpos,* livres de substâncias químicas e de microorganismos patogênicos; uma luta contra a poluição, apoiada por acordos internacionais, como o protocolo de Montreal, contra as substâncias que provocam o buraco na camada de ozônio.

2) *Exercício físico,* importantíssimo: seria preciso alternar curtos períodos de trabalho muscular intenso com períodos mais longos, de exercícios suaves, separados por intervalos para repouso.

3) *Contra o estresse, os "meliors".* E o que são os *"meliors"*? Trata-se de indicadores positivos, o oposto exato àquilo que os especialistas chamam de *"stressors"*, ou agentes estressantes. Trata-se de experiências que criam um estado de bem-estar e alegria eufórica, aumentando a força vital ("prana", na filosofia indiana, "chi", na chinesa). Além disso, defendem-nos do enfado e nos propiciam uma recarga.

Quem participou com alegria e entusiasmo de uma manifestação política, de um baile na praça, de um concerto de rock, sabe como o estar bem junto com os outros é uma experiência entusiasmante e revitalizante. Toda pessoa – e toda comunidade – deveria identificar os seus *"meliors"*: momentos de vida coletiva, como competições, manifestações religiosas, artísticas, esportivas e culturais que tenham em conta as características específicas locais e criem um sentimento de comunidade e integração.

A indústria do bem-estar ainda está dando os primeiros passos, mas já criou as primeiras experiências *"meliors"*, mesclando concertos, alimento biológico e ginástica suave com sugestões *New Age*. Um convênio recente sobre os centros do "hedonismo pagão" da costa Adriática entre Rimini e Ricione identificou uma nova tendência de reduzir os aspectos místicos da *New Age*, propondo soluções originais. Isso, entre outras coisas, poderia ser o sinal de que o divertimento está orientando-se em sentido mais responsável, pondo de lado o ecstasy e a música techno. Trata-se de um grande mercado futuro, ainda totalmente por inventar, capaz de criar também novos postos de trabalho, para quem tiver a coragem e as ideias para mudar e inovar.

Uma medicina que funciona: os grupos de autoajuda

Os grupos de autoajuda, nascidos de pessoas que compartilham a mesma problemática, revelaram-se um instrumento crucial para criar redes de apoio, no isolamento das grandes cidades. O objetivo é oferecer apoio recíproco aos participantes, quebrando a solidão e tornando possível o confronto de experiências. Com escopos e métodos diferentes.

Grupos para mudar ou melhorar os próprios comportamentos

O exemplo mais conhecido é o dos Alcoólicos Anônimos, o mais antigo e consolidado grupo de autoajuda, fundado em 1935, que conta hoje com um milhão de pessoas em todo o mundo (pessoas que se apoiam reciprocamente na batalha contra a dependência do copo). Grupos para mudar, portanto: como aqueles para dependentes de tóxicos, para pais violentos, para quem tem problemas de anorexia ou bulimia, mas também para quem "ama muito" ou é "sexo-dependente"...

Existem, ainda, reuniões para tímidos que querem aprender a ser audazes, gastadores que se querem tornar poupadores, jogadores compulsivos que gostariam de deixar o vício. Habitualmente, encontram-se na casa de um dos membros, ou numa sede oferecida por uma entidade pública, uma igreja ou uma associação de voluntariado. Muitos desses grupos seguem o estabelecido pelos Alcoólicos Anônimos: cada participante fala só da sua experiência direta, ninguém dá conselhos ou faz críticas, todos recebem e dão apoio. Desse modo torna-se possível mudar, porque se encontram pessoas que tiveram os mesmos problemas e os conseguiram superar.

Grupos de doentes crônicos ou deficientes

Uma segunda categoria muito numerosa de grupos de autoajuda é voltada a pessoas portadoras de deficiência ou de doença crônica, obrigadas, talvez, a se submeter a tratamentos prolongados e dolorosos. Enfartados, esquizofrênicos, diabéticos, portadores de doença de Parkinson, pacientes em diálise, pessoas com síndrome de Down: todos esses podem frequentar esses grupos, promovidos habitualmente pelas associações correspondentes. Não existem regras rígidas, como para os Alcoólicos Anônimos: aí as pessoas se encontram, falam das suas experiências pessoais, estabelecem pequenos objetivos, a serem alcançados com a ajuda dos demais.

Por exemplo, num grupo de adolescentes diabéticos, uma menina de 16 anos, Cristina, explicou que se envergonhava de falar da sua doença aos companheiros de escola. Outros membros do grupo contaram como se comportam em situação análoga. Riccardo conta que um especialista deu uma lição sobre o assunto na aula de biologia, e isso ajudou os companheiros a compreender por que ele recusava determinados alimentos. Cristina disse que gostaria de fazer a mesma coisa na sua classe. Então, outra moça, Gianna, lhe deu o nome e o número do telefone de um especialista que tem ótima relação com os jovens e que estaria disposto a falar na escola de Cristina. Nesses grupos, portanto, não só os membros se confrontam e se ajudam, mas criam-se redes de relacionamento que permitem também, a quem deseja, manter-se fora das reuniões, trocar favores, desenvolver, juntos, atividades diferentes.

Grupos de parentes de pessoas com problemas graves

Existem familiares de quem é portador de doença incurável, como o mal de Alzheimer, ou parentes de quem tem problemas de comportamento (alcoólicos ou dependentes de tóxicos, por exemplo). Como bem sabe quem teve um ente querido com dificuldades semelhantes, manter-se ao lado dele comporta um acúmulo de esforço e estresse frequentemente muito penoso. Nos grupos de autoajuda são oferecidos vários tipos de apoio, que vão da troca de informações ao suporte emocional nos momentos de depressão e cansaço, até a ajuda material como, por exemplo, a organização de passeios e férias. Com muita frequência, além disso, esses grupos de parentes lutam juntos para obter melhores serviços para os seus e para todos aqueles que têm problemas similares.

Grupos para enfrentar uma situação de mudança ou crise

Há mulheres que se encontram no consultório para, juntas, preparar-se para o parto, ou que voltam a se encontrar para atravessar a menopausa; serões para aspirantes a pais adotivos; iniciação para recém-separados, pais solteiros, quem perdeu um ente querido, quem perdeu o emprego. Ficar juntos dá força. E a municipalidade de Munique, na Alemanha, por exemplo, não só reconheceu a utilidade dos grupos de autoajuda, mas patrocinou a formação de outros, novos: agora, são mais de mil. E pôs à disposição uma sede para os encontros, com telefone e fax, e admitiu três psicólogos temporários.

Mas os grupos de autoajuda são mesmo eficazes? Diferentes pesquisas[22] mostram que aqueles que deles participam obtêm notáveis benefícios, em termos de esperança renovada, de apoio concreto e de ampliação ou restauração de uma rede social de relações. E servem, indubitavelmente, para quem se quer livrar de comportamentos destrutivos ou indesejáveis.

E você, como pode mudar?

Cada um de nós poderia contar pequenas e grandes anedotas a respeito de mau atendimento na saúde, como, também, histórias de hospitais eficientes e de médicos extraordinários. Mas não é daí que se precisa partir para uma possível mudança na nossa abordagem à saúde. O primeiro passo é, em vez disso, compreender que tipo de "paciente" somos.

Descubra que paciente você é...

É importante analisar quais são os nossos comportamentos e hábitos com respeito à saúde: somos "dependentes" de médicos, ou de remédios? Somos hipocondríacos, e exageramos cada pequeno distúrbio? Ou, ao contrário, nós nos vangloriamos de ter uma saúde de ferro, e de não tomar, nunca, sequer uma aspirina? Já sofremos de algum distúrbio psicossomático (dor de cabeça, urticária, úlcera)? Há alguma coisa no nosso estilo de vida (dieta, fumo, esporte, álcool) que mudou?

... e que doutor você quer

Se o médico "de base" ou o especialista ao qual recorremos para uma consulta não nos convence, é importante procurar um *expert* com o qual estabelecer uma relação de confiança. E que, acima de tudo, saiba escutar e atenda às nossas perguntas.

Espaço para as medicinas não tradicionais

Homeopatia, acupuntura, terapias brandas para ficar melhor: já estão muito difundidas, na Itália também. Por que não experimentar? Não está dito que a saúde deva necessariamente passar por um remédio. E frequentemente os médicos que praticam essas novas terapias utilizam também uma abordagem psicológica, marcada pela atenção e a empatia com o paciente.

Quais são os seus "meliors"?

É essencial procurar compreender quais são, na nossa vida cotidiana, os "*stressors*" e os "*meliors*", vale dizer, o que nos causa desconforto e, inversamente, o que nos dá energia. Depois disso, podemos também decidir engolir algumas cápsulas a menos e nos conceder algum divertimento a mais, ou se necessário, participar de um grupo de autoajuda. Lembramos ainda que, para nos manter saudáveis e viver bem, será cada vez mais importante dispor de uma boa rede de relações pessoais, quem sabe empenhando-nos em algum grupo em que possamos dar e receber apoio e nos sentir úteis e apreciados.

Use o seu voto

Apoiemos com o nosso voto, com doações e outras formas de participação os candidatos, os partidos e os movimentos políticos dispostos a destinar uma parte dos financiamentos ao tratamento das doenças para a sua prevenção, e reequilibrar a distribuição de renda. Lembramos que na Europa o aumento da longevidade já está mais ligado a fatores psicossociais do que sanitários, no sentido justo; é importante, portanto, apoiar as mudanças político-sociais que levam à direção de uma sociedade mais equânime e menos violenta. Votemos, além disso, para mais mulheres na política, em âmbito local, nacional ou europeu, porque historicamente as mulheres têm demonstrado mais atenção aos problemas ligados à saúde e à qualidade de vida.

Sim à autoajuda

Aumentemos o número e a qualidade de grupos de autoajuda, não só nas grandes cidades como nos pequenos centros, sustentando as associações de voluntariado, os serviços sociossanitários e as entidades que os hospedam. Fomentemos a criação de novos grupos, segundo as exigências locais. Os grupos de autoajuda constituem, de fato, um modo eficaz para superar o isolamento tão comum na nossa sociedade, para resgatar aquelas ligações sociais capazes de dar e receber apoio, que nos protegem contra eventos estressantes e reforçam o nosso sistema imunitário.

Divertir-se melhor!

Como pessoas, casais ou famílias podemos investir em multiplicar as experiências revitalizantes – individuais e coletivas – que aumentam o nosso sentimento de integração a uma comunidade solidária, e nos devolvem a alegria e a confiança na vida.

Isso também é o segredo da saúde do futuro.

20 ideias para o século XXI

Depois dessa caminhada juntos, provavelmente quem leu entendeu que tem diante de si muitos caminhos possíveis para mudar como indivíduo. Porém, percorrendo os últimos capítulos, concernentes às mudanças radicais em curso nos campos profissional e financeiro, e às diferenças cada vez mais acentuadas entre ricos e pobres, alguém poderá ter percebido a sua própria impotência pessoal de agir, e um certo ceticismo a respeito da vontade real ou capacidade de intervir dos líderes políticos.

Hoje – não por acaso – o termo "utopia" assumiu conotações quase exclusivamente negativas. Depois do desmoronamento das ideologias, um número cada vez maior de indivíduos se sente privado de "bússola" para mudar o social e ansioso frente à complexidade da vida coletiva. Assim, como reação defensiva nos confrontos com um mundo externo sentido como ameaçador, veio afirmando-se uma cultura do Eu, em que prevalecem as atitudes egoístas e uma incapacidade generalizada de se empenhar, seja nas relações interpessoais como nas questões sociais.

Trata-se de pessoas que não nutrem qualquer confiança na classe política nem na intelectual, que consideram uma elite de privilegiados, empenhados unicamente em perseguir o proveito próprio, e são, por isso, defensores de um liberalismo de cunho anárquico – nas suas diferentes formas econômicas e políticas – que privilegia a liberdade e os direitos do indivíduo, em detrimento das necessidades coletivas.

Tempo, tempo dos meus desejos

Com a falta de tempo, frequentemente se justifica a tendência de cultivar somente o próprio "jardim", ainda que, na verdade, uma das grandes mudanças verificadas no curso dos últimos trinta anos consista justamente no aumento do tempo à disposição de cada um de nós.

Antes de tudo, a duração da existência aumentou: de fato, vivemos mais tempo do que os nossos avós. Além disso, a média de horas dedicadas ao trabalho foi reduzida, em favor do tempo livre. E ainda assim, paradoxalmente, muitos têm a sensação de viver dominados pela pressa. Em parte, isso se deve à defasagem cada vez mais acentuada entre tempo social e tempo biológico. Cresce o número de anos dedicados ao estudo, e a autonomia da família é atingida cada vez mais tarde, especialmente a dos homens. Assim como as etapas da vida adulta – o trabalho, a casa, o casamento, os filhos – deslizam continuamente para a frente. Isso comporta um progressivo afastamento dos ritmos sociais dos biológicos, particularmente evidentes no caso das mulheres. Muitas delas, na verdade, tendem a protelar o casamento e a maternidade, primeiro, para estudar, depois, para se dedicar à carreira, e chegam aos 35-40 anos desejando ardentemente um filho que não chega. Para um crescente número de mulheres, portanto, o tempo psicológico de crescimento pessoal não corresponde mais ao relógio biológico.

Até a idade da adolescência, também, é como se tivesse se "dilatado". O escritor Pietro Citati lembra, a propósito, que "há certo tempo ficava-se adulto muito cedo. Antes, era necessário atravessar a infância com a velocidade de um relâmpago, consumi-la, não prolongar as brincadeiras, aprender rapidamente, ficar adulto".[1] Agora, em vez disso, os jovens reduzem a velocidade do tempo de crescimento, não querem entrar na vida adulta, que talvez os assuste. E a protelação na caminhada que passa pela juventude para atingir a maturidade parece a tentativa extrema de se opor à cultura da pressa e a uma sociedade dominada pela urgência.

Mamãe TV

A outra grande mudança que incide sobre o ritmo da vida e favorece a tendência à retração ao mundo particular é o consumo maciço da televisão. São dedicadas ao desfrute da televisão, de fato, três horas por dia, em média, daquele "tempo recuperado" sobre o qual chamamos a atenção, com picos de oito horas, no caso de idosos e donas de casa. Na Itália, 97 por cento das famílias tem pelo menos um televisor, mas a paixão pela TV é um fenômeno de proporções mundiais.

Como ressalta a psicóloga Serena Dinelli, a televisão apossou-se firmemente da casa, lugar de relacionamento e afetos por excelência, e é usada para combater a ansiedade ou a solidão.[2] E além disso satisfaz as nossas necessidades: se estamos entediados, procuramos alguma coisa excitante com o controle remoto, se estressados, algo de relaxante. Os seres humanos nascem dependentes e necessitados de uma presença, e a televisão se apoia nisso, oferecendo-se 24 horas por dia como uma ama-seca sempre disponível. Além disso, a sua capacidade repetitiva de se propagar representa uma continuidade tranquilizadora, num mundo onde tudo muda: todo dia, à mesma hora, podemos reencontrar o programa preferido, o animador do qual somos aficionados, a *soap opera* – os dramas seriados televisivos – cujos protagonistas se tornaram parte da nossa vida. O verdadeiro problema, porém, é a nossa passividade frente à telinha, atitude que não leva em conta o enorme poder que temos como usuários. Nesse campo também podemos mudar, contribuindo para influir nos conteúdos dos programas de televisão e, desse modo, até mesmo na sociedade que nos cerca.

Mudar o mundo é uma utopia?

Para mudar, devemos, antes, abandonar o mito americano do "caubói solitário", que constitui a base psicológica do liberalismo selvagem, e contestar o mito europeu do "pai-Estado" ou da "mãe-partido" que cuidará de nós, que fornece o substrato psicológico dos regimes totalitários. Hoje, estamos conscientes da necessidade de mudar por dentro e por fora, assumindo os riscos e as oportunidades que o ser indivíduo adulto comporta; mas também sabemos que temos direito a uma sociedade cujas estruturas encorajem o crescimento dos cidadãos, e não dos súditos: só homens e mulheres livres e responsáveis podem criar aquele capital social de confiança, solidariedade e interdependência, condição indispensável para uma elevada qualidade de vida. Estamos, portanto, em condições de contribuir para a construção de uma sociedade que respeite o equilíbrio entre necessidades do indivíduo e necessidades coletivas, que valorize as necessidades de cada um e de a proteger da tirania de muitos, encorajando cada pessoa, ao mesmo tempo, a cooperar com as outras, para fins comuns. É preciso, porém, que muitos queiram, e trabalhem todos juntos nessa direção, para construir um mundo "na medida do homem", livrando-o dos sonhos de onipotência e dos pesadelos da impotência, e nos sacudindo do torpor da indiferença. Só assim cada um de nós poderá ser um cidadão mais responsável e competente, uma vez que não se nasce indivíduo *empowered*, torna-se um.

A questão, então, é como praticar a independência, isto é, identificar os instrumentos que nos permitam crescer como pessoas e contribuir para o desenvolvimento de uma sociedade mais benévola. Uma resposta possível está no novo modo de fazer política dos tão vituperados jovens de hoje.

No seu ótimo livro *30 senza lode* (Trinta, sem louvor), Tomazzo Pelizzari,[3] jornalista de 30 anos, documenta como os jovens nascidos depois de 1965 foram julgados pelas pessoas de 40 a 50 anos, criadas com o mito de 1968 e com um certo modo de conceber a política e a vida, espécie de deuses, alheios, hedonistas e egoístas. Analisando melhor as coisas, descobrem-se alguns dados interessantes: se é verdade que no período 1960-70, os rapazes que se definiam como politicamente empenhados eram uma minoria (por volta de 6 por cento), e que em 1980-90, o número de ativistas ou militantes nos partidos e sindicatos caiu para cerca de 3 por cento, também é verdade que hoje está aumentando o número daqueles que declaram ter participado de iniciativas políticas pela paz, pela escola, pelo trabalho e pelo meio ambiente, ou de tomar parte em grupos de voluntários.

As modalidades e as motivações do empenho juvenil estão profundamente mudadas e não podem ser compreendidas adotando os critérios da participação política de trinta anos atrás. A política, de fato, não é mais sentida como vocação ou missão, tem esvaído o seu caráter envolvente, porquanto as grandes ideologias perderam a credibilidade. Os rapazes de hoje veem as dimensões políticas de maneira diferente, sem grandes discursos, sem os grandes comícios e as assembleias apinhadas, durante as quais, por volta de 1968, os líderes escandiam do pódio slogans cheios de certezas.

Essa esfera particular da existência torna-se, então, apenas um dos tantos retalhos, todos de igual dignidade, que concorrem para compor o complexo mosaico da identidade pessoal. Empenhar-se na "política cotidiana", segundo a feliz expressão de Anthony Giddens, conselheiro do premier britânico Blair, constitui um modo de desenvolver a própria personalidade, para constituir uma rede de ligações também afetivas, uma oportunidade para desenvolver partes novas do si, resolvendo, simultaneamente, um específico e limitado problema.

A sociedade em que vivemos nos põe frente a problemas de grande vulto, que podem, porém, ter centenas de soluções inovadoras: devemos apenas ter coragem de as imaginar, pô-las à prova e descartá-las, se inadequadas, ou adotá-las em larga escala, se funcionais. Juntos, podemos gerir melhor a nossa vontade e o nosso medo de mudar, contribuindo, assim, para construir cenários futuros mais desejáveis.

Com esse espírito, formulamos 20 ideias para o século XXI. As primeiras concernem à esfera mais privada e pessoal: a coragem (ou, mesmo, apenas o desejo) de mudar alguma coisa na própria vida. As outras, por sua vez, dizem respeito à sociedade: quisemos traçar algumas diretivas de mudança.

Se você compartilha ou desaprova alguma dessas ideias, pode apoiá-las ou criticá-las, escrevendo ao seu jornal, à sua revista ou ao programa de televisão preferido, ou aos ministros ou secretários de governo ou partido para os quais votou; ou, ainda, pode fazer dela objeto de discussão com dirigentes de associações das quais faz parte ou que apoia financeiramente. Se a coisa representa para você uma novidade, é chegado o momento de encontrar coragem de mudar, nesse campo.

1
DESCUBRAMOS EM QUE ÁREA MUDAR

Já vimos que existem diferentes estilos psicológicos que impulsionam ou impedem a mudança. Porém, há quem seja nostálgico, "leopardo", inovador... Mas, atenção: ninguém é monolítico, todos somos facetados, e dentro de nós podem conviver atitudes diferentes frente ao novo. Um exemplo? Podemos ser desastrados na vida de casal, mas positivos e inovadores no que diz respeito à vida profissional. Nesse caso, é só no privado que queremos mudar.

É importante, portanto, compreender como estamos nas diversas áreas da nossa vida (o trabalho, o afeto, o tempo livre) e em que setor queremos provocar uma virada. Por isso, é indispensável descobrir se vivemos num ambiente que favorece ou impede a mudança. Em matéria de dinheiro, por exemplo, podemos ter tendências exploradoras, e por isso preferir comprar ações ou jogar na Bolsa, enquanto quem está ao nosso lado (o parceiro, os pais) poderia ter um estilo mais nostálgico e julgar mais seguro refugiar-se no BOT.

2
APRENDAMOS A SONHAR

Para mudar, é preciso sonhar. Sonhar com o novo, com o desconhecido, ainda por inventar. Sonhar alguma coisa de melhor, de maior. Esse é o primeiro passo para a mudança: imaginar o que queremos realmente. O segundo passo será procurar, dentro e fora de nós, as estratégias adequadas para fazê-lo. Na vida social, profissional, mas também na pessoal. Valendo-se, quando necessário, de uma ajuda externa.

3
NÃO ESPEREMOS QUE OS OUTROS MUDEM

Estamos infelizes, frustrados, insatisfeitos? Mas, lógico: é culpa do parceiro, dos pais, do chefe ou dos colegas de trabalho. Mas talvez não seja. Antes de cair na (fácil) tentação de pensar que são sempre os outros que devem mudar, procuremos dentro de nós mesmos os recursos para mudar a situação. Sem nos deixar remoer em lamentos ou numa passividade melancólica.

4
APOSTEMOS NUM CASAL EM MOVIMENTO

Frequentemente, casa-se (ou se inicia uma convivência) pensando que o casal seja uma entidade fixa e imutável. Amar-se para sempre: isto é, sempre, do mesmo modo, com os mesmos gestos, os mesmos desejos, junto com um parceiro sempre igual a ele mesmo. Nós mudamos com o decorrer dos anos. Até quem está ao lado muda, e talvez um dia encontremo-nos a pensar, surpresos e desiludidos: "não te reconheço mais". Pois seria preciso casar-se sabendo que um casal que dura com o tempo deve ser dinâmico, estar em contínuo movimento. As regras da convivência são revistas e recontratadas, os objetivos comuns mudam, e a sedução e o desejo não são estáticos. O segredo é conseguir mudar juntos.

5
CRIEMOS OS JARDINS DO BELO
E AS FÉRIAS DO BEM-ESTAR

No campo econômico, em vez de se concentrarem todos os recursos na tentativa de tornar mais competitivas as grandes empresas tradicionais, de algum modo sujeitas à concorrência internacional, seria possível percorrer caminhos alternativos, apostando, por exemplo, nas belezas naturais e artísticas do nosso país, e favorecendo, assim, o desenvolvimento desses setores. E é possível fazer isso de forma criativa e original, inventando serviços orientados ao bem-estar físico e psicológico e situando-os em contextos ambientalmente e culturalmente ricos. Um modelo desse gênero foi introduzido na Inglaterra, onde, nos lugares de Shakespeare, nasceu um museu virtual que permite ao visitante seguir o poeta pelo decorrer da sua vida, assistir ao espetáculo de grandes atores interpretando as suas obras, e até mesmo tentar recitar algumas cenas, por meio de tecnologias interativas. Pensemos em quantos itinerários reais e telemáticos se poderiam inventar, com os imensos capitais culturais, paisagísticos, históricos e linguísticos italianos, e como seria possível potencializar e ampliar as modalidades de apreciação dos nossos monumentos, criando verdadeiras "experiências de beleza" em várias dimensões.

6
INVENTEMOS OS JOVENS VOLUNTÁRIOS DE BAIRRO

Acaba de ser aprovada na Itália a lei que elimina o serviço militar obrigatório. Seria interessante, porém, instituir um "recrutamento juvenil" nas cidades, aberto também às moças. Já existem experimentos muito válidos, a copiar. Em algumas localidades da Toscana, por exemplo, os prefeitos enviaram a todos os rapazes de idade entre 18 e 25 anos uma carta pessoal, perguntando se estavam dispostos a fazer alguma coisa por idosos, deficientes, adolescentes de risco, da sua comunidade. Em troca, eram oferecidas aos jovens voluntários oportunidades de formação profissional e de crescimento individual. Cada comuna pode escolher as áreas em que se usariam energias e ideias novas, obtendo, assim, um duplo benefício: de um lado, propiciar a preparação, o desenvolvimento do sentimento cívico e o *empowerment* dos jovens cidadãos; de outro lado, contribuir para resolver um problema social, reforçando o sentimento de integração de todos os grupos envolvidos nos vários projetos.

7
APOSTEMOS NAS NOVAS TECNOLOGIAS

Cerca da metade dos postos de trabalho criados nos Estados Unidos durante os últimos seis anos abrange os setores nascidos do desenvolvimento de novas tecnologias e dos serviços de alto valor agregado a elas. Nesse âmbito, a Europa e em particular a Itália precisam recuperar um grande atraso. Na Itália, também serão cada vez mais requisitadas as figuras com uma especialização no novo universo de multimídia, das tecnologias ligadas à internet, ao comércio "eletrônico" e à telefonia. Trata-se, portanto, de um mundo rico em possibilidades, que vale a pena explorar.

8
TORNEMOS MAIS FÁCIL MUDAR DE TRABALHO

Está definitivamente ultrapassada a era do emprego fixo, isto já está estabelecido: mas como ajudar as pessoas a se adequar à mudança e a se tornar mais móveis no mercado? Nos últimos anos, têm nascido centros assim chamados de *outplacement*, que dão apoio aos trabalhadores em risco de dispensa e àqueles que perderam o emprego, mas também, simplesmente, a quem deseja mudar de atividade. Algumas empresas recorrem a esse tipo de serviço, quando querem favorecer a demissão de seus dirigentes ou dos seus melhores quadros.

Em Mônaco, por exemplo, essa consultoria técnico-psicológica foi oferecida a laboratórios com pessoal excedente, por meio de uma excelente colaboração entre entes municipais, organizações sindicais e agências particulares; cerca de 70 por cento dos desempregados que participaram do projeto encontraram novo posto, enquanto os remanescentes 30 por cento iniciaram uma atividade própria. Certamente, não foi possível garantir à totalidade das pessoas colocadas o nível de ganho anterior, mas a todos eles foram poupados o desconforto e as dificuldades conexas à demissão. Esses centros estariam, portanto, potencializados, e seria necessário criar novos, junto aos sindicatos de categoria ou às associações de voluntariado.

9
AJUDEMOS OS JOVENS A ENTRAR NO MERCADO

Vamos dar aos jovens a possibilidade de ter uma primeira experiência de trabalho, por meio de um complexo de intervenções visando aos seguintes objetivos:

a) Aumentar a mobilidade dos jovens provenientes de regiões com menores oportunidades de emprego, introduzindo a figura de um "tutor" territorial (se possível, arrolado entre os recrutas juvenis), capaz de atenuar as condições de isolamento e favorecer a inserção social do imigrante.

b) Ampliar as possibilidades de quem tem poucos recursos psicológicos e técnicos, devido a carências escolares e problemas sociais, potencializando os programas de recuperação que fazem uso de fundos europeus, tais como Youthstart e Leader.

c) Ajudar os jovens a empreender uma atividade em proveito próprio, divulgando as informações relativas a tais possibilidades nas escolas, nas universidades e nas famílias; e potencializando, posteriormente, os programas *ad hoc*, elaborados principalmente pela Ig, a sociedade para empreendedores juvenis. Existe, por exemplo, o "empréstimo de honra" (que permite ter dezenas de milhões a fundo perdido, ou com taxa favorecida, ou ter acesso a cursos de formação gratuita, para iniciar uma atividade artesanal ou um ofício), além disso, em fundos para promoção de empresas juvenis (que ajudam pequenos grupos de jovens a formular um *business plan* de uma ideia de empresa, apoiando-os financeira e tecnicamente).

d) Aumentar as oportunidades de trabalho no terceiro setor (não lucrativos), potencializando as cooperativas de serviços sociais que se ocupam de assistência domiciliar a idosos ou a doentes terminais; as cooperativas integradas, onde têm encontrado oportunidades de trabalho também os jovens portadores de deficiências e outras pessoas marginalizadas, com escassas possibilidades de inserção no mercado normal de trabalho.

10
COMPREMOS UM BILHETE DE LOTERIA...
E OFEREÇAMOS UM TRABALHO

A geração que foi definida como "perdida" é uma geração de limites incertos, mas que compreende, grosso modo, aqueles que nasceram nos anos de 1968-69 a 1985, e que têm dificuldade de encontrar o primeiro emprego. 40 por cento desses jovens, entre outras coisas, não possui sequer o diploma do ensino médio. Para ajudá-los, poderíamos levar a cabo um "pacto extraordinário temporário", com o objetivo de aumentar as suas competências "aplicáveis" no mercado: a nossa proposta é simplesmente compensar os rapazes que demonstrem ter adquirido novos conhecimentos. Alguns grupos poderão ser remunerados, no caso de dominarem uma formação transversal de base, como, por exemplo, uma língua estrangeira ou elementos de informática. Outros poderiam assumir e desenvolver antigos ofícios artesanais, contribuindo, desse modo, para a preservação da cultura e da história locais. Outros, ainda, poderiam ser remunerados por adquirir competência de especialização em aplicar as biotecnologias e a informática às novas necessidades emergentes, em âmbito educacional, sanitário e ambiental.

Os fundos para financiar iniciativas desse gênero poderiam ser constituídos de um percentual proveniente dos jogos de futebol, das manifestações culturais, das loterias; seriam dedicados exclusivamente a esses programas e geridos por instituições nacionais ou comitês locais. Podemos resumir esta proposta no seguinte slogan: "Divirta-se e, com o bilhete adquirido, ajude um jovem a se tornar adulto." Mais do que uma oportunidade para milhares de jovens, esse projeto constituiria um modo de aumentar o capital social (entendido como o patrimônio moral e cívico de um país), e, para diminuir as despesas necessárias à gestão da marginalização, do desconforto psíquico, do vandalismo e do abuso de substâncias estupefacientes.

11
ESTIPULEMOS OS "SEGUROS EM GRUPO"

Na Inglaterra, estão sendo experimentadas fórmulas de seguro em grupo para os períodos de desemprego, como os *Employee Mutuals* propostos pela fundação Demos, que prevê a gestão dos fundos por parte das organizações de trabalho temporário, como a Manpower, ou dos sindicatos. Trata-se, na prática, de um seguro privado, mas coletivo, por isso a preços interessantes, imaginado por grupos de profissionais *freelancers*, como arquitetos e gráficos, que oferece, ainda, um "subsídio" nos períodos em que se fica sem trabalho. Seria muito interessante estudar uma fórmula do gênero na Itália também.

12
COMBATAMOS O TRABALHO DO MENOR
E OS PARAÍSOS FISCAIS

É preciso bater-se a favor de acordos internacionais que impeçam os empresários de utilizar trabalho de menores ou, de algum modo, não tutelado, no Terceiro Mundo. (A propósito, é possível manifestar a sua desaprovação boicotando – como acontece na América, por exemplo – aquelas marcas que empregam crianças em suas fábricas.)

Quanto à redução da diferença de remuneração no mundo do trabalho, é necessário desencorajar compensações muito elevadas aos altos executivos, impondo limites máximos acima dos quais não seja mais permitido às empresas deduzir como custos os estipêndios pagos aos dirigentes, e criar, ao mesmo tempo, incentivos fiscais para as empresas que remuneram os seus empregados com títulos acionários. Enfim, é preciso renegociar as regras de funcionamento do sistema monetário internacional, mediante acordo entre todos os países, visando a impedir as oportunidades de crescimento dos paraísos fiscais.

13
PREMIEMOS OS MELHORES PROFESSORES

Comecemos a avaliar os professores com base nos resultados obtidos pelos alunos, mensuráveis graças a uma série de indicadores. Poder-se-ia inicialmente premiar os melhores com remunerações mais elevadas e, em seguida, oferecer-lhes a possibilidade de escolher entre uma vantagem em benefícios culturais (livros, homenagens, assinaturas de teatros e revistas, participação em congressos, viagens e cursos de formação no exterior).

14
APOSENTEMOS OS EXAMES E AS NOTAS

Os professores devem tornar-se os "consultores do aprendizado" e averiguar com métodos mais objetivos as lacunas e os pontos fortes dos alunos; em suma, orientar-se para uma didática mais individualizada. Existem provas estruturadas e semiestruturadas muito mais cabíveis do que as provas escritas (em particular, temáticas) e exames orais, que dominam sem contestações o sistema escolar italiano, do nível médio ao universitário. Além disso, precisa desaparecer o hábito – muito difundido entre os docentes – de utilizar arbitrariamente a escala de avaliação; não é aceitável que alguns jovens italianos sejam penalizados (nas competições por cargos e nos concursos internacionais), por ter tido o infortúnio de topar com professores que – por princípio – nunca dão notas 9 ou 10.

15
ADMITAMOS MAIS PROFESSORES MASCULINOS

É urgente recrutar professores homens para as escolas maternais, elementares e médias, das quais estão praticamente desaparecidos. (Para não discriminar as mulheres na busca de uma saída de trabalho, poderiam, então, ser iniciadas as admissões femininas em setores tradicionalmente reservados aos homens como, por exemplo, a atividade política e a sindical.) Seria possível iniciar imediatamente, sem qualquer custo para o Estado, permitindo aos que se recusam, por motivos de consciência, ao serviço militar que prestem serviço civil em escola, onde poderiam, uma vez capacitados, animar os jogos e brincadeiras dos meninos, controlá-los à hora da refeição, acompanhá-los enquanto fazem seus deveres.

16
FAÇAMOS COM QUE CADA EMPRESA "ADOTE" UMA ESCOLA

Para preencher, pelo menos em parte, a lacuna entre escola e mundo do trabalho, as empresas e as associações (mesmo as de setores não lucrativos) poderiam adotar um ou mais estabelecimentos de ensino da sua área, organizando trocas sinérgicas. Alguns exemplos? Visitas guiadas e estágio para rapazes em dificuldade, doação de instrumentos ou equipamentos tecnológicos, que são substituídos com frequência numa empresa (como computadores, que "envelhecem" rapidamente); *gruppi focus*, de rapazes com encargo de avaliar a qualidade de produtos e serviços empresariais.

17
MANTENHAMOS AS ESCOLAS ABERTAS TAMBÉM À NOITE

Atualmente, na Itália, o sistema escolar é gravado por despesas decorrentes da dimensão burocrática, especialmente daquelas relativas aos quadros do corpo de inspeção. Essa escola, concentrada no controle dos atos administrativos, é um aparato mais a serviço do Estado do que dos cidadãos. Cortes de despesas nesse setor poderiam liberar fundos para divulgar a cultura informática nas escolas, incentivar os docentes, remunerar o trabalho dos bedéis nos horários vespertinos e noturnos, de modo a permitir reuniões de pais, mas também iniciativas pedagógicas e recreativas para os habitantes da região.

18
INTRODUZAMOS A EDUCAÇÃO EMOTIVA EM TODAS AS ESCOLAS

Na Itália, a educação socioafetiva atuou apenas em algumas escolas, por iniciativa pessoal de alguns diretores ou de alguns professores. Mas é preciso que também aqui – como já acontece na Espanha, na Hungria, na Suíça e em muitos outros países – esse tipo de abordagem pedagógica se torne parte integrante do currículo de formação, das escolas maternais às superiores. Isso porque "educação" não é só aprendizado de noções áridas, é também crescimento emotivo e capacidade de conviver com os outros. Só uma formação que leve em conta todos os aspectos da pessoa é capaz de conduzir a uma verdadeira maturidade.

19
CONFIEMOS NUM ANJO DA GUARDA ELETRÔNICO

O estudioso Michael Dertouzos[4] levanta a hipótese de que, no futuro, nenhum de nós poderá ter à sua disposição os maiores especialistas da medicina. Isso porque, no MIT –, o sofisticado laboratório americano de ciência informatizada – estão preparando um *software* que incluirá os nossos dados biográficos desde o nascimento, nele compreendidos peso, altura, grupo sanguíneo, batimento cardíaco etc. Esses documentos, que toda pessoa levará sempre consigo, permitirão ao médico ter à disposição, para cada paciente, um *check list* dos exames e das intervenções cirúrgicas efetuadas, dos tratamentos prescritos e das eventuais alergias a alguns componentes de remédios. O que tornará mais fácil fazer uma consulta via satélite com especialistas de todo o mundo. É mais ou menos como nas modernas fichas eletrônicas para o controle de manutenção do automóvel. O conjunto desses dados permitirá um rápido e confiável monitoramento dos eventos terapêuticos, com base no registro de erros e sucessos do passado.

20
DIVULGUEMOS OS GRUPOS DE AUTOAJUDA EM CADA CIDADE

Vimos o quanto esses grupos já estão difundidos na nossa sociedade: dos Alcoólicos Anônimos aos encontros para recém-separados, ou para quem sofreu violência. É necessário, porém, que sejam posteriormente incentivados, e a nossa contribuição é essencial. Antes de tudo, devemos aprender a usá-los, aconselhá-los a quem deles precisa, mas devemos também apoiar as associações de voluntários, os serviço sociossanitários e as entidades que os abrigam. Aquele de nós que é ativo numa paróquia ou numa associação pode pedir a instituição de novos grupos de autoajuda, que respondam às particulares exigências locais. São iniciativas que ajudam a superar o isolamento endêmico na nossa cidade, a reforçar as ligações sociais e a capacidade de dar e receber apoio. E tudo aquilo que nos protege de eventos estressantes reforça o nosso sistema imunológico e nos permite viver melhor.

Notas

Introdução
1. W. Pasini, *Intimitá* (1990), *A che cosa serve la coppia* (1995), *I tempi del cuore* (1996), *Desiderare il desiderio* (1997), publicados pela Mondadori; D. Francescato, *Quando l'amore finisce* (Bolonha, II Mulino, 1992), *Figli sereni di amori smarriti* (Milão, Mondadori, 1994) e *Amore e potere*, cit.
2. S. Márai, *Le braci*, trad. it., Milão, Adeiphi, 1988.
3. Tomasi di Lampedusa, *Il Gattopardo*, Milão, Feltrinelli, 1958.

I A vontade de mudar
1. L. Pirandello, *Il fu Mattia Pascal* (1904), in *Tutti i romanzi*, Milão, Mondadori, 1984.
2. M. Augé, *I non luoghi,* trad. it., Roma, Theoria, 1993.
3. *Pretty woman*, de Garry Marshall, USA, 1990.
4. I. Hermann, *Psicoanalisi come metodo*, trad. it., Bari, Dedalo, 1990.
5. P.-C. Racamier, *L'inceste et l'incestuel*, Paris, Aprygée, l995.
6. M. Valentis e A. Devane, *Donne che non hanno paura del fuoco*, trad. it. Milão, Frassinelli, 1993.
7. W. Pasini, *Volersi bene, volersi male*, Milão, Mondadori, 1993.
8. A. D'Orrico, *Cambiare vita*, Milão, Mondadori, 1991.
9. A. Dagnino, *I nuovi nomadi*, Bolonha, Castelvecchi, 1996.
10. *Il falso naufrago naviga a caccia di un editore*, in *La Stampa*, 1º de junho de 1999.
11. F. Alberoni, *Ti amo*, Milão, Rizzoli, 1996.
12. M. H. Erickson, *Opere*, 4 vols., trad. it., Roma, Astrolabio, 1987.
13. W. Pasini e J. Garaialde, *Psicogolf*, Milão, Mondadori, 1989.
14. F. Kourilsky-Belliard, *Du désir au plaisir de changer*, Paris, Dunod, 1999.
15. A. Tyler, *Per puro caso*, trad. it., de Parma, Guanda, 1997.
16. Pesquisa Doxa de 29 de março de 1992.

II. As prisões interiores
1. W. Pasini, *La vita è semplice*, Milão, Mondadori, 1998.
2. *In & Out*, de Frank Oz, USA, 1998.

III. As mudanças súbitas
1. A. Haynal, *Senso della disperazione*, trad. it., Milão, Feltrinelli, 1983.
2. *Full Monty*, de Peter Cattaneo, Inglaterra, 1997.

3 V. Slepoj, *Legami di famiglia*, Milão, Mondadori, 1998.
4 J. Viorst, *Distacchi*, trad. it., Milão, Frassinelli, 1993.
5 *Ghost* – *Fantasma*, de Jerry Zucker, USA, 1990.
6 *Terapia e pallottole*, de Harold Raims, USA, 1999.
7 Compilação de "Riza Psicosomatica", Milão, junho 1999.
8 B. Cirulnik, *Un merveilleux malheur*, Paris, Odile Jacob, 1999.

IV. Hábitos bons e maus
1 P. Daco, *Psychologie et liberté intérieure*, Alleur (Bélgica), Marabout, 1990.
2 *Riza Psicosomatica*, 132, 1992.
3 A. Oliverio Ferraris, *La macchina della celebrità*, Florença, Giunti, 1999.
4 M.-C. Bomsel, *Le dépit du gorille amoureux*, Paris, J. C. Lates, 1998.
5 *Sliding doors*, de Peter Howitt, Inglaterra, 1998.

V. A necessidade de mudar
1 G. Dacquino, *Se questo è amore*, Milão, Mondadori, 1999.
2 P. Nicotri, *Lucciole nere*, Milão, Kaos, 1999,

VI. As mudanças em terapia
1 T. Karasu, *The specificity versus nonspecificity dilemma towards identifying therapeutic change agents*, in *American Journal of Psychiatry*, 143, 1986; para uma descrição simples de métodos terapêuticos e instrumentos para mudanças psicológicas: P. C. Kendall e J. D. Norton Ford, *Psicologia clinica*, trad. it., Bolonha, Il Mulino, 1991; E. Giusti, C. Montanari, G. Montanarella, *Manuale di psicoterapia integrata*, Milão, Franco Angeli, 1995.
2 F. Antonelli, *Non abbiate paura*, Roma, Edizioni Mediterranee, 1998.
3 W. H. Master e V. E. Johnson, *Patologia e terapia del rapporto coniugale*, trad. it., Milão, Feltrinelli, 1975.
4 A. Lowen, *Il linguaggio del corpo*, trad. it. Milão, Feltrinelli, 1987.
5 S. Garfield e A. Bergin (org. por), *Handbook of Psychotherapy and Behaviour Change*, Nova York, Wiley, 1978; M. L. Smith, G. V. Glass, F. I. Miller, *The Benefits of Psychotherapy*, Baltimore (MD), John Hopkins University Press, 1980; E. Giusti, C. Montanari, G. Montanarella, *op. cit.*
6 "Consumer Report", USA, novembro de 1995.
7 W. B. Stiles, D. A. Shapiro, R. Elliott, *Are all psychotherapies equivalent?*, in *American Psychologist*, 41, 2, 1986.
8 E. Giusti, *Psicoterapie denominatori comuni*, Milão, Franco Angeli, 1997; E. Giusti, C. Montanari, A. Iannazzo, *Psicoterapie integrate. Piani di trattamento per psicoterapeuti*, Milão, Masson, 2000; J. Norcross e M. Goldfried (org. por), *Handbook of Psychotherapy Integration*, Nova York, Basic Books, 1997.

VII. O trabalho: da obrigação à criatividade
1 D. De Masi, *Il futuro del lavoro. Fatica e ozio nella società postindustriale*, Milão, Rizzoli, 1999.
2 D. Meda, *Società senza lavoro. Per una nuova filosofia dell'occupazione*, Milão, Feltrinelli, 1996.
3 S. Palumbo, in *Next*, 4, 1999.
4 Pesquisa encomendada pela Harmony, 1998.
5 D. Francescato, *Amore e potere*, cit.

6 D. Fryer, *Benefit Agency?*, in *The Psychologist*, junho 1995; R. Hick, P. Creep, W. Patton, J. Tomlison, *Unemployment*, Brisbane, Australian Academic Press, 1995; C. Heckschner, *White Collar Blues*, Nova York, Basic Books, 1995.
7 Correspondência pessoal (1999).
8 *La Stampa*, 5 de fevereiro de 1999.
9 D. De Masi, *op. cit.*
10 W. Pasini, *I tempi del cuore*, cit.
11 M. Balint, *L'amore primario*, trad. it., Milão, Raffaello Cortina Editore, 1991; M. e E. Balint, *La regressione*, trad. it., Milão, Raffaello Cortina Editore, 1983.
12 *Corriere della Sera*, 23 de fevereiro de 1999.
13 Cit in G. Cuneo, *Riprogettare l'impresa per competere in un mondo senza confini*, Milão, Il Sole 24-Ore Libri, 1992.
14 Mais informações, IG (Sociedade de Empreendedorismo Juvenil), número verde 800020044; ou Formaper, administração especial da Câmara de Comércio de Milão, tel. 02-85155385.
15 Mais informações, Assointerim, associação que reúne 37 das 39 sociedades de trabalho temporário, tel. 02-43981184; ou Manpower, tel. 02776921.
16 *Informatica, i profili top*, in *Il Sole-24 Ore*, 12 de julho de 1999.

VIII. O dinheiro: nem deus, nem demônio: aliado
1 G. Soros, *La crisi del capitalismo globale*, trad. it., Florença, Ponte alle Grazie, 1998.
2 C. Handy, *The Hungry Spirit*, Londres, Arrow, 1998.
3 A. Giddens, *La terza via*, trad. it., Milão, Il Saggiatore, 1999; D. De Masi, *op. cit.*
4 M. Moore, *A Brief History of the Future*, Christchurch (N. Z.), Shoal Bay Press, 1998.
5 J. Dale Davidson e W. Rees-Mogg, *The Sovereign Individual*, Londres, Pay Books, 1998.
6 Por exemplo *Zero Coupons*, Milão, Il Sole-24 Ore Libri, 1994.
7 G. Soros, *op. cit.*
8 P. Savona, *La disoccupazione e il terzo capitalismo*, Milão, Sperling & Kupfer, 1997.
9 *Ibid.*, p. 110
10 T. Hazledine, *Taking New Zealand Seriously. The Economics of Decency*, Londres, Harper-Collins, 1998.
11 M. Moore, *op. cit.*
12 A. Minc, *L'argent fou*, Paris, Grasset, 1990.
13 *Brucia la febbre delle scommesse, ma al Nord è più alta che al Sud*, in *Il Sole-24 Ore*, 5 de julho de 1999.
14 C. Handy, *op. cit.*
15 *Ibid.*, p. 40.
16 D. Francescato, *Amore e potere*, cit.
17 W. Pasini, *I tempi del cuore*, cit.
18 F. Kinsman, *Millennium Towards Tomorrow Society*, Londres, Penguin Books, 1991.
19 D. Maraini, *Buio*, Milão, Rizzoli, 1999.
20 M. North, *La storia del denaro*, trad. it., Casale Monferrato, Piemme, 1998.
21 P. Auster, *Hand to Mouth. A Chronicle Early Failure*, Londres, Faber and Faber, 1997.
22 Pesquisa de "Riza Psicosomatica", 1999.
23 C. Dowling, *Signore in rosso*, trad. it., Milão, Bompiani, 1999.
24 P. Savona, *op. cit.*
25 Mais informações, Banca Popolare Etica, Piazzetta Beato Giordano Forzate 2, 2,35137 Padova, tel. 049-8771111.

IX. A escola: do ensino ao aprendizado
1. D. Francescato, M. Tomai, M. Burattini, V. Rosa, *Crea il lavoro che desideri*. *Un progetto d'intervento per motivare al lavoro in proprio*, in P. Serreri (org. por), *Programma Feronia Liberi di sapere*, Milão, Franco Angeli, 1998, pp. 251-288.
2. F. Frabboni, *Quando la didattica è un turbo nel motore: l'individualizzazione*, Milão, Franco Angeli, 1998.
3. M. Knowles, *La formazione degli adulti come autobiografia*, trad. it., Milão, Raffaello Cortina Editore, 1996.
4. D. Goleman, *Inteligenza emotiva*, trad. it., Milão, Rizzoli, 1996.
5. C. Handy, *op. cit.*
6. D. Francescato e A. Putton, *Star meglio insieme*, Milão, Mondadori, 1995; A. Putton, *Empowerment e scuola*, Roma, Carocci, 1999; P. Lang, Y. J. Katz, I. Menezes (org. por), *Affective Education. A Comparative View*, Londres, Cassei, 1998.
7. P. Lang, Y. J. Katz, I. Menezes (org. por), *op. cit.*
8. O Hufton, *Destini femminili. Storie delle donne in Europa 1500-1800*, trad. it. Milão, Mondadori, 1996,
9. D. Francescato, *Amore e potere*, cit.
10. G. Corneau, *Père manquant, fils manqué*, Paris, Robert Laffont, 1998.
11. P. Leach, *Children First. What our society must do and it is not doing for our children today*, Nova York, Knopf, 1994; C. Pennisi, *Satrapi mandarini e senza lavoro*, Roma, Ediesse, 1993.
12. N. Krieger, *Teachers' understanding and emotions in relation to the creation of masculine identity*, in P. Lang, Y. J. Katz, I. Menezes (org. por), *op. cit.*, pp. 188-196.
13. A. Honneth, *Riconoscimento e disprezzo. Sui fondamenti di un'etica posttradizionale*, trad. it., Catanzaro, Rubbettino, 1993.
14. N. Krieger, *op. cit.*
15. Fondo Sociale Europeo, *Progetti Youthstart Cras*, Roma, 1999.
16. A.W. Wicker, *Undermanning performances and students subjective experiences in behavior settings of large and small schools*, in *Journal of Personality and Social Psychology*, 10, 1968, pp. 255-261; M. Levine e D. V. Perkins, *Principles of Community Psychology*, Oxford, Oxford University Press, 1987; D. Francescato e C. Ghirelli, *Fondamenti di psicologia di comunità*, Roma, Carocci, 1988.
17. D. Francescato, M, Tomai, M. Burattini, V. Rosa, *op. cit.*
18. A. Solimeno e D. Francescato, *Un progetto sperimentale di orientamento per alunni delle scuole medie inferiori centrato sull'empowerment*, no prelo.
19. P. Leach, *op. cit.*
20. B. Celli (Universitá di Lecce), correspondência pessoal.
21. Y. Katz, *Affective education in Israeli elementary schools: principies and practices*, in P. Lang, Y. J. Katz, I. Menezes (org. por), *op. cit.*, pp. 145-154; C. Handy, *op. cit.*
22. R. Sequi, D. Degani, L. Lombardi, L. Angioloni, T. Valecchi, *La comunità solidale. La leva giovanile: un'esperienza di cittadinanza attiva contro la dispersione scolastica*, Roma, Carocci, 1999.
23. V. Forrester, *L'orrore economico*, trad. it., Florença, Ponte alle Grazie, 1996.
24. D. Francescato, M. Burattini (org. por), *Empowerment e contesti psicoambientali di donne e uomini d'oggi*, Roma, Aracne, 1997; *Rapporto Censis*, XXIX rapporto, non XIX, 7,1998; B. Todino e E Avalione, *Soddisfazione lavorativa e concezione del ruolo degli insegnanti di scuola media inferiore*, in *Quaderni di Psicologia del Lavoro*, 6-7,1999, pp. 183-202.
25. G. Domenici, *Manuale della valutazione scolastica*, Roma-Bari, Laterza, 1995.
26. Entrevista ao *Corriere della Sera*, 10 de março de 1996.

27 *Didattiche audiovisive d'educazione alla creatività. I media all'interno della Scuola Media Superiore*, Parma, Delta, 1997, p. 127.
28 M. Knowles e C. Maloy, *op. cit.*
29 E. Bencivenga, *Manifesto per un mondo senza lavoro*, Milão, Feltrinelli, 1999.
30 *Charting our education future Government of Ireland*, 1995.
31 Exposição Cresson, Comissão Europeia, Bruxelas, 1995.
32 *Troppo vecchi alla laurea*, in *Il Sole-24 Ore*, 28 de junho de 1999.

X. A saúde: da doença ao bem-estar

1 W. Ryan, *Blaming the Victim*, Nova York, Vintage Books, 1971.
2 R. Wilkinson, *Unhealthy Societies. The Afflictions of Inequality*, Londres, Routledge, 1996.
3 L.F. Berkman, *The role of social relations in health promotion*, in *Psychosomatic Research* 57, 1995.
4 J. V. Johnson e E. M. Hail, *Job strain, workplace social support and cardiovascular disease: a cross-sectional study of a random sample of the Swedish working population*, in *American Journal of Public Health*, 78, 1988.
5 J. Morris, D. Blanc, I. R. White, *Levels of mortality, education and social conditions in the 107 leas of England* in, *Journal of Epidemiology and Community Health*, 50, 1996.
6 G. A. Kaplan, E. Pamuk, J. W. Lynch, R. D. Cohen, J. L. Balfours, *Income inequality and mortality in the United States*, in *British Medical Journal*, 312, 1996.
7 P. Ullah, *The association between income, financial strain and psychological wellbeing among unemployed youth*, in *Journal of Occupational Psychology*, 63, 1990; C. T. Whelan, *The role of social support in mediating the psychological consequences of economic stress*, in *Sociology of Health and Illness*, 15, 1993.
8 S. Kennedy, J. K. Kiecolt-Glaser, R. Glaser, *Immunological consequences of acute and chronic stressors: mediating role of interpersonal relationships*, in *British Journal of Medical Psychology*, 61, 1988.
9 J. Winter, *Public health and the extension of life expectancy 1901-1991*, in M. Keynes (org. por), *The Political Economy of Health and Welfare*, Cambridge, Cambridge University Press, 1988.
10 S. Wolf e J. G. Bruhn, *The Power of Clan, A 25 Year Prospective Study of Roseto Pennsylvania*, New Brunswick (N. J.), Transaction Publishers, 1993.
11 R. G. Wilkinson, *Income distribution and life expectancy*, in *British Medical Journal*, 304, 1992; C. Hertzman, S. Kelly, M. Bubak, *Environmental and non-environmental determinants of the East-West life expectancy gap in Europe*, Amsterdã, Kluwer Academy, 1996.
12 P. Ellyard, *Ideas for the New Millennium*, Melbourne, Melbourne University Press, 1998.
13 H. Freudenberger, *Staff burn out*, in *Journal of Social Issues*, 30, 1, 1974; C. Del Rio, *Stress e lavoro nei servizi*, Roma, NIS, 1990.
14 A. Farber, *Stress and Burn Out in the Human Service Professions*, Nova York, Pergamon Press, 1983.
15 P. Cornaglia Ferraris, *Camici e pigiami. Le colpe del medici nel disastro della sanità italiana*, Roma-Bari, Laterza, 1999.
16 *Patients for hire, doctors for sale*, in *The Nova York Times*, 22 de maio de 1999.
17 M. Tancredi, D. Francescato, I. Giammarco, M. Prezza, *Politica del personale, controllo di gestione, sistema informativo e prestazioni di prevenzione primaria e secondaria nei consultori familiari delle unità sanitarie locali di quattro regioni italiane*, in *Psicologia Clinica*, 3, 1985.
18 *Ibid.*
19 S. Boyden e M. Shirlow, *Ecological sustainability and quality of life*, in V. Brown (org. por), *A Sustainable Healthy Future, Toward an Ecology of Health*, Melbourne, La Trobe University and the Commission of the Future, 1989.

20 *Patch Adams*, de Tom Shadyac, USA, 1999.
21 S Boyden, *Western Civilization in Biological Perspective*, Oxford, Oxford University Press, 1987.
22 Para resenha literária sobre grupos de autoajuda e como localizá-los, ver D. Francescato e A. Putton, *Star meglio insieme*, cit.

20 ideias para o século XXI
1 P. Citati, in *la Repubblica*, 2 de agosto de 1999,
2 S. Dinelli, *La macchina degli affetti*, Milão, Franco Angeli, 1999.
3 T. Pellizzari, *30 senza lode*, Milão, Mondadori, 1999.
4 M. L. Dertouzos, *What Will Be: How the New World of Information Will Change Our Lives*, Londres, Piatkus, 1997.

Agradecimentos

Carla Vanni, diretora de *Grazia*, por ter permitido a utilização do material publicado na coluna "Dentro do casal".

Paolo Occhipinti, diretor de *Oggi*, por ter permitido a utilização do material publicado na coluna "Saúde".

Roberto Brenna, por ter monitorado na imprensa italiana e estrangeira por intermédio da Selpress as modernas mudanças em andamento.

Marika Caputo, Lisa Corva, Laura Grandi, Edoardo Giusti, Guido Meda, Tommaso Sinibaldi, Domenico De Masi, Maria Buscaglia, Minou e Bill Mebane, pela discussão sobre o tema do livro.

Este livro foi impresso na Editora JPA Ltda.
Av. Brasil, 10.600 – Rio de Janeiro – RJ,
para a Editora Rocco Ltda.